Klaus Eibach

Philosophie der Gefühle

Eine Kontemplation der Liebe und des Mitgefühls

Klaus Eibach

Philosophie der *Gefühle*

Eine Kontemplation der Liebe und des Mitgefühls

1. Auflage 2016

Autor: Klaus Eibach
Lektorat: Ina Kleinod
Satz: Sebastian Bähr
Umschlag: Jan Ateet Frankl
Illustration: Shivananda Ackermann

Verlag: tao.de in J. Kamphausen Mediengruppe GmbH, Bielefeld,
www.tao.de, E-Mail: info@tao.de

Bibliografische Information der Deutschen Nationalbibliothek:
Die Deutsche Nationalbibliothek verzeichnet diese Publikation in der Deutschen Nationalbibliografie; detaillierte bibliografische Daten sind im Internet über http://dnb.d-nb.de abrufbar.

ISBN: 978-3-96051-104-5 (Paperback)
978-3-96051-105-2 (Hardcover)
978-3-96051-106-9 (E-Book)

Inhalt

Solange das Licht als Magnet das Schauen anzieht, bleibt jedes erblickte Detail ein Stück des Ganzen. Solange das Licht wirkt, ist jedes kristallisierte Gefühl zutiefst universal. Solange das Licht den Buchstaben formt, ist er kompatibel mit allem. Es ist das Licht, nicht das Wort, welches das Leben beschreibt.

Vorwort

Das Leben in seiner ursprünglichen Beschaffenheit in Worte zu kleiden, das haben schon viele versucht. Unzählige Seiten Papier sind beschrieben worden, um sich selbst oder anderen begreiflich zu machen, was grundsätzlich darüber zu begreifen wäre – jedenfalls hat es den Menschen von jeher beflügelt, das Fluidum des Lebendigen jenseits der Auseinandersetzung mit Gut und Böse zu kristallisieren, per Symbol und Schrift, in einer unendlichen Fülle von Bildern, Metaphern und Analogien. Doch so sehr auch alles getrieben ist, im ständigen Fortlauf der Zeit und des stets sich vollziehenden Wandelns aller Erscheinungen den Augenblick einzufangen und zu halten, rinnt er davon wie Wasser. Im wildesten Weltengewühl wie in der absoluten Stille hat der Mensch nie aufgehört, verstehen zu wollen, was das ist: Leben.

Allein die Geneigtheit, sich den Konservierungen des geistigen Besten vom Besten der großen Denker, Dichter und Philosophen aus allen Jahrhunderten und Jahrtausenden zuzuwenden, um wenigstens die Chance zu haben, einen winzigen Faden des großen Gewebes der Welten zu packen zu kriegen, lässt darauf schließen, dass es schier unmöglich sein muss, als Einzelner jemals einen Blick darauf werfen zu können – nicht mal in einen einzigen Nu. Die Kürze eines Lebens, und vor allem das sichere Gefühl dieser Kürze, erlaubt es der menschlichen Spezies niemals, das Mehr, welches ohne Gnade endlos und ewig über sie hinausreicht, wirklich an sich zu nehmen. Alles, was das eigene Leben vermag, ist, sich in dieses Mehr hineinzugeben und einzufügen, ohne es jemals ganz zu durchschauen. Darin liegen Tragik wie Faszination, das Erschauern genauso wie die Erhabenheit. Und so sehr wir es auch wollen: Das Leben erschließt sich nicht in der Fixierung, in keinem einzigen Wort, in keiner einzigen Farbe und in keinem einzigen Gefühl, es sei denn wir sind bereit, durch uns selbst dem Strömen stattzugeben, welches ohne Anfang und ohne Ende atmet.

Es stellt sich nicht die Frage, ob es uns jemals gelingt, das Ultimative zu erreichen. Vielmehr kann ein Mensch diesem Strömen nur gerecht werden, indem er selbst das Gefäß bildet, in dem dieser Strom sich frei und ungehindert bewegt, ohne zu einem Abschluss zu kommen. Das Erhaschen von Augenblicken friert diese Bewegung unmittelbar ein. Daher ist jede noch so wundervolle Momentaufnahme letztlich eine Simulation dessen, was wirklich ist: Es ist.

Philosophische und Mysterienschulen haben sich zu allen Zeiten überall auf der Welt als solche Gefäße benommen. Ihre Konzentration auf das tiefere Geheimnis hinter allem hat eine üppige Fülle an Weisheiten und Ansätzen hervorgebracht, welche in ihrer Universalität beeindrucken und ganze Kulturen inspirieren. Aber sie haben auch das einzelne Leben dieser Forschung gewidmet und in die jeweilige Praxis verpflichtet. Das normale Leben außerhalb dieser Einhegungen muss sich daher anders beweisen und zurechtfinden. Und es gibt so viele Konzepte dafür, wie es Menschen gibt. Es ist weiß Gott nicht leicht, darüber zu schreiben, ohne auf den Wahnsinn der Komplexität zu sprechen zu kommen, der uns alle umgibt. Die exorbitante Reichweite unserer globalen Wahrnehmung und Teilhabe verbietet es fast, irgendetwas vereinfachen oder herunterbrechen zu wollen, wie ein Wissenschaftler es tut, wenn er durch ein Mikroskop schaut. Doch ob Ratio oder Medium: Jenseits aller Weltbilder und Lebensarten haben wir es immer nur mit einem zu tun: mit Gefühlen!

Wenn wir ehrlich sind, könnten wir unsere strebende Bewegung – ich nenne sie der Einfachheit halber »Gottessehnsucht« – nicht ausführen, wenn wir nicht fühlten. Es liegt daher nahe, wenn es uns schon nicht geschenkt ist, das Leben umfassend und konsistent zu erfassen, es doch wenigstens in all seinen Facetten zu durchfühlen, um es auf diese Weise zu erfahren und zu durchdringen. Selbst die großen literarischen Architekturen, wie beispielsweise das Tao Te King, die Bergpredigt, der Sohar oder die Bhagavad Gita, bilden in ihrer unvergleichlich exakten Schönheit – und trotz ihrer Unantastbarkeit – in ihrer Anwendung »bloß« eine Einladung, selbst anwesend zu sein, persönlich zu erscheinen. Hohe Texte sind »bloß« das Entrée – das Portal oder Tor –, durch das wir ausschließlich in den Tempel unserer Gefühle gerufen werden. Sie sind das Material, aus dem wir als Mensch und Seele gemacht sind. Sie sind der Grund, warum wir hier sind. Es ist zwecklos, ihnen ausweichend sich auf den Geist oder Körper oder beides zu versteifen, nur weil gerade sie – die Gefühle – so unerträglich flüchtig sind. Sich ihnen ganz zuzuwenden, ist eine Herausforderung und Gnade zugleich. Doch nirgend sonst finden wir, was wir so sehnlich suchen: das Leben selbst …

Die »Philosophie der Gefühle« von Klaus Eibach maßt sich nicht an, eine vollständige Arbeit im Sinne des Besprochenen zu sein. Eher macht sie den Eindruck, das Leben wie ein Blatt zwischen beiden Händen unaufhörlich zu wenden, von rechts nach links, immer wieder. Die Lektüre mutet an wie der Blick durch ein Kaleidoskop, das mit immer denselben bunten Splittern immer neue Bilder schöpft, wenn es vor dem wachsamen Auge Stück für Stück gedreht wird. Alles, was es dafür braucht, ist das Licht. Sie ist eine unabsehbar lange Schnur, auf die die Seele in Form tausender kleiner Perlen gefädelt wurde – fast so wie ein Rosenkranz oder eine Mala – Zeile für Zeile ein Gebet. Es ist selten, dass von einem Text gesagt werden kann, er sei eine begnadete Bewegung, die »vom Hundertstel zum Tausendstel führt« – so treffsicher scheint diese Idee, eine aphoristische Textform selbst zum Abbild des Nichtbeschreibbaren zu machen: das Leben als Rhythmus der Zeilen. Der Leser kann eintauchen, wo immer er gerade landet – ohne Chronologie und Navigator. Er trifft stets direkt hinein ins lebendige Herz. Gäbe es eine Bühne dafür, wäre es ein Stück ohne Auftakt und Schlussakkord, denn es beginnt und endet mittendrin. Für den Pilger ist es ein Weg ohne Start und Ziel, ohne zu einem Ausschnitt zu degradieren. Es erschöpft sich selbst. Für den findigen Geist mag es deshalb sogar verlockend sein, die letzte Zeile direkt wieder vor den Anfang zu setzen – reichte das Leben dafür aus, diese durchgängig zu meditieren.

Ina Kleinod

Entstehung

Sie hatte mich ereilt, wie sie viele Menschen – ungeachtet ihrer Herkunft, Intelligenz, gesellschaftlichen Stellung und ihres Ansehens – unvorhersehbar und plötzlich ins »Aus« stürzt: die Lebenskrise. Von einem Tag auf den anderen war alles anders geworden. Nichts konnte wiederherstellen, was ich nun verloren und zu bedauern hatte. Mein Blick in die Zukunft war in einem einzigen Augenblick leer – und blieb leer. Viele Jahre lebte ich dann sehr zurückgezogen. Ich hatte keine Wahl: Ich erfuhr die Gefühle der Machtlosigkeit, der Wahllosigkeit, der Kraftlosigkeit, der Hoffnungslosigkeit, der Perspektivlosigkeit, der Ausweglosigkeit, der Verzweiflung, der Unerträglichkeit in allem ... Allein ging ich durch Panik- und Angstattacken, Depressionen und Wahnvorstellungen. Ich erfuhr qualvolle und schmerzhafte Gefühle, denen ich mich nicht entziehen konnte. Meine Gefühle legten mich lahm und beherrschten mich vollständig.

Ohne dass ich mich zuvor mit meinem Karma oder überhaupt einer Karmalehre beschäftigt hatte, fing ich plötzlich an, von alten Leben zu träumen. Die Gefühle aus diesen Träumen beherrschten mich dann auch am Tag. Ich erfuhr die Bedeutung von Karma anhand von Gefühlen – Tag und Nacht erlebte ich die Macht der Seele, die sich mir auf eine Art und Weise offenbarte, dass ich weder weglaufen noch wegschauen konnte. Mein Verstand hatte keine Macht mehr über mein Herz, und so erlebte ich die wahre Macht meiner Seele als eine zwingende und unwiderrufliche Schau auf das Erkennen und die Bedeutung von Gefühlen.

Die Sehnsucht fiel mir zu. Gefühle fielen mir zu. Vor allem die, die ich nicht wollte, aber zu meiner Ganzwerdung brauchte. In den vielen dunklen Jahren meines Lebens hat mich meine Sehnsucht nach Verstehen, Vertrauen und Heilung angetrieben. Der Weg ins Licht führte mich schließlich besonders durch die bewusste Erfahrung der Schatten. Und ich erkannte, dass alles, was ich an Gefühlen erfahren hatte, einem höheren Zweck dienen sollte: der Liebe selbst!

Hinführung

Die »Philosophie der Gefühle« dient dem Verständnis der Liebe anhand der Bedeutung von Gefühlen auf der Basis universeller Gesetze, insbesondere das Gesetz der Polarität und das Gesetz von Ursache und Wirkung. Nichts im Leben ist Zufall – oder alles wäre Zufall. Doch die Existenz der Liebe ist niemals ein Zufall, genauso wie kein einziges Gefühl jemals zufällig ist. Unser ganzes Leben dreht sich um das Erstreben, Vermeiden und Festhalten von Liebe und Gefühlen. Schon allein diese Wahrnehmung deutet darauf hin: Die allumfassende Liebe ist der Sinn des Lebens, der hinter allem steht. Und diese Liebe erfährt sich durch die Gesamtheit aller Gefühle, die wir haben – die, die wir wollen, und auch die, die wir nicht wollen. Es klingt paradox, aber nur die Gesamtheit aller Gefühle ist: Liebe.

Wer seine Gefühle verstehen statt loslassen, abreagieren, unterdrücken oder verdrängen will, der wird in der »Philosophie der Gefühle« seine Antworten finden. Der Mensch erfährt sich nur über die Wahrheit seiner Gefühle, denn durch sie kann er sich selbst verstehen. Alles im Leben dreht sich um Gefühle. Der Mensch sehnt sich nach bestimmten Gefühlen. Nicht wenige will er vermeiden, andere wiederum will er unbedingt festhalten. Doch alle Gefühle sind existent und nicht zufällig. Sie sind der Ausdruck des Herzens und die Weisheit der Seele – die Sprache der Liebe, die verstanden und gelehrt werden will. Liebe ist unsere eigentliche Aufgabe. Ohne sie haben wir keine Orientierung. Sie navigiert unser Herz.

Der Weg des Herzens beschreibt die bewusste Vereinigung von Polaritäten und gegensätzlichen Gefühlen. Die Ausgleichung des Gegensätzlichen in uns selbst ist der Zugang zu bewusstem inneren Frieden und allumfassender Liebe. Sie ist die höchste Wahrheit in uns. Sie soll uns dienen, uns und andere zu erkennen und Mitgefühl zu erfahren. Mitgefühl ist die fühlende Erkenntnis der Liebe, die an die bewusste Erfahrung und das Verständnis von Gefühlen anknüpft. Das tiefere Verständnis der Liebe ist unser menschlicher Entwicklungsweg in der Evolution.

Die »Philosophie der Gefühle« beschreibt die heilsame Notwendigkeit, in der Wahrheit der Gefühle »zu denken«, statt zwanghaft positiv denken oder gut sein zu wollen. Dann finden wir die Erfahrung des bewussten und heilsamen Einklangs von Herz und Verstand. Unsere Gefühle sind weder weiblich, noch ist unser Denken männlich. Die Wahrheit unseres Herzens unterliegt keinem geschlechtlichen Prinzip. Auch das tiefere Verständnis von Gefühlen ist weder typisch weiblich noch typisch männlich. Der Einklang von Herz und Verstand hat kein Geschlecht. Erkenntnisfähigkeit, Intuition und Inspiration haben ebenso kein Geschlecht wie die allumfassende Liebe selbst.

Die bewusste Erfahrung aller Gefühle führt unsere bewusste Wandlung im Herzen durch. Wenn wir mit dem Herzen sehen, dann sehen wir mit der Wahrheit unserer Gefühle durch die Sehnsucht unseres menschlichen Herzens. Um das eigene Herz wirklich zu erfüllen, müssen wir unsere eigenen Gefühle verstehen. Wir sehnen uns nicht zufällig nach einem tieferen Verständnis, denn diese Sehnsucht knüpft an unsere seelische Wahrheit an, nach der wir im Grunde suchen. Der Weg der Seelenheilung ist der Weg der Ganzwerdung über die Wahrheit und die Integration aller Gefühle. Das ist der Weg des Bewusstseins. Heilung von Gefühlen braucht zuerst Heilung im Bewusstsein. Was wir nicht verstehen, das können wir weder heilen noch bewusst integrieren. Wie könnte ein Mensch seine Erfahrungen jemals wahrhaft verarbeiten oder in sich heilen, wenn seine Heilung keine Wahrheit erfährt? Gefühle sind die Heilung für viele Krankheiten, denn sie sind nicht zufällig die Sprache der Seele. Sie sind der Wesenskern, der Schlüssel zur Liebe, die wir im innersten Kern sind. Unsere wahre Seele beginnt dort zu erscheinen, wo die Macht des Verstandes aufhört und die des Herzens hervortritt. Nach nichts sonst haben wir uns jemals wirklich gesehnt.

Philosophie der Gefühle

Viele Menschen glauben, die Angst sei der Antrieb des Menschen. Bis der Mensch in sich erkennt, dass ihn die Sehnsucht nach Freude leitet.

Wer hat Sehnsucht nach Freude? Wer hat Sehnsucht nach Angst?

Angst treibt unbewusste Menschen an, bis sie ihrer Sehnsucht nach Freude bewusst folgen.

Die Sehnsucht des Menschen ist auf das Erreichen des Positiven ausgerichtet, die Angst auf die Vermeidung des Negativen.

Was der Mensch vermeiden will, das will er meist nicht aus Freude, sondern aus Angst vermeiden.

Die Angst ist der ständige Gegenspieler der Freude.

Die Freude am Positiven ist die Angst vor dem Negativen.

Das Negative lehnt der Mensch ab, aber das Positive mag er, weil er sich danach sehnt.

Wer negative Energien oder negative Menschen ablehnt, der ist voller Ablehnung.

Wer sich vor Negativität schützen muss, der ist zwanghaft und ängstlich, nicht aber erfüllt von allumfassender Liebe.

Wer sich das Negative positiv denkt, der verkehrt die Wahrheit. So entsteht Verkehrung.

Was sich negativ anfühlt, das kann nicht positiv sein.

Das Negative will nicht positiv gedacht werden, wenn es in Wahrheit verstanden werden will.

Das Negative hat Sinn, wie das Positive Sinn hat.

Der wahre Sinn ist der Weg, der aus dem Wahnsinn herausführt.

Jeder trägt die Wahrheit in sich, auch die Wahrheit der Gefühle.

Wahre Gefühle kann der Mensch nicht steuern.

Er kann Gefühle wahrnehmen, und dann kann er über sie nachdenken.

Gefühle sind immer schneller, als der Mensch über sie nachdenken kann.

Gefühle leiten den Menschen, auch wenn der Mensch glaubt, er könne Gefühle leiten oder kontrollieren.

Wie könnte der Mensch etwas kontrollieren, was er nicht wahrhaft versteht?

Auch die Sehnsucht kontrolliert der Mensch nicht – Sehnsucht ist.

Der Mensch sehnt sich immer nach dem Gefühl, welches er gerade vermisst. Das ist das Wesen der Sehnsucht.

Was der Mensch hat, danach sehnt er sich nicht.

Was er gefunden hat, das sucht er nicht.

Die Suche hat ihren Sinn, wie die Sehnsucht ihren Sinn hat.

Wie könnte das Leben einen wahren Sinn haben, wenn die Sehnsucht keinen hätte?

Die Sehnsucht ist das Muttergefühl des Menschen.

Sehnsucht ist weder weiblich noch männlich.

Kein Gefühl hat ein Geschlecht.

Fühlen ist weder weiblich noch ist Denken männlich. Fühlen ist.

Die Wahrheit der Sehnsucht kann jeder in sich erkennen, weil jeder die Wahrheit aller Gefühle in sich trägt. Insofern ist der Mensch vollkommen.

Das ist die Ganzheit des Menschen, nach der er nicht streben, die er aber in sich erfahren kann.

Gefühle sind vollständig. Die Liebe ist vollkommen.

Von der Sehnsucht gibt es keinen Entzug, weil sich der Mensch seiner Sehnsucht nicht entziehen kann.

Er kann seine Gefühle nicht zerstören, aber Gefühle können bewirken, dass er sich selbst hasst und zerstört. Das ist die Macht des Gefühls.

Seinen Hass steuert der Mensch nicht, schon gar nicht ohne die Quelle oder den Sinn seines Hasses zu kennen.

Wer keinen Hass erfahren hat, der kennt die unkontrollierbare Energie des Hasses nicht.

Gefühle sind Energien.

Die Heilung von Hass ist an das Verstehen des Hasses gebunden.

Was könnte ein Mensch in Wahrheit heilen, solange er Heilung nicht versteht?

Ohne Verständnis hat Heilung keine Wahrheit und kein Bewusstsein.

Wahrheit heilt.

Gefühle sind Wahrheit.

So, wie der Mensch sich fühlt, so ist er wahr, weil er sich anders gar nicht fühlen kann.

Wahre Gefühle folgen nicht der Einstellung, sondern der Wahrheit des Menschen.

Wer meint, Gefühle folgen seiner Einstellung, der hat die Freude im Verstand statt im Herzen.

Gefühle lassen sich nicht einstellen oder programmieren, sonst könnte sich der Mensch auf reine Freude programmieren.

Wer will schon Angst statt reiner Freude in seinem Leben haben?

Wer keine wahre Freude in sich hat, der kann sie sich weder denken noch kaufen.

Die Wahrheit ist nicht käuflich. Sie ist – die Wahrheit des Gefühls.

Positives Denken ändert nichts an der Wahrheit eines negativen Gefühls, es sei denn, der Mensch will sich betrügen.

Anders zu denken, bedeutet nicht, zugleich auch anders zu fühlen.

Was die Wahrheit des Gefühls ist, kann der Mensch sich nicht anders denken.

Anders zu denken, bedeutet auch nicht, anders zu sein.

Wer sein Gefühl versteht, der versteht und braucht er nicht mehr anders zu denken.

Der Mensch denkt immer so, wie er denken kann.

Zu glauben, ein Mensch hätte anders denken können oder gar anders denken müssen, entbehrt jeder wahren Möglichkeit des Menschen.

Was gegenwärtig ist, kann gegenwärtig nicht anders sein.

Wer sein Gefühl versteht, der erkennt, dass er es wahrnehmen, nicht aber verändern kann.

Die Wahrnehmung existiert, lange bevor der Mensch sich wahrnimmt.

Der Mensch ist alles, was er wahrnimmt. Also ist seine Wahrnehmung seine Wahrheit und eine andere kann er nicht haben.

Wer die Wahrnehmung des anderen nicht achtet, der ist sich der Wahrheit seiner eigenen Wahrnehmung nicht bewusst.

Siehe, was der andere für sich wahrnimmt. Das bedeutet, ihn wahrzunehmen.

Andere in ihrer jeweiligen Wahrnehmung zu achten, bedeutet Achtung.

Hierzu muss der Mensch seine eigene Wahrnehmung verstehen und achten.

Was der Mensch sieht, ist das, was er wahrnehmen kann.

Was er fühlt, ist das, was er fühlen kann.

Gefühle geschehen und leiten den Menschen zur rechten Zeit.

Deshalb bedeutet, seiner inneren Führung zu vertrauen auch, der eigenen Wahrheit zu vertrauen. Es ist das Vertrauen in die eigenen Gefühle.

Auch den Gefühlen zu vertrauen, die der Mensch nicht mag oder die ihm zutiefst verhasst sind.

Der Mensch muss seine Gefühle verstehen, sonst hat sein Vertrauen kein Bewusstsein.

Wer seinen Gefühlen nicht vertraut, der kann kein Selbstvertrauen haben.

Kann der Mensch, wenn er der Wahrheit seiner Gefühle nicht vertraut, den Gefühlen anderer vertrauen?

Wie wahr ist Selbstvertrauen ohne Wahrheit und ohne Kenntnis des eigenen Selbst?

Selbstvertrauen ohne Wahrheit ist Selbstbetrug.

Dem Selbstbetrug kann das Selbstvertrauen folgen.

Um Vertrauen zu erfahren, muss der Mensch Vertrauen suchen, aber er wird es nur dann suchen, wenn er es vermisst.

Vertrauen erfährt sich durch seine Abwesenheit.

Ohne Misstrauen kann Vertrauen überhaupt nicht erfahren werden.

Wo Misstrauen ist, da ist zunächst kein Vertrauen.

Wer der Existenz des Misstrauens vertrauen kann, der erfährt Vertrauen.

Wo Zweifel und Misstrauen den Menschen unbewusst beherrschen, da kann kein bewusstes Vertrauen sein.

Wer sich bewusst in seinem Misstrauen und seinen Zweifeln erfährt, der wird bewusst.

Mal erfährt sich der Mensch im Misstrauen, mal im Vertrauen – bis er erkennt, dass Misstrauen immer wieder die Voraussetzung für die Erfahrung neuen Vertrauens ist.

Die Fülle bewusst erfahrenen Misstrauens ist die wahre Fülle des Vertrauens.

Vertrauen ist ein Weg. Es ist die Reise in das Vertrauen.

Der Mensch, der Wachstum sucht, dessen Vertrauen kann werden.

Vertrauen wird zum bewussten Seelenanteil eigener Selbstverwirklichung.

Dies erfordert die bewusste Integration von Misstrauen, Angst und Unwahrheit.

Wer dem Misstrauen, der Angst und der Unwahrheit in der Tiefe vertraut, der hat tiefes Vertrauen.

Die Existenz der Unwahrheit will integriert werden, denn ohne Unwahrheit lässt sich Wahrheit nicht erfahren.

Der Wahrheit kann der Mensch vertrauen, wenn er denn eine Wahrheit hat.

Die Wahrheit kann jeder in sich finden.

Der Mensch vertraut denen, denen er vertrauen soll, und er misstraut denen, denen er misstrauen soll.

Wer sich nach Vertrauen sehnt, der findet es in sich.

Vertrauen zu haben, bedeutet Selbstvertrauen.

Der Wahrheit kann der Mensch vertrauen – der Unwahrheit auch, wenn er sie denn versteht.

Jeder Mensch hat die Wahrheit seiner Perspektive.

Alle Perspektiven sind in ihrer Subjektivität wahr.

Selbst die Lüge desjenigen, der lügt, ist wahr, weil Lügen Teil der Wahrheit sind.

Wer süchtig nach Wahrheit ist, der ist abhängig, so abhängig wie derjenige, der die Sucht zum Lügen hat.

Die Wahrheit kann sich nur immer wieder neu durch die Unwahrheit erfahren.

Die Summe aller Wahrheiten und Unwahrheiten ist die Wahrheit.

Liebe ist Wahrheit, die sich auch durch die Unwahrheit erfährt.

Gefühle sind Wahrheit, weil sich der Mensch nur so fühlen kann, wie er sich fühlt.

Der Mensch kann alles fühlen, wenn er sich denn seine Gefühle bewusst macht. Das bedeutet, bewusst zu werden.

Bewusst kann derjenige werden, der sich unbewusst erfahren hat.

Der Mensch bestimmt nicht den Zeitpunkt seiner Bewusstwerdung oder seines Erwachens.

Er hat keine Kontrolle über das Unbewusste, denn das Unbewusste ist ihm nicht bewusst.

Das Unbewusste macht dem Menschen Angst, solange er die Kontrolle mag und den Kontrollverlust fürchtet.

Kontrolle ist etwas Schönes, es sei denn, der Mensch lehnt die Kontrolle ab, denn dann wird er sich noch in der Tiefe des Kontrollverlustes erfahren.

Wenn der Mensch außer Kontrolle gerät, dann gerät er aus dem Gleichgewicht.

Das Gleichgewicht kontrolliert er nicht, sonst würde er ja nicht außer Kontrolle geraten.

Kontrolle kann nur der suchen, der die Kontrolle verloren hat.

Die Liebe verliert niemals die Kontrolle, weil sie auch die Kontrolllosigkeit ist.

Sucht ist eine Erfahrung von Kontrolllosigkeit.

Der Mensch steuert seine Sucht nicht – bis er sie steuert, dann ist er nicht mehr abhängig.

In der Abhängigkeit ist keine Unabhängigkeit – so wie in der Unfreiwilligkeit keine Freiwilligkeit ist.

Viele Menschen sind abhängig von der Treue ihres Partners. Da ist keine Unabhängigkeit.

Sie meinen, Treue sei ein Beweis von Liebe und Loyalität sei ein Beweis von Freundschaft.

Menschen wollen sich beweisen.

Sie suchen Beweise, weil sie sich sicher fühlen wollen.

Doch Sicherheit ist der fortlaufende Beweis von Unsicherheit.

Einem Beweis zu vertrauen ist leicht, aber seinen Zweifeln zu vertrauen, bedeutet wahres Vertrauen.

Der Untreue zu vertrauen, bedeutet, in sich heil zu sein.

Treue erfährt sich immer wieder neu durch Untreue und Verrat.

Wer den Verrat bewusst auf sich nimmt, der kennt die Wahrheit der Treue.

Wer dem anderen treulos in den Rücken fällt, der verrät ihn.

Wer sich verraten fühlt, der kennt das Gefühl des Verrats.

Menschen sehnen sich nach loyaler Unterstützung statt nach Verrat.

Die Ablehnung von Illoyalität erfährt sich durch die Freude an der Loyalität.

Der Angst vor dem Verrat steht die Freude an der Treue gegenüber.

Geheimnisse erfahren sich dadurch, dass das Geheimnis mal bewahrt, mal verraten wird.

Verrat, Illoyalität und Untreue können Menschen ein Leben lang seelisch quälen.

Jeder Schatten ist in seiner Tiefe schmerzhaft, solange sich der Mensch nach dem Gegenteil sehnt.

Die bewusste und fühlbare Integration eines jeden Schattens ist der Weg zur Heilung.

Was der Mensch nicht sein will, ist der Schatten dessen, was er sein will.

Wenn ein Mensch sich in Treue erfahren will, dann braucht er die Untreue als Spiegel.

Niemand sehnt sich zufällig nach Treue oder Loyalität, und niemand erfährt sich zufällig im Verrat als Schatten der Treue.

Niemand sehnt sich zufällig nach etwas, weil Sehnsucht kein Zufall ist, sondern sie fällt dem Menschen zu.

Sehnsucht nach Treue hat derjenige, der Treue vermisst oder Angst vor Untreue hat.

Eifersucht kann ihre Ursache in der tiefen Angst vor Untreue oder Verrat haben.

Den Schmerz erfahrener Untreue kann der Mensch in sich heilen, wenn er erkennt, dass er Erfahrungen mit Treue und Untreue gewählt hat, um in wahrer Liebe zu wachsen.

Die Angst vor der Untreue ist die Freude an der Treue.

Doch Treue macht dann keine Freude, wenn sie nicht der Wahrheit des eigenen Gefühls entspricht.

Wer seinem Gefühl nicht treu ist, der hat die Treue im Verstand und nicht im Herzen.

Je stärker das Gefühl dem Verstand widerspricht, desto unglaubwürdiger wird der Mensch.

Emotionale Integrität ist die Treue zur Wahrheit des eigenen Gefühls.

Der Mensch ist dann integer und wahr, wenn er sich so fühlen darf, wie er sich fühlt.

Davor haben viele Menschen Angst. Dann ist Angst ihre Wahrheit.

Wer sich wahr in seiner Angst zeigt, der ist integer.

Wer seine Tränen zeigt und sich ihrer schämt, der ist integer in der Scham seiner Tränen.

Tränen der Scham kommen aus der Angst.

Die Meisterschaft emotionaler Loyalität liegt in der Achtung des eigenen Gefühls.

Damit findet der Mensch die Loyalität in sich, nicht in dem anderen.

Wenn Menschen überlegen, wie sie sich fühlen dürfen, dann entfernen sie sich von der Wahrheit ihres Gefühls.

Wer sich fragt, ob er Gefühle zeigen darf, denkt darüber nach, ob er wahr sein darf.

Wer die Wahrheit des Gefühls scheut, der hat Angst. Dann ist Angst die Wahrheit.

Wer die Wahrheit des Gefühls nicht will, der hat ein Problem mit der Wahrheit.

Wer den anderen verändern will, der will ein Gefühl nicht wieder erfahren, welches er durch die Veränderung des anderen zu vermeiden hofft.

Ein Gefühl, welches der Mensch nicht will, erfährt sich auf der Gegenseite durch das Gefühl, welches er will.

Der Mensch wird »in Gefühlen denken« müssen, wenn er erkennen will, welche Gefühle ihn wahrhaftig leiten.

»In Gefühlen zu denken«, ist die bewusste Verbindung von Herz und Verstand.

Wer über seine Gefühle nicht nachdenkt, der denkt über seine Wahrheit nicht nach.

Wer gegen sein Gefühl handelt, der lebt im Missklang von Herz und Verstand.

Widerwille ist der Ausdruck dessen, was der Mensch gegen seinen Willen tut.

Widerfühlend handelt der Mensch im Missklang mit seinem Gefühl.

Dem Missklang kann der Einklang folgen.

Mal folgt der Mensch seinen Gefühlen, mal nicht.

Mal erfährt sich der Mensch in der Akzeptanz, mal in der Ablehnung seiner Gefühle.

Viele Menschen haben Angst, zu ihrem Gefühl zu stehen – dementsprechend stehen sie zu den Gefühlen des anderen.

»Seinen Gefühlen treu zu sein«, bedeutet zuweilen, dem anderen nicht treu sein zu können.

Will der Mensch ständig dem anderen treu sein, dann bedeutet es mitunter, sich selbst nicht treu zu sein.

Wer seine Gefühle treu achtet, der kann die Wahrheit des anderen treu achten.

Treue kann einen Menschen quälen, der sich in Untreue erfahren soll, deshalb erkennt er, dass er beides ist, obwohl er doch unbedingt treu sein will.

Das Wollen erfährt sich durch das, was der Mensch nicht will – immer und immer wieder.

Wer keine Liebe für die Existenz der Untreue hat, dem mangelt es an Liebe für das, was polar bedingt zur Treue existieren muss.

Auch die Einsamkeit muss existieren.

Viele haben Angst vor Einsamkeit und Verlassenheit.

Menschen fordern Treue, weil sie sich weder einsam noch verlassen erfahren wollen.

Jeder kann sich nur so erfahren: gemeinsam und einsam, verbunden und getrennt.

Wer sich von seiner Partnerin/seinem Partner trennt, der erfährt viel Ablehnung in einer Gesellschaft, die Trennung verurteilt, verteufelt oder gar bestraft.

Ablehnung ist teuflisch, da der Mensch nicht abgelehnt, sondern angenommen werden will.

Zu dem Schmerz der Trennung kommt dann noch der Schmerz der Ablehnung dazu.

Manche Gefühle lassen in ihrer Wahrheit nur die Trennung zu.

Menschen werden krank, wenn sie nicht der Wahrheit ihres Gefühls folgen.

Sie werden chronisch krank, wenn sie dauerhaft gegen ihr Gefühl handeln.

Unwahrheit macht krank, wenn der Mensch eine Wahrheit hat.

Angst macht Menschen krank, wenn sie den Sinn ihrer Angst nicht verstehen.

Wer seine Ängste ignoriert, der ignoriert die Wahrheit seines Gefühls.

Angst kann Menschen wahnsinnig machen.

Gefühle können Menschen wahnsinnig machen – bis der Mensch sie versteht, denn dann hat seine Sehnsucht nach Verstehen einen Sinn.

Das Verstehen von Gefühlen ist der Weg aus dem Wahnsinn der Gefühle.

Gefühle sind nicht irrational, es sei denn, der Mensch glaubt, sie seien irrational.

Gefühle sind die Sprache der Liebe und die Weisheit der Seele.

Gefühle sind die Wahrheit des Herzens.

Der Mensch ist in seinem Herzen unwahr, solange er nicht der Wahrheit seines Gefühls folgt, denn dann spaltet er sich von der Wahrheit seines Gefühls ab.

Wer der Wahrheit seines Gefühls nicht folgt, wird eine gespaltene oder zerrissene Persönlichkeit.

Der Weg in den Einklang des Gefühls ist der Weg aus der inneren Zerrissenheit.

Innere Zerrissenheit ist ein Gefühl – so, wie Klarheit ein Gefühl ist.

Wer innerlich zerrissen oder hin- und hergerissen ist, der kann sich nicht klar entscheiden.

Innere Zerrissenheit ist die Qual der Unklarheit, in der ein Mensch seine tiefe Sehnsucht nach Klarheit erfährt.

Wenn das Gefühl klar ist, dann ist der Mensch nicht mehr innerlich zerrissen.

Klarheit steuert der Mensch nicht, denn er würde immer klar sein wollen – ist es aber nicht.

Wer innere Zerrissenheit nicht bewusst erfahren hat, der tut sich schwer im Umgang mit Zerrissenheit und Unklarheit.

In seiner Zerrissenheit hat der Mensch keine klare Orientierung, es sei denn, er orientiert sich bewusst an seiner Zerrissenheit.

In der Zerrissenheit ist weder Klarheit noch Sicherheit.

Wer den Schmerz der Zerrissenheit erlöst, der kennt sowohl die Quelle der Klarheit als auch die Quelle der völligen Verwirrtheit.

Gefühle der Verwirrung und Unklarheit kann der Mensch nicht von sich aus aufgeben.

Wer will sich schon verwirrt erfahren?

Es sind oftmals Gefühle, die Menschen verwirren.

Im Gefühlschaos herrschen verwirrende Gefühle, aber keine klaren Gefühle.

Nach einem Gefühlschaos kann Ordnung neu erfahren werden.

Ordnung geschieht – sowie Chaos.

Jedes Streben nach Ordnung endet im Chaos, damit der Mensch sich immer wieder neu in Ordnung und Klarheit erfahren kann.

Klaren Gefühlen kann der Mensch bewusst folgen, oder er kann sie ignorieren.

Dann erfährt er sich wahlweise in der Ignoranz oder in der Achtung seines Gefühls.

Wer Gefühle wirtschaftlich betrachtet, der spricht davon, Gefühle zu investieren, statt ihnen bewusst zu folgen.

Wer sich in seinen Gefühlen annimmt, der kann den anderen bewusst in seinen Gefühlen annehmen, auch wenn diese den eigenen zuwiderlaufen.

Viele lehnen im anderen genau die Gefühle ab, die sie selbst nicht wollen.

Doch Ablehnung muss existieren.

Wer mit Ablehnung nicht klarkommt, der fürchtet den Schmerz der Ablehnung.

Die Tiefe der Enttäuschung, die mit Ablehnung einhergeht, ist die Freude an der Zuneigung.

Die Angst vor Ablehnung ist der Schatten der Freude an der Zuneigung.

Menschen sind süchtig nach Zuneigung und brauchen die Erfahrung von Ablehnung, um Zuneigung erfahren zu können.

Die Erfahrung von Ablehnung ist im Umkehrschluss die Erfahrung von Zuneigung.

Wer das Wesen von Ablehnung und Zuneigung in sich vereint, der ist heil.

Wer ohne Ablehnung und gänzlich tolerant sein will, der ist es nicht, weil er es ja erst noch sein will.

Wer nichts ablehnen will, der lehnt die Existenz der Ablehnung gänzlich ab und ist dabei voller Ablehnung.

Wen der Mensch ablehnt, liegt in der Wahrheit des Gefühls – aber auch, wem er zugeneigt ist.

Der Mensch muss nicht alle mögen, sonst wäre Zwang sein Antrieb, nicht aber Wahrheit.

Mögen entspricht genauso der Wahrheit eines Gefühls wie Nicht-Mögen.

Sympathie existiert, weil der Schatten Antipathie existiert.

Beides ist wahr, auch wenn sich die Wahrheit verändern kann. Gefühle verändern sich.

Oftmals schlägt anfängliche Begeisterung in erlahmendes Interesse um.

So kann der Mensch erkennen, dass er nicht der Schöpfer seines Interesses ist.

Interesse ist ein Gefühl, genauso wie Begeisterung.

Begeisterung ist im Herzen fühlbar.

Interesse erfährt sich immer wieder neu, weil der Mensch mal interessiert, mal desinteressiert ist.

Der Mensch steuert weder sein Interesse noch seine Begeisterung.

Wenn er sich für nichts mehr begeistern kann, dann kann er das Gefühl der Begeisterung nicht mit dem Verstand herstellen.

Er ist begeistert oder nicht. Er ist interessiert, bis er nicht mehr interessiert ist.

Mal ist er mehr, mal weniger interessiert, mal völlig gleichgültig.

Was kann der Mensch für die Existenz der Gleichgültigkeit?

Gleichgültigkeit ist – wie wahre Anteilnahme – ein Gefühl. Auch Interesse ist ein Gefühl.

Wer Interesse heuchelt, der erfährt sich als Heuchler.

Wer nur so tut, als wäre ihm jemand gleichgültig, der betrügt sich selbst.

Wenn Menschen Gefühle heucheln, dann haben sie Angst vor einer Ablehnung der Wahrheit ihres Gefühls.

Ablehnung kann der Mensch nicht wirklich mögen, wenn er Freude an der Zuneigung hat.

Ablehnung ist ein Gefühl, welches der Mensch bis in die Tiefen seines Seins hasst, wenn er sich bewusst nach Zuneigung sehnt.

Bewusst erfahrener Hass auf die Ablehnung ist die innige Geburt der Zuneigung.

Das innigste Gefühl der Zuneigung ist das der Liebe selbst.

Durch denjenigen, den der Mensch ablehnt, erfährt er auch denjenigen, den er mag.

Das Gefühl der Ablehnung ist so schmerzhaft, wie Zuneigung Freude bereiten kann.

Das Fühlen tiefen Schmerzes erfahrener Ablehnung ist das bewusste Entstehen des Gefühls der Zuneigung.

Wenn sich alle Menschen von einem abgewendet haben, dann können sich alle zuwenden. Dadurch kann der Mensch ein Maximum an Zuwendung bewusst erfahren.

Der Mensch muss in der Tiefe sterben, um heil oder ganz zu werden.

Der Schatten muss sich zeigen, damit das Licht erfahren werden kann.

Der Mensch stirbt den qualvollen Tod eines Schattens, um das Gegenteil bewusst wahrnehmen zu können. Er muss es fühlen.

Im Maximum der Ablehnung beginnt der Mensch das Maximum der Freude an Zuneigung bewusst zu erfahren.

Je mehr Ablehnung der Mensch bewusst erfahren hat, desto mehr Zuneigung kann er spüren.

Wer im Frieden mit der Existenz des Gegensatzes von Ablehnung und Zuneigung ist, der geht gelassen mit seinen Erfahrungen von Ablehnung um, weil Ablehnung existieren muss.

Das ist die Gelassenheit des Eins-Seins, die der bewussten Erkenntnis aller Polaritäten folgt.

Um gelassen zu sein, muss der Mensch die Wahrheit der Polaritäten in sich vereinen.

Er muss – ist die gleichzeitige Erfahrung dessen, was er nicht muss.

Vereinigung ist der Weg der Heilung durch Ganzwerdung.

Heil ist der Mensch, der alles in sich vereint, auch das Unheil.

Das Heilbare erfährt sich durch das Unheilbare so, wie sich das Heil durch das Unheil erfährt.

In allem, was der Mensch ablehnt, ist er unheil.

Viele Gefühle lehnt der Mensch ab.

Dabei braucht er jedes Gefühl für sein Mitgefühl, sonst wäre sein Mitgefühl unvollständig.

Mitgefühl wächst durch die bewusste Erfahrung von Gefühlen.

Gefühle sind die Aufgaben des Menschen.

Gefühle sind die Aufgaben der Liebe, die sich ohne Gefühle nicht erfahren lässt.

Der Mensch wächst mit seinen Aufgaben, wenn er seine Aufgaben wahrhaft versteht, sonst hat sein Wachstum keine Wahrheit.

Liebe ist die Aufgabe, wenn Liebe die Wahrheit des Menschen ist.

Liebe lässt den Menschen verstehen.

Um Liebe zu verstehen, muss er seine Gefühle verstehen.

Was wäre der Mensch ohne die Erfahrung von Gefühlen? Ein gefühlloses, liebloses Wesen.

Schmerzhafte Gefühle will der Mensch nicht. Negative Gefühle will er nicht. Ängste will er nicht.

Deshalb liebt der Mensch die Kontrolle.

Er will Gefühle kontrollieren, um bestimmte Gefühle in seinem Leben zu vermeiden.

Er will das vermeiden, was unangenehm ist. Das unangenehme Gefühl will er vermeiden.

Doch wie könnte ein Mensch Gefühle kontrollieren oder vermeiden, solange er sie in ihrer Entstehung und Bedeutung nicht versteht?

Dann kontrolliert er sein Unverständnis.

Hat der Mensch die Macht über seine Gefühle?

Wie könnte er die Macht haben, solange Gefühle schneller sind, als er über sie nachdenken kann?

Wer seine Gefühle beobachtet, der erkennt, dass Gefühle bewusst erfahren werden wollen.

Gefühle wollen erlebt, durchdrungen, durchlebt und durchliebt werden.

Gefühle wollen eingelöst und dadurch erlöst werden. Dann ist die Liebe die Erlösung.

In der Tiefe eines jeden Gefühls erfährt sich die Wahrheit des Gefühls.

In der Tiefe hat der Mensch keine Kontrolle über sich, keine Kontrolle über die tiefen Abgründe seiner Gefühle.

In seine Schatten wird der Mensch hineingeführt – so wie ins Licht.

Menschen glauben, einen freien Willen zu haben.

Doch welches Gefühl kann ein Mensch wirklich frei wählen?

Der Mensch glaubt an Kontrolle, bis er die Kontrolle, sein Gleichgewicht, seine Haltung, seine Fassung, den Überblick oder alles verliert.

Wollen Gefühle Kontrolle oder wollen Gefühle verstanden werden?

Was macht Sinn?

Wer den Sinn von Gefühlen erforscht, der hat in sich selbst zu forschen.

Der Mensch kann nur über Gefühle sprechen, die er selbst erfahren hat.

Wer erfahren hat, der weiß.

Ein Gefühl, welches er nicht kennt, fehlt seiner Erkenntnis.

Mitgefühl ist die fühlende Erkenntnis der Liebe.

Wer Schmetterlinge im Bauch nicht kennt, der kann über Schmetterlinge im Bauch nicht reden. Er kann sie auch nicht herbeizaubern.

Wer sich nie auf den ersten Blick verliebt hat, der kennt die Unmittelbarkeit des Verliebens nicht.

Wer Jähzorn nicht erfahren hat, der kennt die aufsteigende Energie des Jähzorns nicht.

Wer nie außer sich vor Wut war, der kennt die gewaltige Macht der Wut nicht.

Wer nie eine Angst- oder Panikattacke hatte, der weiß nicht, wie es ist, wenn die Angst gänzlich von ihm Besitz ergreift.

Wer die Angst vor der Angst nicht erfahren hat, der hat keine Vorstellung von ihr.

Wer Willenlosigkeit nicht erfahren hat, der kennt die Unfreiheit des Willens nicht.

Wer Machtlosigkeit nicht erfahren hat, der kennt die Wahrheit der Ohnmacht nicht.

Wer Hoffnungslosigkeit nicht erfahren hat, der kennt den Nullpunkt der Hoffnung nicht.

Wer Antriebslosigkeit nicht erfahren hat, der kann antriebslose Menschen nicht verstehen.

Wer die Leere nicht kennt, der kann das Nichts nicht beschreiben.

Wer noch nie einen Menschen verloren hat, der kennt den Schmerz der Trauer nicht.

Und so braucht der Mensch die Erfahrung eines jeden Gefühls, um sich bewusst fühlen und dadurch erkennen zu können.

Es ist die Weisheit der Liebe, die sich durch die Wahrheit der Gefühle erfährt.

Die Wahrheit der Gefühlsforschung folgt der Wahrheit eigener Erkenntnis.

Gefühlsforschung ist Seelenforschung.

Gefühle sind nicht zufällig die Sprache der Seele.

Über seine Gefühle ist der Mensch ständig mit seiner Seele verbunden.

Das ist die innere Verbundenheit, die der Mensch erkennen, aber niemals selbst aufgeben kann.

Der Mensch wird ständig über Gefühle geführt, auch über solche, die er nicht will und die er zu vermeiden versucht.

Gefühle haben in Wahrheit die Macht, und damit hat die Seele die Macht.

Wenn Gefühle den Menschen beherrschen, dann beherrscht er sie nicht.

Impulsivität und Emotionalität drücken die Macht des Gefühls aus, die der Mensch zu kontrollieren versucht.

Wer der Quelle seiner Gefühle vertraut, der wird Gefühle nicht kontrollieren wollen, sondern ihnen bewusst folgen.

Die Fülle aller Gefühle erfährt sich hierbei durch ihr jeweiliges Gegengefühl.

Gefühllosigkeit ist das Gegenteil bewussten Mitgefühls.

Erfahrungen der Gefühllosigkeit steuert der Mensch nicht.

In der Tiefe bewusst erfahrener Gefühllosigkeit wird die Wahrheit aller Gefühle geboren.

Gefühle sind die Fülle der Liebe.

Der Mensch, der Erfüllung sucht, der sucht die Fülle der Liebe, die durch Gefühle erfahrbar wird.

In welchen Gefühlen sich ein Mensch jeweils erfährt, das bestimmt er nicht selbst – es ist Teil seiner Bestimmung.

Ob das Leben eine Bestimmung hat, kann der Mensch über seine Gefühle herausfinden.

Jeder Mensch hat ein Gefühlskarma, welches sich nicht zufällig über bestimmte Gefühlsmuster erfährt.

Subjektive Gefühlsmuster oder Erfahrungen kann der Mensch nicht loslassen, weil er sie für seine Erkenntnis braucht.

Wie kann ein Mensch die Erfahrungen in seinem Leben wahrhaftig verarbeiten, solange er den Sinn seiner Erfahrungen nicht wirklich versteht? Er betrügt sich selbst.

Noch reden Menschen davon, Erfahrungen zu verarbeiten, anstatt Erfahrungen zu verstehen.

Tieferes Verständnis ist der Weg der Evolution.

Will das Leben, will die Liebe verstanden werden?

Wollen Gefühle verstanden werden?

Gefühle sind der Schlüssel zum Verständnis des Lebens.

Gefühle sind der Sinn des Lebens.

Jede Erfahrung des Menschen hat mit Gefühlen zu tun.

Menschen streben immer nach dem Gefühl, welches sie am meisten vermissen und wonach sie sich am meisten sehnen.

Bestimmte Gefühle wollen sie möglichst vermeiden, andere wiederum dauerhaft festhalten.

Das ganze Leben dreht sich um das Erstreben, Vermeiden und Festhalten von Gefühlen.

Welche Gefühle der Mensch will, erfährt er parallel immer wieder durch das, was er nicht will.

Was er nicht will, ist zugleich auch immer die Erfahrung dessen, was er will.

Das Gefühl, welches ihm gerade fehlt, kann er suchen.

Der Mensch wird immer das Gefühl suchen, welches ihm zum vermeintlichen Glücklichsein fehlt.

Durch das fehlende Gefühl erfährt sich das jeweils vorhandene Gefühl, durch die Veränderung erfährt sich der Status quo.

Gefühle leben von der Spannung, veränderlich zu sein – dadurch erfährt sich die Polarität immer wieder neu.

Niemand kann gleichzeitig fröhlich und traurig, ängstlich und furchtlos, schlecht gelaunt und gut gelaunt, zufrieden und unzufrieden, dankbar und undankbar, kraftvoll und kraftlos sein.

Wer ein bestimmtes Gefühl sucht, der vermisst es.

Um das Vermissen eines Gefühls erfahren zu können, muss es abwesend sein.

Wenn ein Gefühl abwesend ist, kann es wiederkommen.

Gefühle zu vermissen, ist das Gegenteil von Gefühle haben, Mangel ist das Gegenteil von Fülle.

Nur durch Mangel kann Fülle erfahren werden.

Wer sich nach Zweisamkeit oder Gemeinschaft sehnt, für den ist Einsamkeit der Mangel.

Die Sehnsucht nach Zweisamkeit oder Gemeinschaft ist die Erfahrung der Einsamkeit, aber auch die des Getrenntseins.

Einsamkeit ist ein Gefühl, welches nicht im Verstand abgestellt werden kann, so wenig wie die Sehnsucht selbst.

Das Gefühl der Einsamkeit braucht keine Erklärung. Es ist die Erklärung selbst.

Wer meint, Einsamkeit entstehe im Kopf, der hat sich nie auch dann einsam gefühlt, wenn er gar keinen Grund dazu hatte.

Gefühle brauchen keinen Anlass. Sie sind der Anlass.

Gefühle haben oftmals nichts mit der Wahrnehmung der Realität anderer zu tun.

Der andere sucht oftmals den Grund für ein Gefühl. Dabei ist das Gefühl selbst der Grund.

Wer Einsamkeit in der Tiefe erfahren hat, der kann Zweisamkeit und Gemeinsamkeit fühlen.

Auch Partnerlosigkeit oder Beziehungslosigkeit ist ein Gefühl.

Wenn sich ein Mensch nach Partnerschaft oder Beziehung sehnt, dann erfährt er den Wert einer Partnerschaft, der sich durch seine Abwesenheit erfährt.

Wenn sich ein Mensch nach Gemeinschaft sehnt, dann erfährt er den fühlbaren Wert einer Gemeinschaft.

Je intensiver sich der Mensch in dem Gefühl erfährt, welches er vermisst, desto intensiver kann er das Gefühl wahrnehmen, wenn er es bekommt.

Die Intensität des jeweiligen Gefühls bestimmt der Mensch nicht, schon gar nicht, wenn er Gefühle erfährt, die er gar nicht will.

Das, wonach sich der Mensch sehnt, quält ihn, wenn er es vermisst.

Der Mensch, der nicht gequält werden will, entscheidet nicht darüber, welches Gefühl ihn quält.

Was der Mensch an Gefühlen vermisst, das steuert er nicht – er würde das Haben, aber nicht das Vermissen erfahren wollen.

Vermissen ist ein Gefühl. Das Gefühl des Fehlens.

Je mehr der Mensch etwas vermisst, desto mehr erfährt er Sehnsucht.

Für die Erfahrung von Vermissen und Sehnsucht braucht er die Existenz der Abwesenheit.

Im Vermissen erfährt sich die Freude späteren Bekommens.

Was der Mensch verloren hat, das kann er wahrhaftig bekommen.

Das verloren gegangene Gefühl ist nicht verloren, weil keine Erfahrung verloren geht.

Jedes Gefühl kann wiederkehren.

Doch der Mensch steuert die Wiederkehr so wenig wie den Verlust.

Menschen, die sich einsam fühlen, die können ihre Einsamkeit nicht mit dem Verstand steuern oder besiegen.

Gefühle wollen nicht besiegt werden, sondern wollen in ihren Höhen und Tiefen bewusst wahrgenommen werden.

Tiefe Einsamkeit ist kein leichtes Gefühl.

In der Schwere der Einsamkeit ist keine Leichtigkeit, da ist nur Tiefe qualvoller Einsamkeit.

Das ist reine Einsamkeit. Das ist die Reinheit des Gefühls.

Es ist die Reinheit des Herzens, die der Wahrheit des jeweiligen Gefühls entspricht.

Ein einsamer Mensch hat weder Schuld noch macht er etwas falsch, wenn er sich in Einsamkeit erfährt.

Die bewusste Erfahrung von Einsamkeit ist eine Aufgabe.

Jede Aufgabe des Menschen hat mit Gefühlen zu tun.

Wie tief sich ein Mensch in einem Gefühl erfährt, das steuert er nicht.

Wer sich nach Zweisamkeit sehnt, der hasst das Gefühl der Einsamkeit zutiefst.

Die jeweilige Tiefe eines Gefühls offenbart sich. Gefühle sind Offenbarungen der Seele.

Niemand erfährt sich zufällig einsam oder gemeinsam.

Wer einen Partner will, aber keinen findet, der erfährt sich in Abhängigkeit statt in der Freiheit seines Willens.

Auch wer sich unfreiwillig kinderlos erfährt, der hat nicht die freie Wahl, eigene Kinder zu haben.

Niemand ist zufällig kinderlos oder partnerlos.

Jedes Schicksal hat seine Bedeutung, oder das Leben hat keinen Sinn.

Menschen hassen nicht zufällig das Gefühl der Sinnlosigkeit.

Jede Verbindung zwischen Menschen hat ihren Sinn – so wie jede Trennung.

Trennung ist die Erfahrung von Verbindung, Verbindung ist die Erfahrung von Trennung.

Gefühle führen Menschen zusammen, es sei denn, sie missachten ihr Gefühl.

Gefühle trennen Menschen, es sei denn, sie missachten ihr Gefühl.

Was kann der Mensch für seine Gefühle?

Kein Gefühl ist zufällig, und die Wahrheit des Gefühls ist keine zufällige Wahrheit.

An Gefühlen kann der Mensch nicht arbeiten, weil die Wahrheit das Gefühl ist.

Wer glaubt, an einer Beziehung zu einem Menschen arbeiten zu können, der will an seinen oder den Gefühlen des anderen arbeiten.

Wer etwas an sich oder dem anderen verändern will, der will ein Gefühl verändern.

Die Veränderung erfährt sich durch das, was sich nicht verändert, bis es sich verändert.

Gefühle können sich ständig verändern, aber die Veränderung obliegt nicht der Macht des Verstands.

An Gefühlen kann der Mensch nicht arbeiten, weil Gefühle nicht verändert, sondern in ihrer Wahrheit erkannt werden wollen.

Wer seine Gefühle im Verstand verfasst, der kann nicht wahr im Herzen sein – und doch ist er es auch.

Wenn sich ein Mensch einsam fühlt, dann ist Einsamkeit seine Wahrheit.

Wer sich geborgen fühlt, für den ist Geborgenheit die Wahrheit.

Für den, der sich nach einem Partner sehnt, ist die Sehnsucht seine Wahrheit.

Wenn ein Mensch keinen Partner findet, dann ist es nicht seine Schuld.

Wer jedoch einem anderen einredet, er habe Schuld, der wird sich selbst mit dieser Schuld erfahren.

Wer Schuld sät, der wird Schuldgefühle ernten.

Wer Verständnis sät, der wird Verständnis ernten.

Wer einsame Menschen versteht, der kann sich um einsame Menschen kümmern, ohne sich kümmern zu müssen. Ansonsten wäre die eigene zwanghafte Bedürftigkeit der Antrieb.

Einsamkeit unterscheidet sich von dem Gefühl, hin und wieder gern mit sich allein zu sein.

Niemand will wahrhaftig einsam sein, solange er sich nach Zweisamkeit sehnt.

Niemand will wahrhaftig allein sein, solange er sich nach Nähe sehnt.

Doch zu viel Nähe kann dem Mensch die Luft zum Atmen nehmen, sobald er sich nach Freiheit sehnt.

Nähe und Distanz, Freiheit und Unfreiheit erfahren sich immer wieder neu.

Die bewusste Erfahrung von Unfreiheit ist der Weg zur inneren Freiheit.

Die bewusste Erfahrung von Distanz ist der Weg zur eigenen Nähe.

Distanzierte Menschen leben oftmals in Distanz zu ihrem eigenen Herzen. Sie sind sich selbst nicht nah.

Distanzierte Menschen wirken kühl, unpersönlich, steif, gezwungen, förmlich, unecht, einstudiert, geziert, zurückhaltend oder unnahbar.

Herzlichkeit ist das Gegenteil von Distanzierung.

Herzlichkeit ist jedoch ein Gefühl, welches in der Tiefe bewusster Distanz erfahren wird.

Wer anderen unbedingt nahe sein möchte, der ist süchtig nach Nähe und hat schmerzhafte Unnahbarkeit als Schatten im Gepäck.

Bewusste Nähe zu anderen Menschen kann derjenige erfahren, der die Tiefen der eigenen Distanz zu seinen eigenen Gefühlen durchdrungen hat.

Jeder kann die Gefühle beobachten, vor denen er sich am liebsten schützen und von denen er sich in seinem Leben distanzieren möchte.

Was der Mensch nicht will, davor läuft er oftmals weg. Doch er nimmt sich mit.

Wer weglaufen will, der erfährt, dass er seine Gefühle, Erfahrungen und Muster mitnimmt.

Wer aus seinem Leben, seinem Job, seiner Familie oder seiner Umgebung aussteigen will, der will immer aus bestimmten Gefühlen aussteigen.

Wem eine Beziehung zu eng wird, der sucht die Weite.

Wer sich nach Freiheit sehnt, der vermisst die Freiheit.

Wer sich nach Unabhängigkeit sehnt, der leidet unter seiner Abhängigkeit.

Wer unter einer Lebenssituation leidet, der leidet.

Auch Leid ist ein Gefühl.

Leid lässt die Menschen Erlösung vom Leid zunächst im Außen suchen.

Durch das Gefühl, unter dem ein Mensch leidet, kann er erkennen, unter welcher Polarität er leidet.

Hierzu muss er die Gefühle wahrnehmen, die er am liebsten aus seinem Leben verbannen und nicht wieder fühlen möchte.

Dahinter verbirgt sich die intensivste und leidvollste Verletzung.

Verletzungen kann der Mensch nur in sich heilen. Das bedeutet Selbstheilung.

Leidvolle Gefühle kann der Mensch nur durch die Wahrheit ihrer Existenz in sich befrieden.

Gerade Armut geht mit leidvollen Gefühlen einher.

Armut und Reichtum erfahren sich immer wieder neu.

Der Reiche, der sich noch nicht in dem Armen erkennt, der hat noch kein Mitgefühl.

Wem hilft der Mensch, wenn er erntet, was er sät?

Wer seine Freude an der Unterstützung anderer noch nicht entdeckt hat, der braucht die bewusste Erfahrung eigener existenzieller Ängste. Erst dann ist er bereit, anderen zu helfen.

Ängste erzeugen Mitgefühl in den Menschen, die sich selbst bewusst in Ängsten und Sorgen erfahren. Erst dann kann sich der Mensch bewusst um die Sorgen anderer kümmern.

Wer andere Menschen verkümmern lässt, der lässt sich selbst verkümmern und wird noch mehr Kummer anziehen.

Kummer ist ein Gefühl, das zermürben kann, und wer qualvoll zermürbt ist, erfährt Qual.

Zermürbung ist ein qualvolles Gefühl. Es ist ein langsames Zugrunderichten.

Wer andere quält, zermürbt sie und richtet sie zugrunde, statt sich um sie zu kümmern.

Der Mensch, der sich um sich selbst und andere kümmert, erfährt die Freude, die der Unterstützung und der Hilfe innewohnt.

Wer sich ohne Unterstützung erfahren hat, der weiß, wie sich Hilflosigkeit anfühlt.

Das Gefühl der Freude, anderen helfen zu können, wird in der Qual eigener Hilflosigkeit geboren.

Helfen macht Freude, es sei denn, der Mensch hilft, weil er meint, helfen zu müssen. Dann sind Zwang und eigene Hilflosigkeit sein Antrieb.

Ein »Helfersyndrom« haben solche Menschen, die helfen wollen, weil sie meinen, helfen zu müssen.

Oftmals wollen sie gebraucht werden und sind süchtig nach Anerkennung für ihre Hilfe.

Oder sie haben eigene Hilflosigkeit erfahren, die sie anderen unbedingt ersparen wollen.

Hilflosigkeit ist der ungeliebte Schatten der Freude an der Hilfe.

Wer Hilflosigkeit gefühlt hat, der kann die innere Freude erfahren, die mit Hilfe einhergeht, die nicht der eigenen Angst, sondern der Freude am Helfen entspringt.

Doch letztlich hilft der Mensch nur sich selbst, wenn er erntet, was er sät.

Wie könnte die Seele hilflos sein?

Der Mensch ist hilflos, bis er sich aus seiner eigenen Hilflosigkeit befreit, wenn dies seine Aufgabe ist.

Hilflos ist er im Umgang mit seinen Gefühlen, bis er sie versteht.

Befreien kann sich der Mensch durch die Erkenntnis der Wahrheit der Liebe.

Wer unter seiner Unfreiheit leidet, der wird die Freiheit zunächst im Außen suchen.

Je unfreier sich ein Mensch fühlt, desto mehr leidet er.

Das Leid will er nicht fühlen, weil sich Leid grausam anfühlt.

Die Grausamkeit des Gefühls der Unfreiheit öffnet den Menschen dafür, Freiheit gänzlich fühlen zu können.

Dann ist die Unfreiheit die Hölle – und die Freiheit ist das Paradies.

In der Tiefe der Unfreiheit erfährt der Mensch die Wahrheit seiner Sehnsucht nach Freiheit.

Je intensiver sich ein Mensch in Unfreiheit erfahren hat, desto intensiver kann er die Freude an der Freiheit genießen.

Doch die Unfreiheit will er nicht wieder zurück, weil er das Leid der Unfreiheit nicht erneut erfahren will.

Wer sich bewusst in Unfreiheit erfahren hat, der kann anderen Menschen Freiheit schenken statt ihnen die Freiheit zu rauben.

Doch die Unfreiheit wird er niemals abschaffen können, weil die Freiheit sie braucht.

Freiheit ist das bewusste Glück, das aus der bewussten Erfahrung der Unfreiheit resultiert.

Der Mensch kann sich immer nur so frei fühlen, wie er sich auch bewusst unfrei erfahren hat.

Wer nach absoluter Freiheit strebt, der braucht den Spiegel totaler Unfreiheit.

Bewusster Genuss von Freiheit wird durch die Erfahrung bewussten Entzugs geboren.

Vieles ist für Menschen selbstverständlich, bis es ihnen entzogen wird.

Dann kann die Sehnsucht erwachen.

Schmerzhafter Entzug ist der Weg zum fühlbaren Genuss.

Mal erfährt sich der Mensch unfreiwillig im Entzug, mal bewusst in Enthaltsamkeit.

Wer sich unfreiwillig im Entzug erfährt, der erfährt die Grausamkeit der Enthaltsamkeit, wenn er Sehnsucht nach Genuss hat.

Wer Enthaltsamkeit zur Tugend erhebt, der braucht die Untugend der gierigen Maßlosigkeit als Spiegel.

Wenn der Mensch etwas maßlos ablehnt, dann sät er maßlose Ablehnung.

Wer andere Menschen zur Enthaltsamkeit zwingt, der sät Zwang.

Zwang ist immer eine Folge von Angst.

Freiwilligkeit weiß der Mensch zu schätzen, wenn er sich bewusst in der Unfreiheit seines Willens erfahren hat.

Menschen wissen das bewusst zu schätzen, was sie vermisst oder nicht gehabt haben, weil sich das Anwesende nur durch das spiegelbildlich Abwesende erfahren kann.

Auch die Freude erfährt sich durch ihre Abwesenheit.

Die Freude des Herzens entsteht nicht im Verstand.

Wahre Freude kennt kein Selbstbestimmungsrecht.

Wer die Qual der Freudlosigkeit in sich erfahren hat, der weiß, dass darin absolut keine Freude ist, sondern tiefe und unerfüllte Sehnsucht nach Freude.

Dann weiß der Mensch die Freude zu schätzen, wenn sie wiederkehrt.

Die Freude wird vollständig sterben, wenn sie bewusst und vollständig erfahren werden soll.

Das ist das ewige Rad des Sterbens, um zu werden.

Wer in der Angst vor dem Tod gestorben ist, der kennt das werdende Gefühl des Lebens.

Das Gefühl, leben zu wollen, entsteht ebenso wenig im Verstand wie die Sehnsucht, sterben zu wollen.

Über das Gefühl der Todessehnsucht wird derjenige nachdenken, der sie erfahren hat.

Vorher hat der Mensch von diesem Gefühl keine Vorstellung.

Gefühle folgen nicht der Vorstellung, sondern der Erfahrung.

Wer die Sehnsucht nach dem Tod erfährt, der hat keine Sehnsucht nach dem Leben.

Wer keine Kraft mehr zum Leben verspürt, der erfährt sich ohne Lebenskraft.

Wer keinen Willen mehr zum Leben hat, der erfährt sich ohne Willenskraft.

Die Kraftlosigkeit des Körpers und des Geists hat ihre Bedeutung.

Dadurch erfährt der Mensch die innere Wahrheit der Kraft.

Wenn dem Menschen die innere Kraft ausgeht, dann erkennt er, dass er nicht der Schöpfer seiner Kraft ist.

Wer meint, der Wille oder der Verstand sei alles, der erfährt, dass der Wille ohne die Wahrheit der inneren Kraft machtlos ist.

Es gilt, die Wahrheit der inneren Kraft sowie die Wahrheit aller Gefühle in sich zu erfahren.

Wer die Angst vor dem Tod erfahren hat, der kennt die Freude am Leben.

Wer keine Angst vor dem Tod hat, der erfährt sie dann, wenn er sie hat.

Die jeweilige An- und Abwesenheit von Ängsten kann der Mensch wahrnehmen – so wie die An- und Abwesenheit der Freude.

Die Freude erfährt sich ständig durch ihr Gegenteil.

Das, was den Menschen daran hindert, Lebensfreude zu haben, ist das, was er auf dem Weg zur Liebe zu lernen hat.

Wer ohne Freude ist, der kann nicht voller Freude sein.

Wer jegliche Lebensfreude vermisst hat, der kann jegliche Lebensfreude finden.

Doch wer will sich schon ohne Lebensfreude erfahren?

Lebensfreude entspricht der Wahrheit der inneren Kraft – so wie die Freudlosigkeit.

In der Abwesenheit der Freude erkennt der Mensch, dass Gefühle nicht im Verstand entstehen, sondern im Herzen.

Der Mensch hat keine Vorstellung, wie sich der Nullpunkt der Lebensfreude anfühlt, bis er ihn erfahren hat.

Wer immer wieder alles verloren hat, der hat irgendwann auch jegliche Freude verloren.

Wer meint, der Mensch müsse das Leben lieben, der hat sich noch nicht ohne die Gefühle der Liebe zum Leben erfahren.

Wer das Leben und sich selbst ablehnt, der erfährt Selbstablehnung, in der die Erfahrung der Selbstannahme begründet wird.

Wer meint, der Mensch müsse etwas mögen, der sät Zwang und Unverständnis gegenüber der Wahrheit dessen, was der andere fühlt.

Wer etwas fühlen muss, der fühlt es nicht.

Wer etwas ablehnt, der lehnt es ab.

Ablehnung ist ein Gefühl. Es ist das Gefühl der Abneigung.

Hass ist das intensivste Gefühl dessen, was der Mensch ablehnt.

Der Mensch steuert seinen Hass nicht.

Auch die Lebensfreude kann der Mensch nicht mit dem Verstand steuern.

Ohne Freude am Leben verzweifelt der Mensch.

Der Mensch steuert seine Verzweiflung nicht.

Wer will schon verzweifelt sein?

Viele Menschen nehmen anderen täglich die Freude am Leben und schüren unglaubliche Ängste. Es ist das, was sie ernten werden.

Angst hat der Mensch immer vor dem, was er nicht will, aber Freude hat er an dem, was er will.

Der Mensch weiß nicht, was ihm Freude bereitet, bis er es weiß.

Die Freude weist dem Menschen den Weg – nicht der Mensch der Freude.

Gefühle weisen dem Menschen den Weg.

Die Abwesenheit von Gefühlen im Herzen, nach deren Anwesenheit sich ein Mensch sehnt, steuert der Mensch nicht mit dem Verstand.

Die Abwesenheit der Freude ist die Erfahrung der Quelle der Freude.

Der Verstand kann die Quelle erfahren, aber er ist nicht die Quelle seiner Freude.

Wahre Freude kann der Mensch nicht im Verstand produzieren, sonst gäbe es die Abwesenheit der Freude nicht.

Durch die Abwesenheit der Freude kann der Mensch die Anwesenheit der Freude erkennen.

Freude will erkannt werden, denn dann kann sie bewusst gelebt werden.

Das Leben ist nicht nur Freude.

Das Leben ist die Summe aller Gefühle.

Die positiven Gefühle will der Mensch.

Negative Gefühle lehnt er ab, bis er sich im Hass darauf erfährt.

Das, was er vermisst, das sucht er.

Alles, was der Mensch vermisst, hat mit Gefühlen zu tun.

Deshalb strebt er süchtig nach dem Gefühl, welches gerade nicht da ist.

Sucht ist die unbewusste und triebhafte Jagd nach Gefühlen, bis der Mensch bewusst danach sucht.

Alle Gefühle existieren und wiederholen sich ständig – so, wie die vollkommene Liebe existiert: als Licht und Schatten.

Die Menschheit lebt von der emotionalen Spannung der Polarität von Licht und Schatten.

Polare Emotionen sind die Lebendigkeit des Seins.

Alles erfährt sich durch sein Gegenteil, ohne das es nicht existieren könnte.

Harmonie kann sich nur durch Disharmonie erfahren.

Der Mensch erfreut sich an der Harmonie.

Harmoniesucht ist die Sucht nach Freude durch Harmonie.

Um sich in seiner Sucht nach Harmonie erfahren zu können, braucht der Mensch den Pol der Disharmonie.

Der Streitsüchtige ist der Gegenpol zum konfliktscheuen Harmoniesüchtigen.

Harmoniesüchtige haben Angst vor den Gefühlen, die mit einem Konflikt einhergehen.

Die Angst vor dem Konflikt ist die Freude an der Beilegung des Streits. So kann Harmonie immer wieder neu erfahren werden.

Das Ende eines Konflikts ist aus höherer Sicht lediglich die Geburt eines neuen Konflikts.

Eine Welt ohne Probleme wäre eine Welt ohne Lösungen.

Die Freude an der Lösung erfordert das Problem.

Wer kein Problem will, der will auch keine Lösung.

Was wäre der Mensch, wenn niemand mehr seine Lösung oder seine Hilfe braucht?

Wer gerne schlichtet, der braucht die Existenz der Meinungsverschiedenheiten.

Die gleiche Meinung erfährt sich fortwährend durch die Existenz von Meinungsvielfalt und unterschiedlichen Interessen.

Wie könnte sich ein Diplomat in dem Ausgleich von Interessen erfahren, wenn es keine unterschiedlichen Interessen gäbe?

Was wäre der Krisenmanager ohne die Existenz von Krisen?

Wer von Krise zu Krise hastet, der sät Übereifer und Hast.

Was wäre der Umweltschützer ohne Umweltverschmutzung, der Tierschützer ohne Tierquälerei, der Friedensforscher ohne Krieg, der Schutz ohne Gefahr?

Die Sicherheit lebt von der Existenz der Gefahr.

Wie könnte Sicherheit ohne Unsicherheit erfahrbar sein?

Wer Unsicherheit oder Angst abschaffen will, der strebt nach Unmöglichkeit.

Eskalation lässt sich nur durch Deeskalation erfahren, Versöhnung nur durch Unversöhnlichkeit, und Kompromisslosigkeit ist die Kehrseite der Kompromissbereitschaft.

Eskalierende Konflikte tun dann weh, wenn der Mensch ungestillte Sehnsucht nach Konsens und Harmonie hat.

Andere suchen geradezu den Konflikt, wenn sie Sehnsucht nach Freude durch Anerkennung, Erfolg und Selbstbehauptung haben.

Wer Konflikte sucht, dessen Ego will sich streitend, polarisierend und gewinnend erfahren.

Wer sich beweisen will, der braucht den Wettbewerb, das ständige Gefühl von Sieg und Anerkennung.

Wer nicht nachgeben kann, der hat Angst vor den Gefühlen, die mit Nachgeben einhergehen.

Wer Nachgeben als Niederlage sieht, der hat Angst vor den Gefühlen einer Niederlage. Deshalb fügt er sie lieber anderen zu.

Wer nur gewinnen will, der ist süchtig nach Siegen.

Für Siege müssen viele Menschen hart trainieren, sich quälen und abmühen.

Dann befürworten sie die Härte, die ihrer Ansicht nach zu Erfolgen und Siegen führt.

Doch Härte ist oftmals Ausdruck von Hartherzigkeit.

Wer Härte befürwortet, der sät Hartherzigkeit statt Warmherzigkeit.

Wer hart sein will, der hat hartnäckig Angst davor, ein Verlierer zu sein, verletzt zu werden oder als schwach zu gelten.

Wer meint, ein harter Kerl zu sein, der ist es nicht.

So hart der Mensch zu anderen ist, so hart ist er auch zu sich selbst.

»Alles, was den Menschen nicht tötet, das macht ihn noch härter«, so lautet ein Sprichwort der Befürworter von Härte.

Wer meint, hart zu sein, der ist genau so hart, wie er die Weichheit, Zartheit, Verwundbarkeit und Verletzlichkeit in anderen sieht.

Der Mensch spiegelt sich immer selbst.

Der »Dickhäuter« erfährt sich durch den »Dünnhäuter«.

Wer sich verletzlich fühlt, der ist nicht hart, aber er kann so tun, als ob er es sei.

Wer meint, ein Leben mit Härte und Strenge sei wohltuender als ein Leben mit bewusster Warmherzigkeit und Güte, der braucht noch viel Härte und Schwere in seinem Leben.

Wer einen harten Kerl als Partner braucht, der sehnt sich nach Schutz.

Wer sich anlehnen will, der sehnt sich nach Geborgenheit.

Wer anlehnungsbedürftig ist, der ist bedürftig.

Der Bedürftige schenkt immer wieder seine Bedürftigkeit, bis er bewusst die eigene Schulter anbietet.

Wer sich an der Härte anlehnt, der braucht sich über mangelndes Mitgefühl nicht zu wundern.

Wer Härte sät, der sät keinen Schutz, sondern Härte und Kälte.

Wer hart ist, der ist roh und gefühlskalt, statt mitfühlend zu sein.

Wer hart ist, der hat Angst vor seinen eigenen Gefühlen.

Wer hart ist, der hat Angst vor seiner eigenen Verletzlichkeit.

Wer grob berührt werden muss, damit er fühlen kann, der lehnt die verletzliche Zartheit in sich ab.

Durch das Grobe erfährt sich das Zarte, und durch das Brutale erfährt sich das Empfindliche.

In der Rohheit ist die Zärtlichkeit abwesend. Doch da wird alle Zärtlichkeit geboren.

Der Mensch sehnt sich nach Härte, wenn er sich für zu sensibel hält.

Sensibel will er nicht sein, weil es weh tut, verletzt zu werden.

Und so hat der vermeintlich Harte in Wahrheit Angst vor emotionalem Schmerz.

Viele Menschen halten sich für zu verletzlich und wollen es nicht sein.

Sie wollen den Schmerz der Verletzung nicht. Sie wollen das verletzende Gefühl nicht.

Der Mensch wird immer den anderen verletzen, solange den anderen die Wahrheit seines Gefühls verletzt.

Solange die Wahrheit den Menschen verletzt, solange hat dieser die Wahrheit noch nicht in sich erlöst.

Dann haftet er noch an dem Schmerz der Unwahrheit an.

Wer sich selbst ständig verletzt, der hat den tiefen Schmerz erfahrener Verletzungen noch nicht in sich geheilt.

Jedes Gefühl will geheilt werden.

Wer seine Verletzungen fühlt, der erlöst damit das Gefühl eigener Verletzlichkeit.

Welche Gefühle verletzen Menschen, die sie vermeiden wollen, letztlich aber für ihr Mitgefühl brauchen?

Gefühle verletzen Menschen, bis sie über die Wahrheit ihrer Gefühle sprechen.

Wer unverletzlich sein will, der braucht die Verletzung, um sich erfahren zu können.

In der Tiefe der Verletzlichkeit erfährt sich die Wahrheit der Unverletzlichkeit.

Jedes Gefühl ist so verletzend wie heilend, sonst gäbe es keine Heilung.

Wer heil ist, der ist auch die Verletzung.

Was, außer Gefühlen, will der Mensch auf der Seelenebene heilen?

Heilung bedeutet Integration, die auf die Abspaltung des Negativen folgt.

Das Negative verletzt den Menschen solange, wie er sich nach dem Positiven sehnt.

Wer sich nach dem Negativen sehnt, der erfährt sich in negativer Sehnsucht, bis er sich der Wahrheit seiner Negativität und Verletzungen stellt.

Der Mensch steuert nicht, wonach er sich sehnt. Er kann es wahrnehmen.

Gefühle geschehen schneller, als der Mensch über sein Gefühl nachdenken kann.

Insofern kann sich der Mensch auch vor keinem Gefühl schützen.

Wer sich schützen will, der hat Angst und strebt nach Sicherheit.

Vor Angst kann sich der Mensch nicht schützen, sonst würde er keinen Schutz suchen.

Schutz vor Gefühlen ist eine Illusion.

Es ist die Illusion, sich Gefühlen versperren oder für Gefühle öffnen zu können.

In dem Moment, in dem sich der Mensch entscheiden kann, was er mit einem Gefühl tun möchte, ist es längst da.

Der Wahrnehmung folgt die Reaktion.

Die Wahrnehmung ist schneller als der Gedanke über die Wahrnehmung.

Interesse, Begeisterung oder Verliebtsein sind schneller da, als der Mensch darüber nachdenken kann, aber auch Desinteresse, Lustlosigkeit oder Unverliebtheit.

Ängste, Aggressionen und Depressionen sind schneller da als die eigene Vorstellungskraft davon.

Der Mensch kann sich für die Liebe nicht öffnen, weil er sich der Liebe nicht verschließen kann.

Wahrheit ist so unvergänglich wie die Liebe.

Der Mensch kann die Liebe nicht verdrängen, weil sich die Seele als Hüter der Liebe und Gefühle nicht verdrängen lässt.

Wie könnte das Bewusste das Unbewusste beherrschen?

Die Wahrheit des Gefühls lässt sich so wenig abschalten wie anschalten.

Macht ist der Irrglaube des Menschen, bis er die Macht seiner Gefühle erkennt.

Wer sich vor Gefühlen schützen will, der will sich vor Verletzungen und Enttäuschungen schützen. Er erfährt sich im Wollen.

Dann ist die Angst vor Enttäuschung der Antrieb des Menschen – statt der erlösten Freude, ein fühlendes Wesen zu sein.

Wer seine verletzten Gefühle in Mitgefühl transformiert, der ist voller Mitgefühl.

Mitgefühl ist nicht verletzend, sondern heilend.

Mitgefühl ist die heilende Wahrheit der Liebe.

Wer alle seine Gefühle durchliebt, der ist voller Liebe.

Der andere ist der Spiegel meiner Liebe, die sich durch Mitgefühl ausdrückt.

Wer Mitgefühl bei anderen vermisst, der hat selbst kein Mitgefühl.

Viele glauben, weiter oder höher entwickelt oder sogar lichtvoller als andere zu sein.

Wer glaubt, etwas zu sein, der ist es nicht.

Das Licht erfährt sich durch die Dunkelheit.

Wo kann sich der Mensch hin entwickeln, wenn die Liebe und jedes Gefühl schon ist?

Er kann sich in seinen Gefühlen und damit in der Liebe erkennen.

Auch Güte ist ein Gefühl – das Gefühl der Nachsicht im Herzen.

Wer sich Güte statt Strenge wünscht, der kann gütig sein, nachdem er sich mit Strenge erfahren hat.

Wer sich Lob statt Kritik wünscht, der kann andere loben, nachdem er sich mit Tadel erfahren hat.

Wer kritiksüchtig ist, der hat noch nicht erkannt, dass mit Lob Freude einhergeht und mit Kritik die Ablehnung der Gegenwart.

Meist möchte derjenige, der unbewusst kritiksüchtig ist gegenüber anderen, selbst nicht kritisiert werden.

Ein unbewusster und in sich ängstlicher Mensch wird ständig kritisieren und verbessern müssen.

Der Perfektionist ist ein Extremist, der in allem das Unvollkommene sieht.

Es ist eine Sucht, die der unbewussten Angst vor eigener Unvollkommenheit entspringt.

Verbesserungsvorschläge sind eine unendliche Sucht, weil Vollkommenheit nicht zu erreichen ist.

Liebe ist durch die Existenz der Unvollkommenheit vollkommen.

Wer meint, andere ständig loben zu müssen, der sät zwanghafte Absicht.

Das spürt der andere, oder auch nicht.

Viele können mit Lob nicht umgehen.

Entscheidend ist, wie sich der Mensch mit Komplimenten fühlt.

Wenn das fremde Lob der Wahrheit des eigenen Gefühls entspricht, dann kann sich der Mensch wahrhaftig freuen, sonst nicht.

Wer sich mit Komplimenten unwohl fühlt, der kann sich dabei nicht wohl fühlen. Er muss es auch nicht.

Wer hingegen ständig Komplimente braucht, der ist süchtig nach Anerkennung.

Anerkennung kann sich nur durch die Existenz von Ablehnung erfahren.

Mal erfährt der Mensch Anerkennung, mal Ablehnung, mal Lob, mal Kritik.

Wer viel meckert und nörgelt, der ist kritiksüchtig.

Meckern ist das Gefühl eigener Unzufriedenheit.

Nicht wenige benötigen zur eigenen Erhöhung das Gefühl, andere Menschen ständig kritisieren zu können, zurechtzuweisen oder herunterzumachen.

Wer andere klein macht, der will selbst groß sein.

Wer sich immer wieder im Spiegel anderer bestätigen muss, der ist süchtig nach Selbstbestätigung und Anerkennung.

Die Sehnsucht nach Anerkennung erfährt sich durch deren ständigen Schatten: Ablehnung und Kritik.

Wer süchtig nach Anerkennung ist, der will keine Ablehnung.

Wer süchtig nach Anerkennung ist, der braucht den Erfolg.

Die Jagd nach der Freude am Erfolg hat die Angst vor dem Versagen als Schatten ständig im Gepäck.

Versagen ist ein Gefühl. Dann fühlt sich der Mensch als Versager.

Wer Versagen bewusst erfährt, der erfährt die Wahrheit des Erfolgs.

Wer sich in tiefer Erfolglosigkeit erfahren hat, der kann die aufsteigende Freude am Erfolg genießen.

Das Streben nach Erfolg erfährt sich immer wieder neu im Spiegel der Erfolglosigkeit.

Der Erfolgreiche braucht den Erfolglosen.

Doch was ist wahrer Erfolg?

Das orientiert sich an der Wahrheit menschlichen Seins, sonst gäbe es keinen wahren Erfolg.

Jeder gedachte Erfolg ist Selbstbetrug, der dem menschlichen Ego nach Anerkennung entspringt.

Wenn der Mensch dem Leben einen Sinn gibt, den es in Wahrheit nicht hat, dann ist das Wahnsinn.

Doch auch der Wahnsinn hat seinen Sinn.

Polarität ist Wahrheit, und so ist die Erkenntnis der Polarität in allem, was ist, der Erfolg.

Wer alles ist, der ist Liebe für alles. Dann ist die Liebe der Erfolg.

Wer alles ist, der ist heil. Dann ist Heilung der Erfolg.

Die Vereinigung von Gegensätzen ist der Weg der Heilung und Ganzwerdung.

Dann ist Ganzheit und Vollständigkeit der Erfolg.

Ein ganzheitlicher Heilungsansatz schließt alles ein und nichts aus, auch nicht den Ausschluss.

Der tiefe Schatten der Ganzheitlichkeit ist Getrenntheit.

Ganzheit ist die Vollkommenheit der Liebe, die sich durch jedes Gefühl erfährt.

Gefühle sind der Sinn des Lebens, wenn der Mensch nicht zufällig ein Gefühlswesen ist.

Für viele Menschen ist Gewinn das Leitmotiv des Lebens. Nur wenn etwas profitabel ist, hat es für sie einen Wert und eine Daseinsberechtigung.

Sie verkennen, dass der Gewinn ohne das Gefühl der Freude nichts wert ist.

Erfolg ist das Streben nach Gefühlen, die mit Erfolg einhergehen.

Doch Erfolg, der zu Lasten anderer geht, sät keine Freude, sondern Last.

Menschen bemessen andere nach ihren materiellen Gewinnen und sehen nicht die Verluste und Niederlagen, die sie säen, damit sie sich als Gewinner erfahren können.

Wer sich beweisen will, der will zeigen, wie gut er ist.

Dafür braucht er denjenigen, der schlechter ist.

Der Gute kann sich nur durch den Schlechten, der Erste nur durch den Zweiten erfahren.

Wie fühlt es sich an, schlecht oder gar Letzter zu sein?

Diese Gefühle will der Mensch nicht, aber er braucht ihre Erfahrung, um Erfolge, Gewinne und Siege bewusst feiern zu können.

Wer viele Verluste erfahren hat, der weiß den Gewinn zu schätzen.

In den deprimierendsten Gefühlen einer Niederlage werden die maximalen Gefühle eines Sieges geboren.

Die Fülle des Berges erfährt sich im Tal.

Wer erfolgreicher sein will als der andere, der braucht den Misserfolg des anderen.

Wer von der Anerkennung seines Erfolges lebt, der ist süchtig nach Anerkennung.

Mit Anerkennung geht Freude einher, mit Ablehnung geht Traurigkeit einher.

Doch Anerkennung und Achtung leben durch die Existenz von Ablehnung und Missachtung.

Wer andere Menschen nach ihren Erfolgen bemisst, der lehnt oftmals diejenigen ab, die es im Leben zu nichts gebracht und vermeintlich versagt haben. So wird Ablehnung gesät.

Das Leben von Menschen, die sich mit viel Misserfolg erfahren, ist deutlich beschwerlicher als das Leben derjenigen, die in den Gefühlen des Erfolgs baden.

Gerade die Beschwerlichkeit ist es, die den Baum der Erkenntnis mit Leichtigkeit und Feinfühligkeit wachsen lässt.

Der leichte Baum ist dann auch mit Schwere erfüllt.

Was schwer war, das kann leicht werden.

Dem Leben zu vertrauen ist leicht, wenn der Mensch seine Ziele mit Leichtigkeit erreicht.

Hingegen dem Misserfolg zu vertrauen, ist eine schwere Aufgabe der Liebe.

Das Leben ist das Spiel der Liebe, die in allem zu Hause ist – auch im Misserfolg.

Menschen sind für ihren Misserfolg nicht verantwortlich, es sei denn, sie denken in Schuldgefühlen statt in bewusstem Mitgefühl.

Wer meint, der Mensch sei schuld daran, wenn er es nicht zu etwas bringt, der sät Schuldgefühle.

Es ist ein Muster der Schuld, in dem er sich selber erfährt.

Aus seinen musterhaften Vorstellungen kann sich der Mensch befreien.

Dann ist er frei statt schuldbeladen.

Wer Mitgefühl für den beschwerlichen Weg des anderen hat, der sät Mitgefühl statt Schuld.

Wer anderen auf ihrem schweren Weg hilft, der erleichtert seinen eigenen Weg.

Der wahrhaft Erfolgreiche ist sich immer auch der Gefühle bewusst, die er bei dem Verlierer sät.

Gewinner und Sieger wird es immer geben.

Doch wer will schon verlieren?

Manche verlieren absichtlich, weil sie damit dem Gewinner eine Freude machen wollen.

Ehrlich ist das nicht, wenn sie gleichzeitig so tun, als ob sie gewinnen wollen.

Und so schenken sie ihre Unehrlichkeit anstelle der Wahrheit, aber es entspricht der Wahrheit dessen, wonach sie sich selbst sehnen: Freude an der Freude des Siegers.

Das Gefühl ist immer und überall der Sieger, in der Niederlage wie im Sieg.

Die Summe aller bewusst erfahren Gefühle ist der innere Reichtum des Menschen, der das Mitgefühl wachsen lässt.

Innerer Reichtum erfährt sich bewusst durch innere Armut, also Gefühlsarmut.

Der wahrhaft Reiche ist reich an Gefühlen.

Es ist der Reichtum der Liebe, die sich durch Mitgefühl erfährt.

Gerade jene Gefühle, die der Mensch partout nicht will, sind die Gefühle, die ihn hinterfragen und die Liebe erkennen lassen.

Verlieren und Versagen gehören dazu.

Menschen erfahren sich in panischen Versagensängsten, weil sie glauben, versagen zu können.

Panikartige Angstzustände steuert der Mensch nicht.

Wer will schon panisch, angsterfüllt oder sogar vor Angst gelähmt sein?

Menschen haben Angst vor den Gefühlen des Versagens und Verlierens.

Sie haben Angst vor der Ablehnung durch Menschen, die andere nach ihren Erfolgen bemessen und sich selbst danach bemessen.

Sie haben Angst vor Strafen und Nachteilen, die Versager und Verlierer erfahren.

Viele können sich nur dann selbst achten, wenn sie auf der Seite der Gewinner sind.

Das ist die süchtige Bindung der Selbstachtung an den Erfolg.

Daran ist nichts Verwerfliches, weil die Sehnsucht nach Achtung und Erfolg nicht verwerflich ist, sondern Wahrheit.

Die Freude am Erfolg erfährt sich ständig neu durch die Angst vor dem Versagen, die Freude am Gewinnen durch die Angst vor dem Verlieren.

Wenn die Erfolgsstrategien des Menschen versagen und er ständig im Misserfolg landet, dann kann er die Wahrheit des Erfolgs erfahren.

Wenn alle Strategien versagen, dann kann das Ego erkennen, dass es keine Macht über die Erfahrung mit Machtlosigkeit besitzt.

Wer meint, »von nichts kommt nichts«, der verkennt, dass auch das Nichts schon existiert, ohne etwas dafür tun zu müssen.

Wer immer etwas tun muss, der ist ein zwanghaft Getriebener dessen, was er glaubt, erreichen zu können.

Die Seele versagt nicht, weil sie jeder Erfolg und jeder Misserfolg ist.

Wer im Leben nichts erreicht hat, der hat das Unerreichte eingelöst und alles erreicht, auch die Tiefe des Unerreichten.

Unerreichbarkeit ist die bewusste Erfahrung dessen, was der Mensch alles erreichen kann.

Siehe das, was der Mensch erreicht hat, durch das, was er vermeintlich nicht erreicht hat.

Der Schmerz des im Leben unerfüllten Begehrens ist der Schmerz des Unerreichbaren.

Die Unerreichbarkeit existiert – so wie die Erreichbarkeit existiert.

Wer alles versucht hat, der hat alles versucht.

Auch der Versuch hat seine tiefe Bedeutung.

Wer glaubt, etwas verpasst oder nicht versucht zu haben, der glaubt, ein Gefühl verpasst zu haben.

Gefühle kann der Mensch so wenig verpassen wie die Liebe selbst.

Die Liebe ist – egal, was der Mensch über die Liebe denkt.

Menschen können unendlich streben, doch der Erfolg erfährt sich immer durch die Wahrheit des Gefühls.

Der Mensch kann die Gefühle des Erfolgs weder garantieren noch festhalten.

Gefühle sind so vergänglich wie veränderlich.

Gefühle kommen und gehen, damit sie alle erfahren werden können.

Gefühle sind ständig im Fluss.

Das ist der Fluss der Liebe, der nie still steht.

Der Weg in den Fluss des Vertrauens führt über bewusste Erfahrungen mit Enttäuschungen.

Wer seinen Enttäuschungen vertraut, der hat tiefes Vertrauen.

Trotzdem wird der Mensch sie niemals mögen, solange er sich nach Erfolg sehnt.

Enttäuschung ist ein Gefühl, welches vielen Menschen den Glauben an das Glück in ihrem Leben nimmt.

Auch Glück ist ein Gefühl, welches der Mensch am liebsten festhalten möchte.

Der eine hat viel Glück, der andere viel Pech.

Pech kann nur durch Glück erfahren werden.

Wer viel Pech hatte, der kann den Eintritt des Glücks erkennen.

Glück geht mit Freude einher, Pech geht mit Enttäuschung einher.

Die Angst vor Enttäuschung ist die Freude am Glück.

Die Gesamtheit des Positiven des Lebens ist das erfahrbare Glück des Menschen.

Die Gesamtheit der Negativität des Lebens ist das erfahrbare Unglück des Menschen.

Misserfolg und die Gefühle des Misserfolgs sind Teil der Negativität.

Wer Misserfolg bewusst wahrnimmt, der fühlt sich unglücklich, traurig, niedergeschlagen, als Versager oder als Verlierer, verzweifelt oder am Boden zerstört.

Wer sich mit Erfolg erfährt, der ist dann glücklich und zufrieden, wenn er sich über den Erfolg wahrhaft freuen kann.

Dann ist die Freude mit ihren jeweiligen Intensitäten das momentane Glück.

Streben nach Erfolg ist Ausdruck der permanenten Sehnsucht nach Gefühlen der Anerkennung und Bestätigung.

Der Mensch wird immer wieder nach den positiven Gefühlen des Erfolges streben, solange ihn die Sehnsucht antreibt.

Auch hinter dem Streben des Menschen nach permanentem Fortschritt und stetiger Verbesserung steckt das Streben nach Gefühlen des Erfolgs.

Der Reformer ist süchtig nach den Gefühlen, die mit seiner Reform einhergehen. Er ist stolz auf seine Reform, es sei denn, er ist nicht zufrieden.

Der Pionier ist stolz auf seine Pionierarbeit. Der Vorkämpfer ist stolz darauf, Wegbereiter zu sein.

Menschen sonnen sich im Glanz der Gefühle, die damit einhergehen, Neues zu schaffen, Altes zu verbessern oder Ordnung in das Chaos zu bringen.

Der Mensch, der sich neu oder in Veränderung erfahren will, der braucht das Alte.

Wer immer wieder etwas in Ordnung bringen will, der braucht die Unordnung.

Chaos ist so unendlich wie die Ordnung.

Jede Reform ist schon der Beginn der nächsten Reform.

Das Ende ist ein neuer Anfang.

Das Streben nach Verbesserung und Reformen braucht das ständig Unvollkommene, um sich immer wieder neu erfahren zu können.

Weltverbesserer wollen ständig die Welt verbessern und halten diese für schlecht.

Es ist ihre Sicht dessen, was sie schlechterdings brauchen, um ein nützlicher Reformer sein zu können.

Reformer zu sein ist eine Aufgabe, die nicht schlecht sein kann, solange die Reform ein Anliegen der Freude des Herzens, also ein Herzensanliegen ist.

Wer den Sinn seines Lebens in Verbesserungen sieht, statt die Freude zu fühlen, die er daran hat, Dinge verbessern zu können, dessen Überzeugung ist im Verstand.

Wer weiß, wie sich Verschlechterung anfühlt, der kennt die Freude an der Verbesserung.

Wer weiß, wie es sich anfühlt, das Richtige zu tun, der weiß auch, wie es sich anfühlt, falsch zu handeln.

Der Mensch, der immer das Richtige tun möchte, der strebt nach Richtigkeit.

In seinem Streben nach Richtigkeit sucht der Mensch das Gefühl, richtig zu sein – so wie er in seinem Streben nach Wichtigkeit das Gefühl haben möchte, wichtig zu sein.

Mit Richtigkeit und Wichtigkeit geht Anerkennung einher, mit Unvollkommenheit und Unwichtigkeit geht Ablehnung einher.

Menschen brauchen das Gefühl, gebraucht zu werden, nützlich und wichtig zu sein.

Der Reformer braucht hierfür eine wichtige Reform.

Der Pionier, der gebraucht werden will, der braucht das Neue, das Bahnbrechende – so wie der Erfinder eine bedeutsame Erfindung braucht, um sich in den Gefühlen der Genialität zu erfahren.

Der Mensch braucht immer wieder andere, um nützlich hervorstechen, wichtig und bedeutsam sein zu können.

Wer immer wieder hervorhebt, was er alles für andere tut, der will hervorgehoben werden.

Nützlich zu sein geht mit Freude einher, und so hasst der Mensch die Nutzlosigkeit.

Viele sind süchtig nach Verantwortung, weil sie wichtig sein wollen.

Der Mensch, der sich an der wiederholten Erfüllung seiner Pflichten erfreut, lehnt all die Menschen ab, die wahrhaft Freude an der Freude haben statt an der lästigen Pflicht.

Zwanghafter Sucht nach Pflichterfüllung und Verantwortung steht der Schatten gegenüber: Verantwortungslosigkeit.

Der Schatten zwanghafter Sucht nach Verbesserungen ist die Unvollkommenheit.

Der Mensch wird immer Freude an Verbesserungen, Reformen und Veränderungen haben, weil sich niemand nach Verschlechterungen in seinem Leben sehnt.

Doch viele Veränderungen machen Menschen auch Angst, weil sie nicht wissen, was kommt.

Sie wissen nicht, welches Gefühl kommt.

Zukunftsangst ist die in der Gegenwart empfundene Angst vor Ungewissheit.

Wer keine Zukunftsängste haben will, der hat sie trotzdem.

Ängste lassen sich nicht auf Befehl abstellen, weil sich Gefühle nicht befehlen lassen.

Ängste hingegen können Menschen zwingen, sich der Wahrheit ihrer Angst – auch vor einer ungewissen Zukunft – zu stellen.

Ängstlicher Ungewissheit zu vertrauen, erfährt sich dadurch, dass der Mensch mal vertraut, mal misstraut.

Ungewissheit wird der Mensch dann hassen, wenn er sich zutiefst nach Gewissheit sehnt.

Die Qual der Ungewissheit ist der Schatten der Freude an der Gewissheit.

Wenn der Mensch alles wüsste, dann würde es ihm jegliche Spannung, die Entwicklung, sein Wachstum und Streben, die Neugier und die Sehnsucht rauben.

Und so sehnt sich der Mensch nach Spannung, Abwechslung, Neuem und Ungewohntem.

Wer will schon gewöhnlich oder gar langweilig sein?

Das Gewohnte erfährt sich immer wieder neu durch das Ungewohnte, das Gewöhnliche durch das Ungewöhnliche, das Regelmäßige durch das Unregelmäßige.

Der eine hat Freude an Routine und Gewohnheit, der andere an der Abwechslung, bis er Freude an der Beständigkeit hat.

Das Beständige erfährt sich durch den Wandel.

Gefühle können so beständig wie unbeständig sein.

Wer sich gerade in der Wechselhaftigkeit seiner Gefühle erfährt, der kann nicht beständig sein.

Menschen, die das Beständige suchen, lehnen oftmals das Unbeständige, das Wechselhafte, das Unberechenbare ab.

Sie wollen sich auf das Beständige verlassen können und dem Beständigen vertrauen.

Somit haften sie der Beständigkeit an.

Der Beständigkeit von Gefühlen steht als Schatten die Unbeständigkeit gegenüber.

Auf die Gefühle der Menschen kann folglich nicht nur Verlass sein, es sei denn, der Mensch vertraut der Veränderlichkeit von Gefühlen und erkennt in ihnen die Polarität des Seins.

Gefühle sind so beständig wie unbeständig, so zuverlässig wie unzuverlässig.

Der Zuverlässige braucht den Unzuverlässigen, um sich in Zuverlässigkeit erfahren zu können.

Die Zuverlässigkeit des Herzens ist die Wahrheit des Gefühls.

Wer sich nach Zuverlässigkeit und Verlässlichkeit sehnt, der lehnt Unzuverlässigkeit und Verlassenheit als Schatten ab.

Gerade diejenigen, die anderen vertrauen wollen, fühlen sich dann im Stich gelassen, wenn ihre Vertrauten dann nicht zur Stelle sind, wenn sie dringend gebraucht werden.

So wird ihr Vertrauen enttäuscht. Ihre Sehnsucht nach Vertrauen wird im Stich gelassen.

Menschen, die vertrauen wollen, schenken ihre Sehnsucht nach Vertrauen anderen, statt eigenes Vertrauen zu haben.

Das Gefühl, andere zu brauchen, ist das Gefühl der Abhängigkeit.

Das Gefühl, im Stich gelassen oder hängen gelassen zu werden, ist das Gefühl der Verlassenheit.

Erfahrungen mit Verlassenheit und Abhängigkeit veranlassen viele Menschen zum Rückzug.

Sie verlassen sich dann möglichst auf sich selbst, weil sie Angst vor neuen Enttäuschungen haben.

Dann erfährt sich der Mensch in einsamer Verlassenheit statt in bewusster Verbundenheit, die alle Erfahrungen von Abhängigkeit und Unabhängigkeit miteinander verbindet.

Der Mensch kann bewusst für andere da sein, die ihn brauchen.

Wer nicht für andere da sein muss, der kann es genießen, für andere da sein zu können.

Wer unbedingt zuverlässig und jederzeit für alle da sein will, der wird ständig getrieben sein statt gegenwärtig.

Die Suche nach Zuverlässigkeit ist eine Sucht, die den negativen Pol, den Schatten Unzuverlässigkeit braucht, um sich immer wieder neu erfahren zu können.

In seinen Süchten nach der positiven Seite der Polarität kann der Mensch nicht ankommen.

Er kommt an, wenn er hinter jeder Erfahrung mit Unzuverlässigkeit die Zuverlässigkeit sieht.

Dann kann er diese Polarität in sich vereinen, statt permanent Zuverlässigkeit von sich oder anderen zu erwarten. So lässt sich Freude an der Zuverlässigkeit erfahren.

So, wie Menschen nach Zuverlässigkeit streben, so sehnen sie sich auch nach Zufriedenheit.

Sie lehnen es ab, unzufrieden zu sein.

»Du kannst doch zufrieden sein«, sagen viele. Doch wenn der Mensch sich nicht zufrieden fühlt, dann ist er es auch nicht.

Wer meint, zufrieden sein zu müssen, der erfährt sich im Zwang dessen, was er glaubt, fühlen zu müssen.

Wahre Zufriedenheit entsteht nicht im Verstand.

Wer sich Zufriedenheit einredet, der muss sie sich ja einreden, weil er nicht zufrieden ist.

Wenn Menschen sich Dinge schönreden, dann deshalb, weil sie nicht schön sind.

Wahre Gefühle braucht sich der Mensch nicht einzureden, weil sie wahr sind.

Je unzufriedener sich der Mensch erfahren hat, umso mehr kann er das Gefühl der Zufriedenheit genießen, wenn es denn da ist.

Wahre Zufriedenheit knüpft an die Wahrheit des Menschen an. Mit der Unwahrheit kann er nicht zufrieden sein.

Solange der Mensch die Wahrheit seiner Unzufriedenheit nicht kennt, kann er auch nicht im Frieden mit seiner Unzufriedenheit sein.

Wenn der Mensch etwas unzufrieden ablehnt, dann hat er keinen Frieden, sondern Ablehnung in sich.

Extreme Ablehnung kann sich durch extremen Hass äußern.

Hass steuert der Mensch nicht, bevor er ihn wahrgenommen hat. Dann kann er über die Wahrheit seines Hasses nachdenken.

Der Hass offenbart dem Menschen das, was er hassen muss, damit er das erkennt, was er mag.

Der Hass des Negativen ist die Freude des Positiven.

Mögen kann sich nur dadurch erfahren, dass der Mensch immer wieder neu erkennt, was er nicht mag.

Wenn der Mensch so tut, als ob er jemanden mag, obwohl er ihn nicht mag, dann verkehrt er seine Wahrheit. So entsteht Scheinheiligkeit, die Unheil bedeutet.

Dann ist die Unwahrheit des Gefühls das Unheil des Menschen.

Der Mensch darf nicht mögen.

Dadurch erfährt sich die Wahrheit dessen, was er mag. Beides muss existieren.

Heil ist der Mensch, der erkennt, dass das Nicht-Mögen die Erfahrung des Mögens ist – und umgekehrt.

Wer keine Polarität ablehnt, der ist heil und ganz.

Wer meint, er müsse alle mögen, der vergewaltigt dann sein Gefühl der Zuneigung, wenn er Abneigung empfindet.

Was kann der Mensch für die Existenz der Abneigung?

Er will doch voller Zuneigung sein.

Doch Zuneigung ist ein Gefühl, welches nicht der Steuerung des Verstandes unterliegt.

Zuneigung entsteht nicht im Kopf, sondern in der Wahrheit des Herzens.

Der Mensch, der sich zu jemandem hingezogen fühlt, der erfährt Anziehung.

Mal findet der Mensch jemanden anziehend, mal abstoßend.

Anziehung ist in der Fülle so klar wie Abstoßung.

Gefühle verändern sich, dann ist Veränderung die Wahrheit.

Was heute klar ist, das kann morgen unklar sein.

Was heute noch unklar ist, das kann sich morgen klären.

Ständige Unklarheit ist anstrengend, wenn sich der Mensch nach Klarheit sehnt.

Was noch nicht klar ist, das soll noch nicht klar sein. Das bedeutet Vertrauen in die Existenz der Unklarheit.

Heil ist der Mensch, wenn er Abneigung und Zuneigung, Klarheit und Unklarheit bewusst in sich vereint.

Hass entsteht, wenn der Mensch seine Abneigung unterdrücken muss, weil er dann die Wahrheit eines Gefühls unterdrückt.

Wer seine Wahrheit unterdrückt, der drückt sie weg, aber sie verschwindet nicht.

Der Körper spiegelt die Unterdrückung wie auch die Wahrheit des Gefühls wider.

Wer sich zwingt, etwas zu sein, was er nicht ist, der hasst sich irgendwann dafür.

Unbewusste Ablehnung der negativen Seite der Polarität ist die Ursache von Hass auf das Negative.

Wer keine bewusste Liebe für die Polarität hat, der ist unbewusst voller Hass.

Unbewusster Hass findet seine negative Spiegelung im Körper – so wie der geheilte Hass.

Hass und Ablehnung müssen existieren. Sonst könnte sich der Mensch nicht im Annehmen erfahren.

Doch was der Mensch gefühlsmäßig ablehnt, das kann er nicht gefühlsmäßig mögen.

Er muss es auch nicht, sonst wäre er zwanghaft getrieben.

Wer sich in der Wahrheit dessen annehmen kann, dass er ablehnen darf, der kommt in seiner Wahrheit an.

Wahre Selbstliebe bedeutet dann, wahr zu sein in der Ablehnung wie in der Zuneigung.

Es ist ein Gefühl, so sein zu dürfen, wie er ist: »Ich bin – wie ich bin.«

Das ist das Gefühl des Seins, welches auf die bewusste Erfahrung des Nichtseins folgt.

Das Streben nach dem Sein ist die wiederkehrende Erfahrung des Nichtseins, bis der Mensch alles in sich vereint.

Dann ist er im Frieden des Seins.

Dann ist es ihm egal, was er ist oder nicht ist, weil er erfahren hat, dass er im Grunde seines Herzens alles und dadurch reine Liebe ist.

Wer so sein darf, wie er ist, der kommt bei sich an.

Wer so sein darf, wie er ist, der verkehrt sich nicht.

Wer sich verkehrt, der wird sich eines Tages dafür hassen, dass er nicht sein darf, wie er ist.

Hierzu muss er erkennen, wie und wer er in Wahrheit ist und warum er sich so fühlt, wie er sich fühlt.

Der Hass ist dann der Weg zur Selbsterkenntnis, zur Erkenntnis der Wahrheit des Seins.

Wer sich der Wahrheit der Ablehnung des Negativen bewusst ist, der kann seinen Frieden mit der Existenz des Negativen schließen.

Er kann seinen Frieden mit der Polarität schließen.

Wahrer Frieden vereint Gegensätze.

Also ist die Vereinigung der Weg zum Frieden.

Hierzu muss der Mensch die Gegensätze menschlichen Seins verstehen und in sich vereinen.

Er kann immer nur das vereinen, was sich als getrennt oder abgespalten erfahren hat.

Die Vereinigung der Dualität in sich ist der Weg zur Einheit.

Dafür müssen Einheit und Zweiheit, Dualität und Non-Dualität existieren.

Auf dem Weg zur Ganzwerdung hat der Mensch die Existenz von Frieden und Unfrieden in sich zu vereinen.

Frieden ist die Erfahrung bewussten Unfriedens.

Wer keinen Frieden mit dem Unfrieden hat, dem fehlt es an Vollständigkeit.

Wer mit allem Frieden schließt, der kann bewusst Liebe sein.

Allumfassende Liebe bedeutet, bewussten inneren Frieden zu haben.

Dann ist der Mensch auch im Frieden mit seinen unzufriedenen Gefühlen.

Die Sehnsucht nach Frieden wird im Unfrieden geboren, die Sehnsucht nach Zufriedenheit in der Tiefe der Unzufriedenheit.

Wer höchst unzufrieden ist, der kann nicht zufrieden sein.

Unzufriedenheit ist der kleine Bruder des Kriegs.

Wer süchtig nach Zufriedenheit ist, der braucht deren Schatten: Unzufriedenheit.

Wer süchtig nach Erfahrungen mit Frieden ist, der braucht den Unfrieden.

Jede Sucht muss der Mensch in sich erkennen und befrieden.

Ein unbewusster Kämpfer kann nicht bewusst im Frieden sein.

Wer für etwas kämpft, der kämpft auch immer gegen etwas. Er braucht die Existenz von »für und wider«.

Wenn der Mensch fortlaufend gegen etwas kämpft, dann bekämpft er das, was existieren muss, damit er sich im Kampf erfahren kann.

In dem, was der Mensch extrem bekämpft, erfährt er sich als Extremist.

Wenn er etwas extrem ablehnt, dann ist er auch extrem im Ungleichgewicht.

Aufgrund der Fülle ihrer unbewussten Ablehnungen reagieren Menschen unterschiedlich aggressiv, depressiv, empfindlich, allergisch, anfällig, reizbar, erregt, hasserfüllt, wütend oder zornig.

Das Unbewusste kann dadurch erst bewusst werden.

Unbewusste Ablehnungen werden durch Gefühle bewusst.

In der Fülle seiner Ablehnungen kann der Mensch nicht bewusst mit sich im Reinen sein. Sein Körper kann nicht im Gleichgewicht sein.

Wer kämpft, der kann nicht im Gleichgewicht sein, weil er sich auf eine Seite schlägt.

Wer für Gerechtigkeit kämpft, der braucht die Gegenseite der Ungerechtigkeit, sonst könnte er sich nicht immer wieder neu im Streben nach Gerechtigkeit erfahren.

Die Freude an der Gerechtigkeit spiegelt die Kehrseite der Ablehnung von Ungerechtigkeit.

Der innere Widerstand gegen die Existenz von Ungerechtigkeit ist die Vorstufe des Hasses auf die Ungerechtigkeit.

Durch tiefen und schmerzhaften inneren Widerstand gegen die Existenz der Ungerechtigkeit erfährt sich wahre Liebe zur Gerechtigkeit.

Wer gerecht sein will, der braucht die Existenz des Unrechts. Das ist die bittere Wahrheit der süßen Gerechtigkeit.

Der Mensch erfährt sich fortlaufend in Ungerechtigkeit und Gerechtigkeit, bis er Frieden mit der Existenz von Gerechtigkeit und Ungerechtigkeit schließt.

Gerechtigkeit bedeutet die bewusste Ausgleichung existenziell notwendiger Gegensätze in sich.

Der unerlöste Mensch wird immer gerecht sein wollen und nach Gerechtigkeit im Außen streben.

Im Streben ist kein Gleichgewicht.

Viele Menschen sind in ihrem Streben und ihren Ansichten selbstgerecht.

Sie ignorieren die Wahrheit der Perspektive des anderen und säen damit Ignoranz statt Gerechtigkeit.

Ist Ignoranz gerecht?

Wer andere für selbstgerecht hält, der erfährt seine eigene geistige Haltung in dem anderen.

Wer immer nur gerecht statt wahr sein will, der wird sich in der Ungerechtigkeit verlieren.

Gerechtigkeit orientiert sich an der Wahrheit des Lebens, sonst kann es keine wahre Gerechtigkeit geben.

Gefühle sind Wahrheit. Doch Menschen vertrauen eher Gesetzen statt Gefühlen.

Gesetze sollen Sicherheit vermitteln.

Dafür muss das Gefühl der Unsicherheit existieren.

Regeln und Gesetze setzen Regelungsbedarf und damit die Existenz des Ungeregelten voraus.

Wer das Ungeregelte ablehnt, der ist süchtig nach Regelungen und Ordnung.

Viele Menschen fühlen sich erst dann sicher, wenn alles geregelt ist.

Regeln sollen der Klarheit dienen. Dafür brauchen sie die Existenz der Unklarheit.

Gesetze sollen der Sicherheit dienen und brauchen dafür die Unsicherheit.

Wer alles regeln will, der braucht eine ständig neue Erfahrung des Ungeregelten.

Wer für alles Gesetze braucht, der ist hochgradig süchtig nach Sicherheit.

Sicherheit ist ein Gefühl, welches der Mensch immer wieder neu durch Unsicherheit erfährt.

Mal fühlt sich der Mensch sicher, mal unsicher, irgendwann so sicher wie unsicher.

Die Freude an der Sicherheit ist die Angst vor der Unsicherheit.

Es ist die Sicherheit, die aus der Unsicherheit erwächst.

Das bewusste Wachsen in und durch die Unsicherheit ist das in der Sicherheit erwachende Sein.

Wer der Unsicherheit vertrauen kann, der kennt die Wahrheit des Vertrauens.

Die Sucht nach Vertrauen erfährt sich immer wieder neu.

Sicherheit kann nur immer wieder neu durch Unsicherheit erfahren werden.

Mit seinen Gesetzen kann der Mensch keine endgültige Sicherheit erreichen.

Übermäßige Gesetzesfülle ist eine Folge exzessiven Sicherheits- oder Machtstrebens.

Der eine will Sicherheit ausbauen, der andere seine Macht.

Jede Ausdehnung von Macht erfährt sich durch ihren Schatten: Machtverlust.

Jedem Streben nach Sicherheit liegt immer wieder neue Angst vor Unsicherheit zugrunde.

Wer seinen Gesetzen vertraut, der hat kein inneres Vertrauen, sondern Angst.

Dann erfahren sich Sicherheit und Vertrauen in süchtiger Abhängigkeit von Gesetzen.

Je mehr Gesetze der Mensch schafft, desto mehr geißelt er sich.

Gesetze sind Ausdruck der Unfreiheit des Menschen, wenn er sich an Gesetzen zu orientieren hat, die seinem Gefühl von Freiheit widersprechen.

Je unfreier sich der Mensch fühlt, desto mehr fühlt er sich auch bevormundet und fremdbestimmt. Dann sehnt er sich wieder mehr nach Freiheit und Selbstbestimmung.

Irgendwann verliert der Mensch den Überblick über die Fülle seiner Gesetze. Dann versteht er seine eigenen Gesetze nicht mehr und verliert die Freude.

Je komplizierter das Leben wird, umso mehr sehnt sich der Mensch wieder nach Einfachheit. Dann kann er herausfinden, ob universelle Gesetze wahr und gerecht sind.

Der Mensch muss das Gesetz von Ursache und Wirkung in sich erfahren.

Wenn der Schöpfer der Liebe nicht gerecht ist, wie könnte der Mensch es jemals sein?

Der Mensch sehnt sich nicht zufällig nach Gerechtigkeit.

Die wird er in sich finden, wenn er entdeckt, dass er immer nur so gerecht wie ungerecht sein kann.

Ausgleichung ist die höchste Form der Gerechtigkeit.

Die Ausgleichung findet den Menschen. Das bedeutet Gerechtigkeit.

Gerecht ist der Mensch, wenn er alles ist, weil er dann ganz Liebe ist.

Dann bedeutet Liebe zugleich Gerechtigkeit.

Liebe ist die gerechte Summe aller Gefühle.

Gefühle, die der Mensch anderen zufügt, werden seine Saat und Ernte sein.

Er muss sich bewusst machen, welche Gefühle er durch seine Handlungen sät.

Wer Gefühle der Gewalt sät, der wird Gewalt ernten.

Wer Krieg sät, der wird die Gefühle ernten, die mit der Grausamkeit von Kriegshandlungen einhergehen.

Wer im Krieg einen Familienvater tötet, der nimmt einem anderen und damit sich selbst den Vater in der Zukunft.

Wer eine Mutter tötet, der nimmt sich die Mutter.

Auch wer für eine vermeintlich gute Sache in den Krieg zieht, der sät Gefühle des Krieges.

Kriegsgefühle sind grausam. Grausamkeit ist niemals human.

Ein vermeintlich humaner Zweck heiligt die Gefühle der Saat nicht.

Die Wunde des anderen wird eines Tages die eigene Verletzung sein.

Verletzungen hat der Mensch deshalb in sich zu heilen.

Wer andere zerstört, der zerstört in Wahrheit immer wieder sich selbst.

Ein Zerstörer wird sich in der Grausamkeit eigener Zerstörung erfahren und mühsam aufbauen müssen, was er einst zerstört hat.

Wer ganze Häuser oder Städte zerstört, der zerstört sein eigenes Haus.

Wer die Heimat vernichtet, der wird sich heimatlos erfahren.

Wer ganze Familien vernichtet, der wird sich ohne Familie erfahren.

Wer anderen die Existenz nimmt, dem wird die Existenz genommen werden.

Wer dafür sorgt, dass andere sich verstecken müssen, der begründet sein eigenes künftiges Asyl.

Was der Mensch anderen gewaltsam nimmt, das wird ihm mit Gewalt genommen werden.

Wer Frauen vergewaltigt, der wird sich beschmutzt, erniedrigt, gedemütigt, ausgeliefert, hilflos, machtlos, schmerzlich und traumatisiert erfahren.

Wer andere schändet, der wird sich in der Grausamkeit der Schande erfahren.

Wer Kinder umbringt oder wegnimmt, dem wird das Kind genommen werden.

Wer Menschen verfolgt, der wird sich im Gefühl der Verfolgung erfahren.

Wer Menschen in die Flucht jagt, der wird sich auf der Flucht erfahren.

Wer Menschen vertreibt, der wird sich vertrieben erfahren.

Wer andere demütigt, der wird sich erniedrigt erfahren.

Wer andere fertigmacht, der wird sich am Ende seiner Kräfte erfahren.

Auch Mobbing ist Krieg, nämlich die Grausamkeit psychischen Krieges.

Viele wissen nicht, welche kriegerischen Gefühle sie mit Mobbing säen.

Und so werden sie von ihrer Ernte überrascht sein, bis sie über ihre Saat nachdenken.

Wem egal ist, was er sät, der wird Gleichgültigkeit ernten.

Gleichgültigkeit ist grausam, weil der Mensch in Wahrheit Sehnsucht nach Zuneigung hat.

Wenn jegliche Zuneigung ausbleibt, dann spürt der Mensch die eigene Gleichgültigkeit.

In der Gleichgültigkeit ist keine Zuneigung.

Wer nicht in Gefühlen denkt, der kann die Gefühle nicht erkennen, die der Mensch mit der Gleichgültigkeit seiner Absichten und Handlungen sät.

Wer sich seiner Gefühle nicht bewusst ist, der kann sich der Gefühle anderer nicht bewusst sein.

Bewusst zu leben bedeutet, in der Wahrheit des Gefühls zu leben.

Jede Handlung hat bewusst oder unbewusst immer mit Gefühlen zu tun.

Liebe hat mit Gefühlen zu tun.

Liebe wird durch Gefühle und Polaritäten immer wieder neu erfahren.

Weder Gefühle noch das Gesetz der Polarität wird der Mensch jemals bezwingen können.

Die Liebe kann nicht bezwungen oder besiegt werden. Liebe ist.

Wer die Existenz der Polarität in sich ablehnt, der ist voller Ablehnung und bekämpft seine eigene Wahrheit, wenn Polarität seine Wahrheit ist.

Was der Mensch im Außen bekämpft, das findet er alles in seinem Innern.

Er bekämpft sich immer selbst, wenn er erntet, was er sät.

Wer für etwas kämpft, der braucht den Gegner – so wie sich der Sieger immer wieder neu durch den Verlierer erfährt.

Der Mensch erfährt sich im Außen immer wieder neu in Siegen und Niederlagen, bis hin zur totalen Kapitulation.

Irgendwann kapituliert der Mensch vor sich selbst, weil er den Kampf im Außen nicht gewinnen kann. Dann kann er gelassen werden, wenn er sich in dem anderen erkannt hat.

Der äußere Kampf dient der Freude am Erfolg, an der Überlegenheit und an der Macht.

Überlegenheit erfährt sich hierbei immer wieder neu durch Unterlegenheit.

Wer Überlegenheit ablehnt, der will unterlegen sein.

Wer Macht ablehnt, der will ohnmächtig sein.

Wer sich selbst keine Macht zugesteht, der bekämpft sie meist subtil in dem anderen.

Wer anderen ein schlechtes Gewissen macht, der arbeitet mit der Macht des schlechten Gewissens.

Alles, was der Mensch schlecht macht oder kritisiert, ist seine schlechte Saat, auch wenn er eigentlich gut sein will.

Wer nur gut sein will, der muss das Böse, Unvollkommene und Schlechte sehen, um überhaupt gut sein zu können.

In der Polarität wird sich der menschliche Verstand immer wieder neu für eine Seite oder eine Rolle entscheiden müssen. Dafür braucht er die Gegenseite.

Auch der Weg der Mitte – im Innern – kann sich nur durch die Existenz des Außen erfahren.

Jeder Weg erfährt sich durch die Notwendigkeit der Polarität.

Ohne Polarität kann der Mensch keine Ganzwerdung und kein Eins-Sein erfahren.

Eins kann nur werden, wer uneins ist.

Das Werden ist das Sein.

Es kann nur werden, was schon ist.

Vertrauen kann der Mensch dem, was ist – sonst hat er kein Vertrauen in der Gegenwart.

Wer kein Vertrauen hat, der kann es suchen, wenn er sich danach sehnt.

So erfährt sich die Sehnsucht nach Vertrauen immer wieder neu.

In der Polarität kann der Mensch kein Vertrauen erfahren, welches sich nicht durch Angst und Misstrauen erfährt.

Der Polarität zu vertrauen, bedeutet auch, der Angst zu vertrauen.

Vertrauen zu können, bedeutet nicht, Ängste mögen zu können.

Die negative Seite der Polarität kann der Mensch nicht mögen, wenn er die positive mag.

Was er wahrhaftig mag, das erfährt sich immer durch das, was er nicht mag.

Angst kann er nicht mögen, wenn er sich in Wahrheit nach Freude sehnt.

Unbarmherzigkeit kann er nicht mögen, wenn er sich nach Barmherzigkeit sehnt.

Kaltherzigkeit kann er nicht mögen, wenn er sich nach Warmherzigkeit sehnt.

Erst auf die Erfahrung von Kälte kann das bewusste Gefühl der Wärme folgen.

Der Weg zur Warmherzigkeit führt über die bewusste Erfahrung mit Kaltherzigkeit, der Weg zur Barmherzigkeit über die Unbarmherzigkeit.

In den Tränen der Unbarmherzigkeit wird die tiefe Sehnsucht nach Barmherzigkeit geboren.

Wer sich nach Barmherzigkeit sehnt, der kann barmherzig im Herzen sein.

Wer Barmherzigkeit ständig verlangt, der sät Verlangen statt Barmherzigkeit.

Was der Mensch bewusst vermisst, das kann er dadurch selber sein. Und so ist das Werden das Sein.

Das Leid der Unbarmherzigkeit braucht die eigene tiefe Sehnsucht nach Barmherzigkeit, um in sich erlöst zu werden.

Dann ist Barmherzigkeit keine zwanghafte Tugend des Verstands, sondern ein erlöstes Gefühl.

Der Mensch kann nichts sein, solange er es noch nicht durch sein Gegenteil bewusst erfahren hat.

Er kann es nicht fühlen, wenn er es noch nicht fühlend erfahren hat.

Wie fühlt sich Barmherzigkeit an, wie fühlt sich Unbarmherzigkeit an, wie fühlt sich Gnade an, wie fühlt sich Ungnade an?

Wer unter Schmerzen nach Gnade geschrien hat, der kennt den Schmerz der Ungnade.

Wer den Schmerz der Grausamkeit erfahren hat, der kann mild im Herzen sein.

Jedes Gefühl will bewusst erfahren und eingelöst werden – negativ wie positiv.

Gegen viele Gefühle kämpft der Mensch an.

Er kämpft unbewusst gegen jedes negative Gefühl an, bis er sich bewusst auch im Negativen erfährt.

Auch den Schmerz des Negativen muss der Mensch in sich heilen.

Der Mensch, der nur gut sein will, der will es sein. Er ist es nicht.

Wer das Schlechte in dem anderen sieht und diesen bekämpft, der sät Gefühle des Kampfs.

Kämpfe kosten Kraft. Der Widerstand gegen die Existenz der Negativität kostet Kraft.

Irgendwann hat der Mensch keine Kraft mehr zum Kämpfen.

Dann kann die Akzeptanz der Kraftlosigkeit erfahren werden.

Wer keine Kraft mehr hat, der soll keine Kraft mehr haben.

Wer nicht mehr kämpfen kann, der soll nicht mehr kämpfen.

Wer sich in Aufgabe erfahren soll, der wird aufgeben müssen.

Wer resigniert, der kann nicht mehr kämpfen, aber er hat gekämpft.

Auch Resignation ist ein Gefühl.

Wer kraftlos resigniert, weil er nicht mehr kämpfen kann, der erfährt sich in Kraftlosigkeit, Aufgabe und Hingabe.

Wer nichts mehr tun kann und sich dem Schicksal ausgeliefert fühlt, der erfährt sich in Hilflosigkeit, Ohnmacht und Ausgeliefertsein.

In der Ohnmacht ist keine Macht – so wie in der Chancenlosigkeit nicht die Spur einer Chance verborgen ist.

Jede Chance wird in der bewussten Erfahrung der Chancenlosigkeit geboren.

Wo der Mensch keine Chance der Veränderung hat, muss er es hinnehmen.

Wer etwas hinnehmen muss, der hat keine Chance der Veränderung.

Welches Gefühl würde der Mensch verändern wollen – Machtlosigkeit, Chancenlosigkeit, Wahllosigkeit, Fremdbestimmung, Zwang?

Hinnahme geht mit viel Wut einher, wenn der Mensch etwas gezwungenermaßen hinnehmen muss, was er in Wahrheit gar nicht hinnehmen will.

Darin erfährt sich die Wut auf die Existenz der Machtlosigkeit.

In seiner Wut will der Mensch viele Gefühle nicht hinnehmen, die ihm schwerfallen.

Und so ist in dem Hinnehmen die Schwere zu Hause, nicht aber die Leichtigkeit.

Der Mensch wird zum Hinnehmen gezwungen, wenn er keine Chance hat, andere Gefühle zu erfahren als die, die er gerade erfährt.

Wer meint, der Mensch habe immer eine Wahl, der hat Gefühle der Machtlosigkeit, Wahllosigkeit und Chancenlosigkeit noch nicht erfahren.

Wer sein Schicksal in der Hand hat, der hat es in der Hand, bis es ihn in der Hand hat.

Wer meint, der Mensch sei schuld an seinem Schicksal, der hat die eigene Schuld noch nicht erlöst.

Wer anderen bei ihren schweren Aufgaben mit bewusstem Respekt hilft, statt ihnen die Schuld für ihr Schicksal zuzuweisen, der sät Hilfe und Respekt.

Wer andere für ihr schweres Schicksal bewundert, der bewundert sich selbst.

Wer anderen hilft, der hilft sich selbst.

Das ist die Wahrheit der Selbsthilfe, weil der Mensch erntet, was er sät.

Das Schicksal hält schwere wie leichte Aufgaben für den Menschen bereit.

Schicksal ist die Lernaufgabe der Seele.

Jeder lernt das, was er sich zu lernen vorgenommen hat.

Schwere Aufgaben wird ein Mensch nicht mögen, wenn er sich in Wahrheit nach Leichtigkeit sehnt.

Wer sich bewusst im tiefen Gefühl des Widerstands gegen sein eigenes Schicksal erfahren hat, der hat Widerstand erfahren.

Widerstand kostet Kraft.

Wenn der Mensch keine Kraft mehr hat, dann gibt er seinen Widerstand auf, und zwar unfreiwillig, denn er hat ja keine Kraft mehr.

Und so erfährt sich der Mensch auch in den Tiefen von Kraftlosigkeit und Unfreiwilligkeit.

Wer sich aufgibt, der erfährt Selbstaufgabe.

In der Tiefe der Selbstaufgabe beginnt das Maximum der Selbstverwirklichung.

Wahre Selbstverwirklichung knüpft an die Wahrheit des Menschen an.

Ganzwerdung ist die Wahrheit der Fülle in der Selbstverwirklichung.

Wer maximalen Widerstand gegen seine Selbstaufgabe geleistet hat, der kann maximale Hingabe erfahren.

In der Hingabe liegt die innere Selbstverwirklichung, die der Mensch durch äußeren Kampf nicht erreichen kann.

Doch nur wer gekämpft hat, der kann seinen Kampf aufgeben.

Wer sich aufgegeben hat, der kann alles werden.

Doch seine Wahrheit kann der Mensch nicht aufgeben.

Der Mensch kann kein einziges Gefühl aufgeben.

Wer sich durch die Liebe verwirklicht, der verwirklicht jedes Gefühl in sich, indem er sich bewusst in dem erfährt, was ist.

Das, was ist, das kann der Mensch erkennen, aber nicht verwirklichen.

Dann ist Erkenntnis der Weg der Selbstverwirklichung.

Erkenntnis geschieht. Insofern geschieht auch Selbstverwirklichung.

Auch Gefühle geschehen.

Gefühle entstehen aus Energie.

Deshalb erfährt der Mensch auch solche Gefühle, die er nicht will.

Der Mensch hat nicht die Macht oder die Kontrolle über die Gefühle, die er nicht will.

Im Gefühl der Ohnmacht hat der Mensch keine Kraft.

Wer keine Kraft mehr hat, der steuert sein Gefühl der Kraftlosigkeit nicht.

In der Erfahrung der Kraftlosigkeit erkennt der Mensch die Quelle der inneren Kraft außerhalb seines Verstandes.

Das Gefühl völliger Kraftlosigkeit liegt – wie das der gänzlichen Willenlosigkeit – außerhalb der menschlichen Vorstellungskraft, bis der Mensch es selber erfahren hat.

Wer Willenlosigkeit nicht selbst erfahren hat, der kennt die Abwesenheit jeglicher Willenskraft nicht.

In der Kraftlosigkeit ist keine Kraft, in der Willenlosigkeit absolut kein Wille.

Willenskraft ist fühlbar – so wie Willenlosigkeit.

Wer etwas unbedingt und um jeden Preis will, der spürt die innere Kraft seines Willens.

Wer etwas auf keinen Fall will, der spürt den Willen durch innere Ablehnungskraft.

Wer nicht weiß, was er will, der erfährt die Abwesenheit zielgerichteter Willenskraft.

Wer keinen Willen hat, der kann keinen Willen zeigen.

Erst durch ihre Abwesenheit erfährt sich die Schönheit der Existenz von Willen und Willenskraft.

Die Seele steuert die Erfahrung von Kraft und Kraftlosigkeit, von Willenskraft und Willenlosigkeit, von Macht und Ohnmacht.

Wer seine Kraftlosigkeit, seine Ohnmacht und Willenlosigkeit anderen zeigt, der offenbart seine Hingabe.

Wer sich zeigt, wie er sich fühlt, der ergibt sich seinen Gefühlen.

Dann ist Hingabe zugleich Ergebung.

Ergebung ist eine machtvolle Erkenntnis der Seele.

Der Mensch ergibt sich der Wahrheit seiner Gefühle und damit der Wahrheit seines Herzens.

Das ist der Weg des Herzens über die Wahrheit des Gefühls.

Hingabe ist die Erkenntnis bewusster Selbstaufgabe, die im Herzen als Gefühl erfahren wird.

Wer sich der Wahrheit ergibt, der hat zuvor gegen sie gekämpft.

Auf den Kampf kann die Hingabe folgen.

Der Mensch, der die Existenz des Negativen in sich und der Welt ablehnt, der erfährt sich im Kampf gegen das Negative.

Das Negative im Außen als Spiegel zu erkennen und als eigenen Seelenanteil nach Hause zu holen – das ist Hingabe in Vollendung.

Dann ist der Mensch wieder vollständig und die Seele durch Liebe erfüllt.

Wer in sich erkennt, dass er alles ist, dem fehlt es an nichts, aber es hat ihm zuvor an allem gemangelt.

Nur durch Mangel kann der Mensch Fülle suchen.

Jeder Mangel erfährt sich wie die Fülle durch die Wahrheit des jeweiligen Gefühls und der Polarität.

Jede Moralvorstellung des Menschen braucht den Spiegel der Polarität.

Wer gut sein will, der ist der geistige Schöpfer des Bösen.

Wer will schon böse sein?

Wer moralisch sein will, der legt fest, was unmoralisch ist.

Damit ist der »Moralapostel« der geistige Schöpfer des Amoralismus.

Je moralischer ein Mensch sein will, je mehr Schatten schöpft er in sich.

Schatten können einen Menschen unendlich quälen, solange er selbst nur Licht sein will.

Aus seiner Qual kann sich der Mensch nur selbst erlösen, wenn er die Wahrheit seiner Qual erkennt.

Wenn den Menschen ein Gefühl in der Tiefe quält, dann kann er die Qual nicht einfach loswerden, indem er versucht sie loszulassen, rauszuschreien oder zu erbrechen.

Und so erfährt er die Tiefe eines jeden Gefühls, welches er in der Tiefe nicht loslassen, sondern nur bewusst erfahren kann.

Die Qual des Gefühls hat ihren Ursprung – so wie jedes Gefühl einen Ursprung hat.

Gefühle, die der Mensch nicht herbeigerufen hat, die wird er nicht kraft seines Verstandes los.

Der Verstand glaubt, Gefühle loswerden oder loslassen zu können, bis er das Gegenteil erfährt.

Kann der Mensch die Wahrheit loswerden, anstatt sie wahrzunehmen?

Der Verstand meint, die Wahrheit verdrängen zu können, doch das Gefühl bleibt wahr.

Gegen viele Gefühle wehrt sich der Mensch – gegen alle, die er eigentlich nicht will.

Der Mensch hat immer Angst vor Gefühlen, die ihm keine Freude, sondern tiefen Schmerz bereiten.

Dann ist der Schmerz der Weg zur Heilung.

Nur die Gefühle schmerzen den Menschen, die er nicht will.

Gefühle entwickeln sich triebhaft, wenn der Mensch sie verdrängen oder unterdrücken will.

Gefühlsausbrüche kann der Mensch nicht wirklich vermeiden, wenn sie zum Ausbruch kommen sollen.

Wer ausrastet, dessen Gefühle rasten und ruhen nicht.

Wer seine Gefühle kontrollieren will, der erfährt Kontrolle durch Kontrollverlust.

Kontrollverlust hat kein Mensch unter Kontrolle.

Menschen glauben, ihre Gefühle verstecken, verdrängen, kontrollieren, loslassen und unterdrücken zu können, ohne sie ihrem Wesen nach zu verstehen.

Sie glauben, sich den eigenen Gefühlen gegenüber verschließen zu können.

Dann hätte der Mensch die Macht über seine Gefühle – bis zur Ohnmacht.

Gefühle, die der Mensch nicht erfunden hat, die kann er weder abschaffen noch wahrhaftig kontrollieren.

Wozu sollte er sie auch abschaffen, wenn er sie zur Orientierung und zur bewussten Erfahrung der Liebe braucht?

Gefühlswissenschaft ist eine Erkenntniswissenschaft, die der Wahrheit eigener Erfahrungen folgt.

Der Mensch erkennt sich über die Wahrheit seiner Gefühle.

Das ist die Selbsterkenntnis der Liebe, die über Gefühle erfahren werden will.

Etwas mit dem Verstand zu verstehen, bedeutet noch lange nicht, es im Herzen zu kennen.

Erkenntnis folgt der fühlbaren Erfahrung auf jedem Gebiet.

Über Sexualität zu reden, ist das eine, sie in Höhen und Tiefen zu erfahren, ist das andere.

Der Theoretiker erfährt sich durch den Praktiker, der Erfahrene durch den Unerfahrenen.

Gefühle, die der Mensch nicht erfahren hat, die fehlen seiner fühlenden Erkenntnis.

Wer sich bewusst in seinen Gefühlen erfährt, der erfährt Mitgefühl.

Hierzu muss sich der Mensch auch bewusst in seinen Sehnsüchten erfahren.

Wer seinen Sehnsüchten nicht bewusst folgt, der hat sich ihnen noch nicht ergeben.

In ihrer totalen Unerfülltheit liegt das Maximum der Sehnsucht verborgen.

Die Fülle beginnt in der Unerfülltheit.

Wer sich in der Tiefe seines Mangels befindet, der erfährt das Gefühl des Mangels.

Es ist die Sehnsucht nach der Fülle, die sich durch den tiefsten Mangel erfährt.

Innere Leere ist der Ausdruck von Unerfülltheit im Menschen, der Sehnsucht nach Fülle hat.

Leere ist ein Gefühl, das der Unerfülltheit.

Erst die Leere lässt den Menschen die Wahrheit der Fülle suchen.

Doch der Mensch kann nichts finden, was nicht schon ist.

Selbst der Gedanke ist schon, bevor der Mensch ihn denken kann.

Jede Vision läuft eines Tages ins Leere.

Die Leere ist der Schatten einer jeden Vision.

Je leerer der Mensch ist, desto reiner ist er.

Reinheit ist die Wahrheit der Leere.

Die reine Leere ist leer.

Es ist die Erfahrung des Nichts. Im Nichts ist nichts.

Die Leere kann gefüllt werden.

Leere ist die Fülle der Liebe, die sich durch die Polarität füllt.

Die Polarität findet den Menschen.

Bevor er die Polarität entdecken kann, ist sie schon da.

Das bedeutet, dass alles schon ist.

Die Liebe ist.

Lieben bedeutet, Liebe zu sein.

Sein kann der Mensch nur dadurch erfahren, dass er etwas sucht, weil er glaubt, etwas nicht zu sein.

So erfährt sich das Sein fortwährend durch Nichtsein.

Alles Anwesende erfährt sich durch seine Abwesenheit.

Freude erfährt sich bewusst durch ihre Abwesenheit.

Aufgaben, die einem Menschen Freude bereiten, erfahren sich durch die Aufgaben, die keine Freude verursachen.

Es gibt Aufgaben, die der Mensch nicht mag, ja sogar hasst.

Hass ist ein Wegweiser auf dem Weg zur Erkenntnis der Wahrheit der Polarität.

Durch die Aufgaben, die der Mensch nicht mag, erfahren sich exakt diejenigen Aufgaben, die er mag.

Wer nur das eine will, der braucht exakt das andere.

Es gibt Aufgaben, die einen zutiefst langweilen.

Langeweile ist ein Gefühl der Abwesenheit von Freude.

Langeweile ist ein Gefühl, welches der Mensch nicht will, solange er sich nach Freude sehnt.

Der Mensch hasst Langeweile, Monotonie und Stillstand, weil damit die Freude still steht.

Wer Langeweile ganz bewusst erfährt, der erkennt, dass der Mensch keine Freude am reinen Nichtstun hat, solange die Sehnsucht nach Freude gestillt werden möchte.

Dann muss der Mensch nach Freude streben, weil er auf sie nicht sehnsüchtig warten will.

Menschen hassen es nicht zufällig, warten zu müssen, weil das Warten auf Freude keine Freude bereitet.

Warten macht viele Menschen aggressiv, die gar nicht aggressiv sein wollen.

Aggression ist die Vorstufe von Hass.

Warten macht viele Menschen wahnsinnig, bis sie den Sinn des Wartens und Nichtstuns verstehen.

Der Mensch hasst Passivität, solange er nach positiven Gefühlen süchtig ist.

Je stärker die Sehnsucht ist, desto schwerer fällt dem Mensch das Warten oder das Nichtstun.

Wer auf die Reaktion eines Menschen wartet, der wartet immer auf ein Gefühl.

Der Mensch startet eine Aktion, um eine positive Reaktion, also ein positives Gefühl zu bekommen.

Dann wartet er immer auch auf das Gefühl, nach dem er sich sehnt.

Je intensiver er sein Warten wahrnimmt, umso mehr quält ihn die Sehnsucht nach dem Gefühl, auf welches er wartet.

Wer immer wieder auf die Freude wartet, der hat sie noch nicht in sich erkannt.

Passivität kann dem Menschen keine Freude bereiten, solange ihn die Sehnsucht nach Freude antreibt.

Mit Freudlosigkeit geht reiner Hass einher, solange der Mensch Sehnsucht nach Freude hat.

Freude ist das Lebenselixier des Menschen. Sie ist das Blut der Seele.

Das kann der Mensch in der Tiefe verhasster Freudlosigkeit erkennen.

In der Tiefe des Hasses ist – wie in der Tiefe des Nichtstuns – absolut keine Freude, sondern nur Hass.

»Ich muss doch irgendetwas tun«, sagen viele Menschen, wenn ihnen das Nichtstun unerträglich ist.

Im Nichtstun ist Leerlauf.

Leerlauf ist unerträglich, weil die Freude des Menschen leer läuft.

Nichtstun kann Menschen wahnsinnig machen, bis sie sich dem unerträglichen Gefühl der Passivität hingeben.

Menschen werden lieber wahnsinnig, statt sich in die Tiefe der Wahrheit ihrer Gefühle vorzuwagen, wo sich der Sinn verbirgt.

Sie fürchten sich vor der Tiefe des Schmerzes ihrer Gefühle, weil sie glauben, Gefühle nicht aushalten zu können. Deshalb wollen sie bestimmte Gefühle nicht ertragen.

Sie haben Angst vor der schmerzhaften Tiefe eines jeden negativen Gefühls – auch dem der tiefsten Abhängigkeit.

Menschen hassen es, passiv zu sein und warten zu müssen, da es Erfahrungen der Machtlosigkeit und Abhängigkeit sind.

Wer auf ein Gefühl wartet, der hat nicht die Macht, es herbeizuzaubern.

Wer Sehnsucht nach Macht und Unabhängigkeit hat, der kann Ohnmacht und Abhängigkeit nicht mögen.

Machtlosigkeit ist in ihrer Tiefe äußerst schmerzlich.

In Situationen, in denen der Mensch von sich aus nichts mehr tun kann, um seine Sehnsucht nach Freude zu stillen, erfährt er sich bewusst in den Tiefen der Passivität.

Wenn der Mensch die Freude durch sein Handeln nicht mehr erreichen kann, dann erkennt er seine Machtlosigkeit gegenüber der Wahrheit der Gefühle, die er wahrhaftig erreichen oder eben nicht erreichen kann.

So schön die Macht ist, so schmerzhaft ist die Ohnmacht.

Den Schmerz der Ohnmacht hat der Mensch in sich zu erlösen.

Die Freude an der Macht wird im Hass auf die Machtlosigkeit erfahren.

In der Machtlosigkeit erfährt der Mensch die Schönheit der Macht. Doch in der Machtlosigkeit ist sie vollständig abwesend.

Abwarten zu müssen, sich gedulden zu müssen, keine Chance der Veränderung zu haben, abhängig zu sein, dem Schicksal ausgeliefert zu sein – all dies sind Erfahrungen der Machtlosigkeit.

Der Mensch, der Sehnsucht nach Macht, Einfluss und Kontrolle hat, der hasst es, wenn er nichts mehr tun, nichts mehr beeinflussen, nichts mehr von sich aus erreichen kann.

Es ist das Gefühl der Ohnmacht, welchem er ausgeliefert ist.

Menschen hassen es, machtlos zu sein, solange sie ungestillte Sehnsucht nach Macht haben.

Das Streben nach Macht erfährt sich durch die Angst vor Machtlosigkeit als Schatten.

Der Ohnmächtige neidet dem Mächtigen bewusst oder unbewusst die Macht, es sei denn, er möchte machtlos sein.

Herrschsucht ist Ausdruck gieriger Sehnsucht nach Freude durch Macht.

Machtgier ist süchtiges Streben nach Macht.

Doch niemand strebt nach Ohnmacht.

Wer die Machtgier nur im Außen sieht, der verkennt die Wahrheit seiner eigenen Sehnsucht nach Macht.

Die Freude des Menschen ist an die Macht gebunden, nicht an die Ohnmacht.

Wer Menschen kritisiert, der strebt nach Macht und Selbsterhöhung.

Wer etwas verändern will, der strebt nach der Macht, Dinge verändern zu können.

Der Mensch will immer ein Gefühl verändern, um das Gefühl zu finden, welches er sich durch die Veränderung erhofft.

Viele sind sich ihrer Sehnsucht nach Macht und Anerkennung nicht bewusst.

Wer das Verhalten anderer bekämpft, kritisiert oder in Frage stellt, der strebt bewusst oder unbewusst nach Selbstbehauptung.

Selbstbehauptung ist Ausdruck des eigenen Machtanspruchs.

Wer sich durchsetzen will, der will gerade nicht von anderen bestimmt, überstimmt oder beherrscht werden.

Die Sehnsucht des Menschen ist auf Selbstbestimmung aus – bis hin zur Selbstverwirklichung.

Doch Selbstbestimmung braucht den fortwährenden Spiegel der Fremdbestimmung.

Mal bestimmt der Mensch, mal wird er bestimmt.

Doch welche Gefühle bestimmt der Mensch wahrhaftig selbst?

Wenn der Mensch Gefühle erfährt, die er gar nicht will, dann ist er nicht frei in seiner Bestimmung.

Das ist Bestimmung oder Schicksal.

Selbstbestimmung ist eine Täuschung des Menschen, weil er von Gefühlen geleitet ist, die er nicht selber bestimmen kann.

Wer sich fremdbestimmt erfährt, der erkennt die Freude daran, wenn er selbst bestimmen und seinen Gefühlen bewusst folgen kann.

Doch in der Tiefe der Machtlosigkeit ist Null Selbstbestimmung. Darin ist der Hass auf die Machtlosigkeit zu Hause.

Wer glaubt, der Mensch könne immer etwas tun und selbst bestimmen, der hat sich noch nicht darin erfahren, wie es ist, wenn ihm die Hände gebunden sind.

In der Gebundenheit ist keine Freiheit.

Wer in einer Situation gebunden ist, der erfährt Gefangensein.

Im Gefängnis ist die Unfreiheit, aber nicht die Freiheit.

Mal kann der Mensch die Fesseln seines Lebens lösen, mal nicht.

Wer die Fesseln anderer löst, der erlöst sich selbst.

Gefühle können einen Menschen fesseln. Er kann sie dann nicht einfach loslassen.

Wenn der Mensch in einer Situation festhängt, dann hängt er in seinen Gefühlen fest.

Wer bewusst festhängt, der fühlt, wie es ist, hängen gelassen zu werden.

Dann kann er sich bewusst um andere kümmern, statt diese hängen zu lassen.

Wenn nichts mehr geht, dann bewegt sich auch nichts.

Wenn keine Tür aufgeht, dann kann der Mensch durch keine Tür schreiten.

Die Erkenntnis des Sinns verschlossener Türen ist die Erkenntnis ihrer Öffnung. Dann ist ein Gefühl verschlossen.

Es ist die Erfahrung des Stillstands, wenn der Mensch von sich aus keine Tür mehr öffnen, keine Veränderung bewirken kann. Dann kann er von sich aus kein Gefühl verändern.

Im Gefühl des Stillstands bewegt sich nichts, auch die Freude steht dann still.

Es ist die Erfahrung der Unerträglichkeit, wenn der Mensch Sehnsüchte nicht tragen kann.

Dann geschieht Veränderung – so wie Gefühle geschehen, auch das der Unerträglichkeit.

Gefühle halten Menschen fest, die glauben, selbst Schöpfer, Öffner oder Kontrolleur ihrer Gefühle zu sein.

Der Mensch ist fest an die Wahrheit des Gefühls gebunden.

Das ist Verbundenheit.

Er ist vielen Gefühlen ausgeliefert, und so erfährt er auch Ausgeliefertsein.

Auch Hilflosigkeit ist ein Gefühl, dem der Mensch hilflos ausgeliefert ist.

Wer sich hilflos fühlt, der kann gegen dieses Gefühl der Machtlosigkeit nichts tun.

Gegen das Gefühl der Machtlosigkeit ist der Mensch machtlos.

Er ist auch gegen andere Gefühle machtlos.

Wahre Machtlosigkeit erfährt der Mensch immer dann, wenn er Gefühle erfährt, die er mit aller Macht nicht will.

Es gibt grausame Gefühle, und der Mensch, der sie leugnet, der will sie nicht wahrhaben.

Alles, was der Mensch leugnen kann, das existiert. Und so macht Leugnen wenig Sinn.

Gefühle zu leugnen bedeutet, die Wahrheit seiner Gefühle zu leugnen.

In dem, was der Mensch leugnet, kann er weder heil noch ganz sein.

Die Fülle der Gefühle ist die Ganzheit des Menschen.

Also muss er die Wahrheit aller Gefühle beobachten, auch die, die er nicht wahrhaben will. Dann kann er wahr werden.

Tiefe Gefühle lassen ihn wahr werden und erkennen.

Wer Aussichtslosigkeit oder Hoffnungslosigkeit nicht in der Tiefe erfahren hat, der hat keine Vorstellung von ihrer Existenz.

In dem Gefühl der Aussichtslosigkeit ist keine Aussicht mehr.

Im Nullpunkt der Hoffnung ist keine Hoffnung mehr.

Hoffnungslosigkeit ist ein Gefühl.

Dort, wo keine Hoffnung mehr ist, da kann jede Hoffnung beginnen.

Dann weiß der Mensch die Hoffnung zu schätzen und kennt die Wahrheit der Hoffnungslosigkeit.

Die Erfahrung der Hoffnungslosigkeit steuert der Mensch nicht.

Er steuert nicht, was er in diesem Zustand tut oder nicht tut.

Der Mensch hat keine Kontrolle über seine Erfahrungen der Hoffnungslosigkeit, Antriebslosigkeit, Furchtlosigkeit oder Gefühllosigkeit.

Das Unterbewusste steuert die Erfahrungen dessen, was dem Menschen bewusst gemacht werden soll.

Es heißt, »die Hoffnung stirbt zuletzt«, doch den Tod eines Gefühls bestimmt der Mensch so wenig wie seine Geburt.

Gefühle geschehen.

Wo keine Hoffnung ist, da ist auch keine Sehnsucht mehr im Menschen. Dann hat ihn die Sehnsucht verlassen – so wie die Hoffnung.

Wenn Sehnsucht und Hoffnung wieder zurückkehren, dann weiß der Mensch, wer die Macht über Hoffnung und Sehnsucht hat.

Wenn Sehnsucht den Menschen quält, dann hat er keine Macht über die Qual.

Die Sehnsucht ist der Gegenspieler der Passivität.

Der Mensch hält das Gefühl der Passivität nicht aus, solange ihn die Sehnsucht quält.

Qual kann nur durch Erkenntnis erlöst werden.

Erkenntnis geschieht.

In der Qual seiner Sehnsucht erkennt der Mensch die Bedeutung ihrer Existenz.

Qual soll dem Menschen keine Freude bereiten, es sei denn, er empfindet Freude an der Qual.

Wer die Qual zur Freude braucht, der ist süchtig nach Freude.

Jeder sucht sie auf seine Weise, bis er sich aus seiner eigenen Qual erlöst. Dann macht Erlösung Freude.

Sehnsucht lässt den Menschen streben, wonach er sich sehnt.

Sie ist die wahre Motivation des Menschen, die nicht des äußeren Antriebs, sondern lediglich der Erkenntnis ihrer Wahrheit bedarf.

Wer andere ständig antreibt, der ist ein Sklave der Gefühle, die ihn selbst antreiben.

Der Mensch muss nicht motiviert werden, sonst wäre Zwang sein Antrieb.

Aber Anreize machen Freude. Und so sehnt sich der Mensch nach der Schönheit der Anreize.

Wer die Motivation seiner eigenen Sehnsucht nicht achtet, der kann andere nicht bewusst in ihrer Sehnsucht und in ihrem Antrieb achten.

Wer andere ständig antreiben muss, der ist selbst getrieben.

Wenn sich ein Mensch innerlich antriebslos und kraftlos erfährt, dann ist äußerer Antrieb zwecklos.

Die Wahrheit der inneren Kraft erfährt sich durch die Tiefe der Kraftlosigkeit. Dann hat der Mensch keine Kraft mehr.

Wo keine Kraft mehr ist, da kann jede Kraft entstehen.

In der Kraftlosigkeit wird die Wahrheit der inneren Kraft erfahren.

Dann kann der Mensch sie bewusst nutzen.

Doch er kann nur nutzen, was ist.

Wo Lethargie ist, da ist kein Elan.

Im Phlegma ist die Leidenschaftlichkeit abwesend.

Mit Schwermut kann der Mensch nicht frohen Mutes sein.

Wer träge ist, der kann nicht springen wie ein Reh.

Trägheit ist – wie Elan – ein Gefühl.

Tiefe Trägheit ist ein Mangel an innerer Kraft – und kein böser Wille.

Wer wahrlich keine Kraft hat, der kann sich nicht antreiben, selbst wenn er wollte.

Der Mensch, der glaubt, immer zu können, erfährt sich durch den, der wahrlich nicht mehr kann.

Wer keine wahre Kraft hat, der kann auch nichts durchsetzen.

Dann kann er nichts wirklich bewegen.

Wer sich in Kraftlosigkeit erfährt, der hat keine Kraft zur Aktivität.

Krankheiten legen den Menschen lahm – so wie ihm Kraftlosigkeit jede Kraft raubt.

So wenig, wie Krankheiten zufällig sind, so wenig sind Gefühle zufällig.

Der Mensch steuert die Wahrheit seiner inneren Kraft nicht.

Innere Kräfte entfalten sich unabhängig von dem, was der Mensch denkt oder nicht denkt.

Der Mensch kann die Wahrheit seiner inneren Kraft erkennen und sich mit ihr in Einklang bringen.

Sehnsucht ist Teil der inneren Kraft – so wie jedes Gefühl.

Das Gefühl ist die Wahrheit der inneren Kraft.

Die Seele gibt die Kraft, sie nimmt die Kraft und steuert die Kraft.

Sie ist die Kraftlosigkeit – so wie sie jedes Gefühl ist.

Wer keine Kraft hat, der kann nicht kämpfen.

Da kann der Wille des Verstandes nichts mehr ausrichten.

Über die Kraftlosigkeit hat der Mensch keine Kontrolle.

Auch nicht über die Willenlosigkeit.

Wenn sich der Mensch in Willenlosigkeit erfährt, dann nicht, weil er es wollte.

Wer hat schon den Willen zur Willenlosigkeit?

Der Geist ist so stark, wie er sich in seiner tiefsten Schwäche – der Willenlosigkeit – erfahren kann.

Dann ist die Willenlosigkeit die Stärke der Wahrheit des Willens.

Wer sich wie ferngesteuert erfahren hat, der kennt die Willenlosigkeit.

Wer sich komplett gefühlsgesteuert erfahren hat, der kennt die Macht des Gefühls.

Die Freiheit des Willens erfährt der Mensch, bis er sich in seiner Unfreiheit erfährt.

In der Machtlosigkeit seines Willens erkennt der Mensch die wahre Macht.

Wer nicht mehr kann, der kann nicht mehr, sonst könnte er noch.

Das hängt nicht von seinem Willen ab.

Das Gefühl ist oftmals stärker als der Wille des Verstandes.

In der Intensität eines Gefühls zeigt die Seele ihre Macht.

Wer absolut keine Kraft mehr hat, der wird zur Aufgabe seines Widerstands gezwungen.

Wer keine Kraft mehr zum Widerstand hat, der hat auch nichts mehr, was er aufgeben könnte.

Selbstaufgabe wird dann erzwungen – so wie die Kraftlosigkeit.

Diesen erzwungenen Gefühlen kann sich der Mensch nur hingeben.

In der Hingabe erfährt er die Wahrheit des Vertrauens.

Wer der Kraftlosigkeit vertraut, der vertraut der Wahrheit der Kraft.

Indem der Mensch auf seine Gefühle achtet und ihnen vertraut, kann er Schwäche in Stärke wandeln.

Wer Gefühle bewusst erfährt, der erfährt die Wahrheit der Seele.

Die Wahrheit der Seele sind die wahren Gefühle.

Das ist ein Schlüssel zu vielen Krankheiten.

Die eigene Wahrheit ist der Schlüssel zur Heilung.

Durch bewusste Erfahrungen mit Gefühlen kann der Mensch seine Wahrheit erkennen.

Der Mensch steuert es nicht, in welchen Gefühlen er sich gerade erfahren soll.

Die Sehnsucht gibt keine Ruhe, wenn sich der Mensch in Unruhe, innerer Aufruhr oder Rastlosigkeit erfahren soll.

Wer rastlos ist, der kann nicht ruhig sein.

Wer meint, ruhig oder gelassen zu sein, der wird in die Tiefen der Rastlosigkeit getrieben.

Wer irgendetwas tun muss, der ist in dem Zwang, rastlos sein zu müssen.

Wer auf der Suche ist, der kann nicht angekommen sein.

Wer genervt ist, der kann nicht gleichzeitig gelassen sein.

Gefühle können Menschen richtig nerven, aber sie machen oftmals andere Menschen dafür verantwortlich statt ihre eigenen Gefühle.

Die eigene Sehnsucht kann nerven, solange sie keine Ruhe gibt.

Die Sehnsucht treibt den Menschen an, das zu suchen, was sich die Seele zu erfahren vorgenommen hat.

Der Mensch kann seiner Seele nicht davonlaufen.

Auch nicht den schweren Aufgaben, die das Mitgefühl des Menschen wachsen lassen.

Wenn im Leben alles schiefläuft, dann kann sich der Mensch bewusst daran erfreuen, wenn es wieder gut läuft.

Wem nichts gelungen ist, der weiß das Gelingen zu schätzen.

Wer sich in Vergeblichkeit erfahren hat, der kann sich bewusst am Durchbruch erfreuen.

Wer sich immer wieder vergeblich bemüht hat, der kennt die Tiefen von Vergeblichkeit und Mühsal.

Wer nichts zu Ende gebracht hat, der lernt die Freude an der Vollendung.

Wer sich ständig überwinden muss, der kennt die Bedeutung der Überwindung.

Wer kleine Schritte machen muss, der weiß die großen Schritte zu schätzen.

Wer viele Hindernisse bewusst erfahren hat, der weiß, wie sich Blockaden, Schwierigkeiten, Belastungen und Behinderungen anfühlen.

Es geht darum, Hindernisse zu fühlen. Dann wird das Hindernis im Herzen erfahren.

Wer viele Hindernisse bewusst erfährt, der erfährt seinen inneren Widerstand gegen die Macht der Hindernisse – er empfindet Hass auf die Machtlosigkeit.

Wer immer wieder auf das gleiche Hindernis stößt, der stößt auch immer wieder auf das gleiche Gefühl, weil er genau darauf gestoßen werden soll.

Wenn sich der Mensch immer wieder im Kreis dreht, dann dreht er sich exakt im Kreis eines Gefühls. Dieses Gefühl muss er finden.

Hindernisse hindern den Menschen an einem Gefühl.

Sie verhindern etwas – so wie wir anderen die Freiheit nehmen, sie boykottieren, ihnen Hindernisse bereiten, sie einschränken, aussperren oder bekämpfen.

Der Mensch kann Hindernissen ausweichen, sie beseitigen, sie überwinden oder sich ihrer ganz bewusst werden.

Wenn der Mensch einem Hindernis ausweichen will, dann will er einem Gefühl ausweichen.

Wenn ihn dieses Gefühl immer wieder einholt, dann will es sich zeigen, bewusst erfahren und integriert werden.

Hindernisse bereiten dem Menschen keine Freude, sie verhindern die Freude.

Wenn das Leben voller Hindernisse ist und langsam läuft statt schnell, dann ist oft auch die Freude langsam.

Wer süchtig nach den Gefühlen ist, die damit einhergehen, Hindernisse schnell zu beseitigen, viel zu erledigen, aktiv und produktiv zu sein, der wird sich mit dem Gefühl der Langsamkeit schwertun.

Die fühlbare Freude der Schnelligkeit wird in der schweren Tiefe der Langsamkeit erfahren.

Die ungezügelte Freude an der Betriebsamkeit hat freudlose Passivität als Schatten.

Oft wird der Mensch zur Erfahrung von Langsamkeit gezwungen. Dann ist Zwang und keine Freude in ihm.

In der Langsamkeit findet der Mensch mehr Zeit, um zu sehen.

Manchmal ist weniger mehr.

Weniger ist dann mehr, wenn im Wenigen auch das Gefühl der Freude zu Hause ist.

Mal ist die Freude anwesend, mal ist sie abwesend.

Zu Hause ist der Mensch, wenn er in allen – auch den ungeliebten und freudlosen – Gefühlen angekommen ist.

Die Liebe ist das ganze Zuhause.

Wenn der Mensch gänzlich Liebe ist, dann bedeutet seine Ganzheit zugleich universelle Natürlichkeit.

Das Natürliche erfährt sich durch das, was der Mensch als unnatürlich bewertet.

Mit Bewertungen erfahren sich Gefühle herabwürdigender oder wertschätzender Art.

Gefühle sind so natürlich wie wahr.

Was aus menschlicher Sicht unnatürlich ist, das ist aus universeller Sicht natürlich.

Wie könnte etwas, das existiert, unnatürlich oder nicht existent sein?

Wer meint, der Schöpfer habe einen Fehler gemacht, der erfährt sich im Größenwahn seines eigenen schöpferischen Urteils.

Die Fehler im Außen sind nur ein Spiegel der gedanklichen Unvollkommenheit im eigenen Innern.

Größenwahn ist der unbewusste Gegenpol der Minderwertigkeit.

Wer strebt nach Größe, wer nach Kleinheit, wer nach Höherwertigkeit und wer nach Minderwertigkeit?

Der bewusste Gegenpol der Minderwertigkeit heißt Stolz.

Stolze Menschen erfahren die Ablehnung durch den Schatten: Minderwertige, die in Wahrheit selbst stolz sein wollen.

Wer Angst hat, stolz zu sein, der erlebt die Angst in seinem Körper.

Angst lebt im Unbewussten, bevor sie sich zeigt.

Angst vor Stolz drückt sich durch Gefühle der Schuld, Scham und Peinlichkeit aus.

Wer den Stolz in sich oder anderen bekämpft, der befürwortet die Minderwertigkeit.

Will der Mensch stolz sein oder will er minderwertig sein?

Wer Arroganz ablehnt, der fühlt sich nicht selten minderwertig und sät Ablehnung, wodurch er sich selbst erhöhen möchte.

Ein anderer ist so arrogant, wie der Mensch ihn sieht. Es ist seine Sicht, die den anderen arrogant erscheinen lässt, es sei denn, der andere fühlt sich arrogant.

Wer Überheblichkeit in dem anderen wahrnimmt, der lehnt sie oftmals in sich selbst ab.

Wer dem vermeintlich Überheblichen ein ständig schlechtes Gewissen bereitet und Vollkommenheit erwartet, der ist überheblich in seinem Anspruch auf Vollkommenheit.

Der Überhebliche ist so überheblich, wie er sich unerheblich erfahren kann.

Erheblich sind die Erwartungen desjenigen, der seine überheblichen Erwartungen an sich selbst nicht sehen will.

Solche Erhabenen sind scheinheilig und gespalten zugleich.

Wer will unerheblich statt erhaben sein?

Es gehört Mut zur Erhabenheit, aber zur Überheblichkeit auch.

Jemand braucht Mut, um sich dem Gefühl der Ablehnung in sich selbst sowie im Außen zu stellen.

Wer erheblich und wichtig sein will, der will oftmals auch ständig Recht haben.

Dadurch erfährt sich der Schatten des Rechts: Unrecht und Ablehnung des Unrechts.

Menschen, die andere als rechthaberisch, unbelehrbar und besserwisserisch ablehnen, säen erhebliche Ablehnung.

Es sind die Besserwisser selbst, die sich über andere aufregen und dabei sich selbst nicht erkennen.

Wer Besserwisserei ablehnt, der hat ein Problem mit Menschen, die es anders wissen.

Wer alles besser wissen will, der zeigt dem Anderen seine Lückenhaftigkeit.

Es ist eine Form der Minderwertigkeit.

Wer rechthaberisch ist, der will Anerkennung für seine Sichtweise.

Der Bewusste achtet jede Sichtweise.

Jeder hat aus seiner Perspektive Recht, es sei denn, der Mensch lügt wider besseres Wissen.

Wer Recht haben will, der braucht das Unrecht.

Der Schöpfer des Rechts ist der geistige Schöpfer des Unrechts.

Rechthaberei ist eine Sucht, nämlich nach der Freude an Recht und Gerechtigkeit.

Wer keine Sehnsucht nach Recht hat, der will Unrecht haben.

Wer will schon Unrecht haben?

Wer Recht hat oder Recht bekommt, der freut sich.

Wer unbedingt Recht haben muss, der hat Angst vor den Gefühlen, die damit einhergehen, wenn er nicht Recht bekommt.

Wer zwanghaft rechthaberisch ist, der setzt andere mit seiner Meinung permanent unter Druck. Damit sät er Druck, denn er steht selbst unter Druck.

Menschen widersprechen, wenn sie anderer Meinung sind.

Sie sehnen sich nach Zustimmung und Verständnis für ihre Sichtweise.

Zustimmung und Widerspruch, Verständnis und Unverständnis erfahren sich fortlaufend neu.

Jeder ist süchtig nach Verständnis, weil sich niemand wahrhaftig nach Unverständnis sehnt.

Doch der andere kann immer nur verstehen, was seinen Erfahrungen entspricht.

Menschen werden sich immer wieder neu unverstanden und missverstanden fühlen, bis sie sich auch in ihrem Unverständnis verstehen.

Wenn der Mensch etwas selbst nicht anders wissen und verstehen kann, dann weiß es jeder andere auch nur so, wie er es wissen und verstehen kann.

Menschen beurteilen andere nach ihrem Wissen und verurteilen andere Menschen für das, was sie nicht wissen.

Sie werden sich in ihren Urteilen nichtwissend und desorientiert erfahren.

In dem Maße, in dem Menschen andere verurteilen, verurteilen sie sich auch selbst.

Doch wenn sie das Urteil nicht sein wollen, dann muss es der andere sein.

Auf die Selbstverurteilung kann dann die Selbstvergebung folgen.

Der andere Mensch ist alles, was man selbst auch ist.

Wer dem anderen vergibt, dem wird der andere vergeben.

Jedes Urteil über andere ist ein Urteil über sich selbst.

Alles, was der Mensch sieht, ist seine eigene Sicht.

Überlasse dem anderen bewusst seine Sicht, denn eine andere kann er gar nicht haben.

Wer eine andere Sicht verlangt, der erfährt sich in seinem Verlangen.

Der Mensch erhöht sich für sein Wissen und erniedrigt oftmals die, die anders wissen.

Jede Erhöhung des Einen ist die Erniedrigung des anderen.

Wer klug sein will, der benötigt den Dummen klugerweise als Spiegel.

Wer klug reden will, der braucht den Dummschwätzer.

Der Wichtige braucht den Unwichtigen, um sich in Wichtigkeit erfahren zu können.

Der Bedeutsame braucht den Unbedeutenden.

Wer alle gleich behandeln will, der braucht die Existenz der Ungleichheit.

Das Streben nach Gleichheit ist die wiederkehrende Erfahrung der Verschiedenheit.

Doch der Mensch will nicht gleich sein, solange er wichtig, klug, bedeutsam, besonders, anders, einmalig, anerkannt und geachtet sein will.

Wären alle gleich, dann gäbe es keinen Unterschied mehr. Danach sehnt sich niemand.

Jedes Streben nach Gleichstellung bringt aus höherer Sicht eine neue Ungleichheit hervor.

Aus höherer Sicht sind alle nur so gleich, wie sich der Mensch in Ungleichheit erfahren kann.

Eine bestehende Gleichheit kann der Mensch lediglich in sich erkennen, nicht aber herstellen.

Die Liebe ist jede Gleichheit und jede Ungleichheit, jede Gleichbehandlung und jede Ungleichbehandlung.

Der Mensch strebt nach Gleichheit, weil er das Gefühl der Benachteiligung nicht will.

Doch der Vorteil existiert, weil auch der Nachteil existiert.

Wer keinen Nachteil will, der kann anderen einen Vorteil verschaffen.

Wer oft benachteiligt wird, der weiß den Vorteil umso mehr zu schätzen.

Viele Menschen lügen aus Angst vor Nachteilen.

Sie sind deshalb nicht schlecht, sondern ängstlich.

Wer immer nur Vorteile hatte, der kennt das Gefühl der Benachteiligung nicht, bis er es erfährt.

Dann will er es nicht wieder erfahren und strebt nach Gleichheit oder Besserstellung.

Jedes Streben nach dem Gefühl der Besserstellung braucht eine Schlechterstellung.

Sehnsüchtiges Streben nach Vollkommenheit ist die wiederkehrende Erfahrung von Unvollkommenheit.

Wer andere aufgrund ihres Geschlechts, ihrer Herkunft oder Hautfarbe benachteiligt, der wird sich selbst noch benachteiligt erfahren.

Wer andere extrem benachteiligt, der wird sich extrem benachteiligt erfahren.

Die Nachteile, die der Mensch anderen verschafft, werden seinen eigenen Weg behindern.

Vor- und Nachteile werden immer existieren – so wie jede Entscheidung zugunsten von etwas immer auch die Entscheidung gegen etwas sein wird.

Das Dafür erfährt sich immer durch das Dagegen.

Der Verstand kann sich nur innerhalb der Polarität entscheiden.

Auch wer sich nicht entscheiden will, der hat sich dadurch entschieden.

Wer sich enthalten will, der ist für und gegen alles.

Wer nicht urteilen will, der hat dadurch gegen das Urteil geurteilt.

Wer über andere nicht urteilen will, der braucht das Urteil der anderen, um sich in Urteilslosigkeit erfahren zu können.

Weil andere urteilen, kann sich ein Mensch überhaupt in seiner eingebildeten Urteilslosigkeit erfahren.

Menschen, die es ablehnen, andere zu bewerten oder zu beurteilen, säen Ablehnung.

Wer jegliches Urteil ablehnt, der ist ein Extremist der Ablehnung.

Wer unbedingt urteilsfrei sein will, der ist unfrei in seinem Denken über das Urteil.

Wer sich recht viele Urteile anmaßt, der erfährt sich in Anmaßung statt in Zurückhaltung.

Kein Urteil ist schlecht, es sei denn, man verurteilt es selbst.

Um sich einer Kritik oder einem Urteil enthalten zu können, muss es erst existieren.

Derjenige, der ohne Urteil ist, kann nicht besser sein als derjenige, der ein kritisches Urteil fällt, auch wenn er glaubt, besser zu sein.

Jede Kritik, jedes Urteil, jede Parteinahme, jede Enthaltung, jegliche Neutralität – alles geht mit Gefühlen einher.

Wer keine Partei für eine Seite ergreifen will, der hat dadurch Partei für sich ergriffen.

Wer für niemanden Partei ergreifen will, der fürchtet die Parteinahme gegen sich selbst.

Die einseitige Parteinahme erfährt sich durch den, der es allen Parteien recht machen will.

Wer unparteiisch sein will, der braucht die Existenz der Parteilichkeit.

Wer sich der Neutralität verpflichtet, der erfährt Verpflichtung und fühlt sich verpflichtet.

Wer Neutralität von anderen verlangt, der ist in seinem Verlangen bestimmend statt neutral.

Wer sich nicht einmischen will, erfährt sich durch den, der sich immer einmischen muss.

Wer zu allem eine Meinung hat, erfährt sich durch den, der sich lieber raushalten will. Letzterer will sich dann aus einem Gefühl heraushalten.

Wer vorgefasste Meinungen ablehnt, der möchte weder vorschnell urteilen noch befangen sein.

Nicht vorschnell urteilen zu wollen, ist bereits die Erfahrung eines neuen Urteils über den richtigen Zeitpunkt einer Meinung.

Der richtige Zeitpunkt erfährt sich immer wieder durch den falschen Zeitpunkt, das richtige Urteil durch das Fehlurteil, die Befangenheit durch die Unbefangenheit.

Menschen wollen unbefangen sein. Sie sind es nicht.

Jeder ist an seine Erfahrungen und Gefühle gebunden und so in der Gebundenheit auch befangen.

Befangenheit kann der Mensch nicht aufgeben.

Moralisten ergreifen Partei für ihre Moral – so wie dies Gläubige für ihren Glauben und Parteifunktionäre für ihre Fraktion tun.

Wer fest an seine Moralvorstellungen, Beschlüsse oder seinen Glauben gebunden ist, der erfährt sich in den Gefühlen von Gebundenheit, bis hin zu Fanatismus und Besessenheit.

In der Gebundenheit ist keine Ungebundenheit. Je mehr der Mensch sich bindet, desto mehr ist er in seinen Vorstellungen gefangen.

Keine Gebundenheit, die der Mensch in seinem Leben erfährt, ist eine zufällige Bindung.

Jede Bindung an Vorstellungen oder Menschen erfährt sich durch die Wahrheit des Gefühls und die Wahrheit der Polarität.

Wer nach urteilsfreier und bedingungsloser Liebe strebt, der braucht immer wieder ein Urteil, eine Bedingung oder eine Vorstellung als Gegenpol.

Die Liebe ist jede Vorstellung, die ein Mensch haben kann.

Liebe ist allumfassend.

Die Liebe ist jedes Ziel, jede Vorstellung, jede Erfahrung und jeder Weg.

Der Weg ist dann das Ziel, wenn der Mensch das Ziel kennt.

In der Liebe sind Weg und Ziel identisch, weil die Liebe immer ist.

Wenn das Ziel schon ist, dann kann der Weg zugleich das Ziel sein.

Wer kein Ziel hat, der erfährt sich in Ziellosigkeit.

Wer sich ziellos erfahren hat, der kennt die Freude der Zielstrebigkeit.

Wer viele Umwege gegangen ist, der weiß um die Bedeutung der Geradlinigkeit. Dann war der Umweg das Ziel.

In der völligen Ziellosigkeit erkennt der Mensch die Bedeutung eines jeden Ziels.

Jedes Streben nach Zielen erfährt sich irgendwann durch die Tiefe der Ziellosigkeit, in der jedes Ziel und auch die Freude an Zielen geboren wird.

Der Mensch kann ein Ziel erkennen, welches schon ist, aber er kann es nicht von sich aus erreichen, weil Erkenntnis geschieht, aber nicht erwirkt wird.

Dann ist Erkenntnis das Ziel.

Die Seele hat ein Ziel, auf welches die jeweilige Sehnsucht des Menschen ausgerichtet ist.

Wenn der Mensch sein Ziel nicht verfehlen kann, dann kann er vertrauen.

Ansonsten erfährt er sich in der Angst, sein Ziel zu verfehlen und etwas falsch zu machen.

Die Seele kann ihr Ziel nicht verfehlen.

Wer seiner Seele bewusst vertraut, der hat selbst Vertrauen.

Der Mensch kann entweder blind vertrauen oder bewusstes Vertrauen haben.

Wahre Sicht kommt mit der Wahrheit der Erkenntnis.

Vertrauen wächst mit der Erkenntnis der Bedeutung eines jeden Gefühls.

Die Seele ist jedes anwesende und jedes abwesende Gefühl.

Die Veränderlichkeit von Gefühlen macht die Seele erkennbar und die Liebe erfahrbar.

Die Liebe ist jedes auch noch so schwere Gefühl.

Schwere ist ein Gefühl, Leichtigkeit ist ein Gefühl.

Im Gefühl der Schwere ist die Leichtigkeit abwesend.

Wer sich schwer fühlt, der kann nicht leicht sein.

Angst wiegt so schwer, wie die Freude den Menschen beschwingen kann.

Auf bewusste Schwere kann die Erfahrung bewusster Leichtigkeit folgen.

Dem inneren Widerstand gegen die Schwere kann die Leichtigkeit folgen.

Akzeptanz des Gefühls der Schwere ist das Gegenteil von Widerstand.

Wahre Akzeptanz setzt das Verstehen von Akzeptanz voraus, sonst hat die Akzeptanz keine innere Wahrheit.

Akzeptanz – gerade eines schweren Schicksals – ist nicht leicht.

Die Schwere ist niemals leicht.

Ein schweres Schicksal zu akzeptieren, erfordert viel Widerstand, weil sich im Widerstand gegen die Schwere die qualvolle Sehnsucht nach Leichtigkeit erfährt.

Je schwerer der Mensch sich erfährt, desto weniger schafft er es, positiv zu denken oder sich leicht zu fühlen.

In der Tiefe der Schwere erfährt sich die Wahrheit schwerer Gefühle und Körper.

In der Schwere ist das seelische Wachstum zu Hause, nicht aber in der Leichtigkeit.

Wer sich bewusst in Mühsal erfahren hat, der kennt das schwere Gefühl der Mühseligkeit.

Wer sich bewusst geplagt und gequält hat, der kennt das qualvolle Gefühl der Plage.

Was anstrengend und beschwerlich ist, das kann nicht gleichzeitig leicht sein.

Was sich belastend anfühlt, das kann sich der Mensch nicht wahrhaft leicht denken.

Wer es selbst schwer gehabt hat, der kann es anderen bewusst leicht machen.

Wer anderen das Leben erleichtert, der erleichtert seine eigene Last.

Auch eine schwere Kindheit ist kein Zufall.

Das Leben ist nie Zufall.

Wer Kindern bewusst eine glückliche Kindheit schenkt, der sät Glück.

Wer Kinder missbraucht, der sät Missbrauch. Wer sie misshandelt, der sät Misshandlung.

Alles kehrt zurück.

Das Rad des Schicksals dreht sich nicht nur einmal. Es ist ein Rad.

Leben ist Polarität. Es endet – so wie es wieder beginnt.

In jedem Ende liegt ein Neuanfang.

Das Leben endet nicht mit dem Tod.

Der Tod ist lediglich die Geburt einer anderen Existenz.

In der Seele des Menschen ist jede Existenz gespeichert.

Das Unbewusste offenbart sich dem Menschen nicht zufällig.

Der Tod verliert seinen Schrecken, wenn er als Wandlung erfahren wird.

Das kann der Mensch erfahren, wenn er sich bewusst mit seiner Seele befasst.

Er kann den Sinn des Todes und der Bestimmung seines Lebens erfahren.

Sterbeforscher, Nahtodexperten und Reinkarnationstherapeuten weisen den Weg.

Doch Angst hält viele Menschen vor der Wahrheit ab. Und so ist Angst ihr Weg.

Die Wahrheit aber ist der Weg aus der Angst.

Wenn Ängste sich nicht mit Geschehnissen in diesem Leben erklären lassen, dann haben sie ihre Ursache in vergangenen Leben. Wo sonst?

Reinkarnationstherapien sind ein wunderbarer Schlüssel zur Wahrheit, wenn die Seelenreise die Wahrheit des Menschen ist.

Wer meint, der Tod habe keine Wahrheit, der erfährt sich mit seiner Meinung.

Der Mensch glaubt das, was er glauben kann, bis er erfahren hat.

Dann weiß er auch um die Bedeutung dessen, was sich mit dem Tod nicht auflöst.

Eine Psychotherapie, die sich nicht an der Wahrheit des Todes orientiert, kann sich nicht an der Wahrheit des Lebens orientieren.

Wie könnte das Leben einen Sinn haben, wenn der Tod keinen Sinn hat?

Ein gedachter Sinn ist Wahnsinn und der Weg zum wahren Sinn.

Wer über seine Wahrheit spricht, der wird von dem Schatten Unwahrheit bekämpft und gekreuzigt. Davor haben Menschen Angst.

Wer andere kreuzigt, der kreuzigt sich selbst.

Wer andere verteufelt, der verteufelt sich selbst.

Die Angst ist der »Teufel« des Menschen.

Durch die Wahrheit der Freude heilt der Mensch seine Angst.

Wer an einen Teufel oder Satan glaubt, der verbreitet mit seinem Glauben teuflische Ängste, die er selbst hat.

Wer Gedanken an eine »Hölle« verbreitet, der sät die Angst vor der Hölle.

Ängste können dann die Hölle sein.

Welche Gefühle der Mensch sät, das wird seine Ernte sein.

Ängste rauben vielen Menschen den Schlaf, und dennoch säen sie unglaubliche Ängste.

Sie sind sich ihrer Ängste oftmals nicht bewusst. Dann wissen sie auch nicht, was sie säen.

Auch Schuldgefühle lassen viele Menschen schlecht schlafen. Dennoch geben Menschen anderen tagtäglich die Schuld für etwas. So säen sie Schuld.

Menschen glauben, schuldig zu sein oder sich schuldig machen zu können, solange sie glauben, falsch zu sein oder falsch handeln zu können.

Und so streben sie ständig danach, ein besserer Mensch zu werden. Sie streben nach Verbesserung, Perfektion, Richtigkeit und Unschuld.

Es ist das unbewusste Streben nach Vollkommenheit, welches ständige Unvollkommenheit erfordert.

Wer Vollkommenheit erwartet und andere für ihre Unvollkommenheit schuldig spricht, der fällt ein Urteil über sich selbst.

Wer von sich oder anderen Vollkommenheit oder Richtigkeit erwartet, der hat ständig ein schlechtes Gewissen wegen seiner eigenen Falschheit.

Der Mensch kann immer nur so richtig wie falsch, so vollkommen wie unvollkommen, so schuldig wie unschuldig sein, wenn er in Wahrheit ganz ist.

Es ist die Urschuld des Menschen, vollkommene Liebe und Ganzheit zu suchen, um sie dann in sich zu finden.

Die Schuld ist der Weg zur Unschuld und so ist das Wachsen der Schuld der Weg der Erkenntnis zum Sein.

Schuld ist der Weg zur Unschuld oder zur Urschuld.

Die Schuld ist der Schatten des Menschen, der sich nicht schuldig machen möchte.

Das schlechte Gewissen ist der kleine Bruder der Schuld.

Das gute Gewissen kann sich nur durch die Existenz eines schlechten Gewissens erfahren.

Ein schlechtes Gewissen kann die Hölle sein.

Menschen bereiten anderen die Hölle, wenn sie ihnen fortlaufend ein schlechtes Gewissen machen.

Wer anderen hingegen das schlechte Gewissen nimmt, der nimmt es sich selbst.

Dazu muss er sein eigenes Gewissen bereinigt haben.

Ein schlechtes Gewissen bedeutet lediglich, nicht zu wissen.

Wer sich nicht mit seinem Gewissen beschäftigt, der erfährt sich in Gewissenlosigkeit, Naivität und Ahnungslosigkeit. Dann ist das der Weg.

Ein schlechtes Gewissen ist immer eine Folge von Angst.

Seine Ängste kann der Mensch nicht steuern.

Wer Menschen vermittelt, sie seien schuld oder verantwortlich für ihre Ängste, der sät Schuld.

Wer sich nicht mit seinen Ängsten beschäftigt, der beschäftigt sich nicht mit seiner Wahrheit, es sei denn, er kennt die Gefühle der Angst nicht.

Wenn der Mensch Angst- und Panikattacken hat, dann muss er sich mit seinen Ängsten beschäftigen. Er kann nicht mehr wegschauen.

Der Mensch kontrolliert weder seine Angstattacken noch die Wahrheit seiner Ängste.

Ängste haben ihre Bedeutung – so wie jedes Gefühl eine oder keine Bedeutung hat.

Angst ist der Auslöser der Sehnsucht nach Freude.

Der Weg bewusster Freude liegt in der Wahrheit der Angst verborgen.

Durch Angst kann der Mensch erfahren, was Furchtlosigkeit bedeutet.

Wer sich seinen Ängsten mutig stellt, der kann Mut erfahren.

Wer seine Ängste bewusst in Vertrauen transformiert, der wird Vertrauen erfahren.

Wer der Angst vertrauen kann, der ist der wahrhaft Furchtlose.

Die Angst wird er aber deshalb nicht mögen.

Der Mensch sehnt sich nach Freude, nicht nach Angst.

Wer glaubt, ohne Angst zu sein, der ist es, bis er auch die Fülle der Ängste in sich erfährt.

Die Angst ist immer schneller da, als der Mensch über sie nachdenken kann.

Menschen glauben vielfach, keine Ängste zu haben oder ohne Angst zu sein, bis sie sich in unkontrollierbaren Ängsten und Zwängen – bis hin zur Todesangst – erfahren.

Ängste sind kein Zufall. Sie fallen dem Menschen zu – so wie ihm jedes Gefühl zufällt, auch die Unsicherheit.

Unsicherheit ist Ausdruck von Angst.

Nervosität ist Ausdruck von Angst.

Wenn der Mensch ängstlich ist, kann er sich nicht sicher fühlen.

Sicherheit resultiert aus der bewussten Erfahrung mit Unsicherheit.

Selbstsicherheit ist trügerisch.

Wer zu seiner Unsicherheit steht, der ist sicher im Umgang mit ihr.

In der völligen Unsicherheit kann Sicherheit wachsen.

Der Mensch kann sich immer nur so sicher fühlen wie er sich bewusst unsicher erfahren hat.

Wer in sich geborgen ist, der ist auch in der Unsicherheit geborgen.

Sicherheit ist kein Zustand. Es ist ein Gefühl, welches kommt und geht. Insofern ist es trügerisch.

Jedes Sicherheitsstreben kann sich nur immer wieder neu durch die Unsicherheit als dessen Schatten erfahren.

Auch die Sehnsucht nach Gewissheit ist Teil der Sehnsucht nach Sicherheit.

Ungewissheit raubt vielen Menschen den Schlaf.

Gewissheit ist erleichternd, weil Ungewissheit in der Tiefe grausam ist.

Viele Menschen lassen andere Menschen täglich in Ungewissheit.

Sie rufen nicht zurück, sie melden sich nicht und verschweigen, was sie zu sagen hätten.

Menschen verursachen immer wieder grausame Situationen der Ungewissheit, um zu töten oder um sich zu bereichern.

Sie ernten entweder die Gewissheit oder die grausame Ungewissheit, die sie säen.

Wer sich in quälerischer Ungewissheit erfahren hat, der wird andere nicht ungewiss zurücklassen wollen. Und doch wird er es tun.

Der Mensch wird sich mit viel Gewissheit und Ungewissheit erfahren, bis er innere Gewissheit erlangt.

Viele fürchten die Gewissheit, wenn sie sich vor schlechten Nachrichten fürchten.

Die Freude an guten Nachrichten ist die Angst vor schlechten Nachrichten.

Menschen lehnen andere oftmals ab, wenn sie ihnen Dinge sagen, die sie nicht hören wollen.

Es ist die Ablehnung von negativen Gefühlen, die mit schlechten Nachrichten und unangenehmen Wahrheiten einhergehen.

Negative Gefühle und Ängste will der Mensch nicht.

Seine negative Wahrheit will er nicht, bis er seine Sehnsucht nach Wahrheit wahrnimmt.

Die Wahrheit der Angst ist der bewusste Weg durch die Angst ins Mitgefühl.

Um seine Ängste annehmen zu können, muss der Mensch sie verstehen. Sonst weiß er ja nicht, was er annimmt.

Annehmen hat dann die Energie der Wahrheit, wenn sie wahrhaftig ist.

Was der Mensch nicht versteht, das kann er nicht wahrhaftig annehmen.

Und so kann er auch kein Gefühl einfach so annehmen oder sogar in der Tiefe mit seinem Verstand kontrollieren.

Der Mensch glaubt, die Kontrolle über seine Gefühle zu haben, bis er sich ihnen ausgeliefert erfährt.

Der Mensch hasst es, ausgeliefert zu sein, solange er Kontrolle und Macht liebt.

Wenn sich der Mensch seinen Gefühlen ausgeliefert erfährt, dann erfährt er die Macht des Gefühls.

Über die Wahrheit des Gefühls erfährt sich die Macht der Seele.

Dann wird er sich der Mensch der Macht der eigenen Seele beugen müssen.

Auch, sich etwas zu beugen, ist ein Gefühl.

Der Mensch wird sich dann gebeugt erfahren, wenn er andere gebeugt, gekrümmt, verbogen und zerbrochen hat.

Der Mensch hat Beugehaft, Marter und Folter erfunden. Die wird er abschaffen, wenn er erkennt, dass er sich immer wieder selbst foltert, martert und beugt.

Viele zermartern sich auf grausame Art und Weise den Kopf.

So grausam, wie der Mensch andere martert, foltert und vernichtet, so vernichtet er sich immer selbst, bis er das aufbaut, was er vernichtet hat.

Jede Grausamkeit kann der Mensch in sich befrieden.

Jede Erbarmungslosigkeit kann der Mensch im eigenen Herzen in Erbarmen wandeln.

Wenn das Schicksal erbarmungslos zuschlägt, dann erfährt der Mensch das Gefühl der Erbarmungslosigkeit. Dann wird er sich anderer erbarmen wollen.

Jede Gefühlsrohheit kann der Mensch in eigenes Mitgefühl wandeln.

Es ist eine Wandlung, die im Herzen über die Wahrheit erfahrener Gefühle stattfindet.

Die bewusste Erfahrung von Gefühlen ist die seelische Transformation des Menschen vom unbewussten Leben hin zum bewussten Sein.

Doch Sein ist kein Zustand, weil Gefühle keinen Zustand kennen.

Die Polarität ist kein Zustand.

Was wäre ein Fluss, der nicht fließt?

Den Fluss kontrolliert der Mensch nicht, so wenig wie die Liebe selbst.

Gefühle fließen und geschehen fortlaufend.

Jedes Gefühl mündet in den Ozean der Liebe.

Die Sehnsucht nach positiven Gefühlen erfährt sich im Fluss des Lebens immer wieder neu.

Mit Blick auf das Positive sind Frauen und Männer gleichermaßen Jäger und Sammler.

Menschen jagen positiven Gefühlen nach und wollen sie horten.

Sie wollen möglichst viel Freude horten.

In seiner Sehnsucht nach Freude kann der Mensch nicht ankommen, da jedes Streben nach Freude – immer wieder neu – eine Erfahrung ihrer Abwesenheit ist.

Freude erfährt sich immer wieder neu dadurch, dass der Mensch sie neu suchen muss.

Das Anwesende erfährt sich ständig neu durch das Abwesende.

Die Spannung des Lebens ergibt sich aus dem Wesen der Polarität.

Polarität ist die Lebendigkeit des Lebens, die jeden Gegenpol sehnsüchtig sucht.

Wer entspannt sein will, der braucht die Spannung, um sich entspannen zu können.

In der Gesamtheit aller Sehnsüchte ist die Totalität der Spannung zu Hause.

Entspannt ist derjenige, der mit dem Gefühl der Spannung entspannt umgeht. Dann hat er seinen Frieden mit der Spannung gefunden.

Wahre Entspannung kann nur im Einklang mit der Wahrheit geschehen.

Der Entspannte kennt die Wahrheit der Spannung und muss nicht mehr entspannt sein. Er ist es und ist es nicht.

Er ist gelassen in dem, was ist. Das ist die innere Gelassenheit des Seins.

Wer im Einklang mit der Polarität lebt, der lebt die absolute Gegensätzlichkeit in sich.

Der Gelassene hat sich völlig ungelassen erfahren. Er ist die Ungelassenheit selbst.

In der Impulsivität ist keine Gelassenheit.

Bewusste Impulsivität ist bewusste Ungelassenheit.

Wer seine Fassung bewusst verliert, der ist bewusst ungelassen.

Wer bewusst zornig ist, der heilt damit seinen Zorn.

Der Bedächtige wird sich eines Tages gänzlich unbedacht erfahren, der Hektiker wird sich in Gemächlichkeit erfahren.

Der Vernünftige ist sich des Spiegels seiner Unvernunft bewusst, der Verständige dem seines tiefsten Unverständnisses.

Wer emotional gelassen wirkt, der spiegelt sich in dem, der pure Emotionalität lebt.

Alles darf sein – so, wie es ist.

Extreme Emotionalität ist keine Erfahrung der Mitte, sondern eine, die den Höhen und Tiefen der Polarität entspricht.

Auf Euphorie folgt die Ernüchterung, auf das Hochgefühl folgt das Stimmungstief.

Die Intensität wahrer Gefühle steuert der Mensch so wenig wie das Maximum seiner Abhängigkeit vom Gefühl.

In den Extremen seiner Gefühle kann der Mensch die Wahrheit seiner Emotionen erkennen.

Es ist eines der größten Missverständnisse zu glauben, Fühlen sei eine weibliche Spezialität oder Frauen seien gefühlvoller als Männer.

Die Wahrheit des Herzens unterliegt keinem geschlechtlichen Prinzip.

Fühlen ist kein weibliches, sondern ein geschlechtsloses Prinzip.

Auch das Verstehen von Gefühlen ist weder typisch männlich noch weiblich.

Verstehen setzt die Fähigkeit zum Fühlen und Verstehen voraus.

Keine dieser beiden Fähigkeiten ist einem Geschlecht vorbehalten.

Weder ist Fühlen weiblich, noch ist Denken männlich.

Gefühle haben kein Geschlecht.

Der Verstand hat kein Geschlecht.

Der Einklang von Herz und Verstand hat kein Geschlecht.

Die Erkenntnisfähigkeit hat kein Geschlecht.

Der Weg der Liebe ist an kein Geschlecht gebunden.

Jeder hat die Fülle der Liebe in sich. Das ist Gerechtigkeit.

Gerechtigkeit hat kein Geschlecht.

Wenn Gefühle Wahrheit sind, dann ist auch die Wahrheit geschlechtslos.

Jeder trägt die Wahrheit in sich – so wie die Polarität.

Was wäre das Gefühl der Zuneigung ohne die wahrhafte Existenz der Abneigung?

Wie könnte Aussöhnung ohne Streit und Harmonie ohne Disharmonie erfahrbar sein?

Wer ständig versöhnen will, der braucht Konfliktparteien, sonst könnte er nicht vermitteln.

Das Ego des Menschen, welches immer vermitteln will, ist dadurch Schöpfer der Krise.

Versöhnen statt spalten, das setzt die Existenz der Spaltung voraus.

Was gespalten ist, das kann wieder verbunden werden.

Was verbunden ist, das kann wieder getrennt werden.

Das Zertrennliche erfährt sich durch das Unzertrennliche.

Gefühle trennen Menschen, und Gefühle verbinden Menschen.

Auf Verbindung kann Trennung folgen. Dadurch können neue Verbindungen entstehen.

Neue Gemeinschaften erfahren sich durch das, was schon immer verbunden war.

Gefühle verbinden die Menschen, die glauben, Tradition und Konvention verbindet.

Der Mensch fühlt sich verbunden oder auch nicht.

Die Sehnsucht nach Verbundenheit erfährt sich in ihrem tiefsten Mangel, der Abwesenheit jeglicher Verbundenheit.

Wer zu einer Gemeinschaft gehört, der wird sich durch diejenigen erfahren, die nicht dazu gehören.

Wer Ausgrenzung erfahren hat, der kann die Integration erfahren. Aber dafür braucht er die Ausgrenzung.

Jede Integration in eine Gemeinschaft erfolgt im Spannungsverhältnis der Polarität.

Wo Freiwilligkeit ist, da ist auch Zwang. Wo Angst ist, da ist auch Freude. Wo Achtung ist, da ist auch Missachtung. Wo Vertrauen ist, da ist auch Misstrauen. Wo Verstehen ist, da ist auch Nichtverstehen. Wo Gleichheit ist, da ist auch Ungleichheit.

Der Erfolg der Integration auf der einen Seite erfährt sich durch den Misserfolg auf der anderen Seite.

Der Mensch sieht das, was gelingt, durch das, was nicht gelingt.

Wer süchtig nach Erfolg ist, der hat Angst vor Misserfolg als Schatten des Erfolgs.

Jeder Kampf ums Gelingen ist ein Kampf um die Gefühle des Gelingens, und so erfährt sich auch das Scheitern immer wieder neu.

Die Einverleibung in ein System erfährt sich durch diejenigen, die sich nicht integrieren lassen, weil sie frei sein wollen. Sie wollen nicht länger fremdbestimmt und abhängig sein.

Doch es wird immer Fremd- und Selbstbestimmung, Abhängigkeit und Unabhängigkeit, Freiheit und Unfreiheit geben.

Je stärker der Mensch eine Polarität ablehnt, desto stärker erfährt er sich in ihrer Ablehnung.

Gefühle, die der Mensch ablehnt, die braucht er für seine Erkenntnis.

Wie fühlt es sich an, willkommen zu sein?

Wie fühlt es sich an, nicht willkommen zu sein?

Wie fühlt sich die Zugehörigkeit zu einer Minderheit an oder die zu einer Mehrheit?

Wer Minderheiten oder Mehrheiten nicht achtet, der sät Missachtung.

Wer Achtung verlangt, der kann andere bewusst achten, statt ständig verlangend zu sein.

Viele Menschen erfahren sich in ihrem süchtigen Verlangen nach Achtung. Sie brauchen die Missachtung als ständigen Spiegel.

Menschen, die sich für überaus tugendhaft und tolerant halten, säen oftmals permanent Missachtung.

Nicht wenige Worte und Handlungen vermeintlich tugendhafter Menschen dienen der Kritik, Rechthaberei, Herabwürdigung, Vorführung, Kränkung, Beleidigung, Diskriminierung, Abwertung, Erniedrigung, Verunglimpfung, Verhöhnung, Ausgrenzung, Verspottung und Demütigung von Menschen.

Viele machen sich über andere lustig und finden das lustig.

Sie wollen Aufmerksamkeit und sich erhöhen.

Die Erhöhung des einen ist die Erniedrigung des anderen.

Will der Mensch ernst genommen oder will er erniedrigt, lächerlich gemacht und verspottet werden?

Der eine kann gut mit Spott, der andere schlecht damit umgehen.

Der eine versteht Humor, der andere hat einen anderen Humor.

Die gleiche Wellenlänge erfährt sich immer wieder durch die nicht passende »Chemie«.

Wenn »die Chemie nicht stimmt«, dann passt ein Gefühl nicht.

Was bei dem einen gut ankommt, das kann bei anderen völlig unpassend sein.

Doch gehässig gemeinter Spott kommt selten gut an. Damit sät der Mensch Gehässigkeit.

Wer andere boshaft verspottet, der sät Boshaftigkeit und wird Boshaftes ernten.

Wer andere verhöhnt, der wird Verachtung und Hohn erfahren.

Wer andere diskriminiert, der wird Minderwertigkeit erfahren.

Wer den Namen anderer beschmutzt, der wird sich beschmutzt erfahren.

Wer intrigiert, der schöpft seine Erfahrung aus Intrigen.

Der Hetzer wird sich gehetzt erfahren.

Wer den Ruf anderer zerstört, der wird sich zerstört erfahren.

Demut wird derjenige erfahren, der andere gedemütigt hat.

Demut ist eine grausame Erfahrung – so wie Demütigung.

Demut ist das Gefühl der Demütigung.

Demut ist eine Erfahrung, die Menschen machen, weil sie andere demütigen, schikanieren, foltern oder peinigen.

Wahre Demut bedeutet, andere nicht zu demütigen.

Viele Menschen sind oftmals stolz auf ihre Demut. Sie halten sich für demütig und tarnen ihren Stolz durch Demut.

Demut ist vielfach Ausdruck eines schlechten Gewissens.

Und so verbreiten Menschen oftmals ihr schlechtes Gewissen anstelle der Wahrheit der Freude auf den Stolz.

Will der Mensch stolz oder will er demütig sein?

Wer voller Freude sein will, der strebt nicht nach Demut.

Freude ist bei vielen verpönt.

Menschen schämen sich dadurch ihrer Freude.

Sie schämen sich, ihre Freude zu zeigen.

Und so wird Scham anstelle von Stolz gelebt.

Wer nicht stolz sein will, der will sich demütig schämen.

Und so schämt sich der Mensch, statt bewusst stolz zu sein.

Demut ist der Schatten des Stolzes, doch für viele ist Stolz der Schatten der Demut.

Menschen glauben, demütig sein zu müssen, weil sie für Demut Anerkennung bekommen.

Und so folgen sie ihrem zwanghaften Glauben und nicht der Wahrheit ihrer Sehnsucht.

Der Mensch hat Sehnsucht nach Stolz, nicht nach Demut.

Doch in der Erfahrung von Demut wird jeder Stolz geboren.

Wer voller Demut ist, der ist voller Stolz.

Stolz ist Ausdruck der Freude am Sein, Scham ist die Peinlichkeit der Unvollkommenheit.

Wer sich schämt, weil er so ist, wie er ist, der lehnt seine Unvollkommenheit ab und sät Scham.

Scham ist nicht schlimm, so wenig wie die Unvollkommenheit.

Angst vor Peinlichkeit ist der Schatten des Stolzes.

Wer sich peinlich ist, dem sind andere peinlich.

Wer sich nicht blamieren will, der hat Angst vor Peinlichkeit.

Versagen ist den Menschen dann peinlich, wenn ihnen Erfolg wichtig ist.

Unwichtigkeit ist ihnen dann peinlich, wenn ihnen Wichtigkeit wichtig ist.

Doch Peinlichkeit ist ein wichtiges Gefühl – so wie Stolz.

Vielen Menschen sind Tränen der Freude peinlich.

Ihnen ist die Wahrheit der Freude peinlich.

Gefühle sind Menschen solange peinlich, bis sie sich mit der Wahrheit ihrer Gefühle befassen.

Wem Stolz und Freude peinlich sind, der verkehrt die Sehnsucht nach Freude im Verstand.

Das ist der Weg in die Bitterkeit.

Wo Freude und Süße nicht willkommen sind, da ist Bitterkeit willkommen.

Doch auch Bitterkeit ist ein Gefühl.

Wer will schon verbittern?

Menschen erfahren sich in Verbitterung, wenn sie sich als Opfer ihrer Lebensumstände erfahren beziehungsweise dazu neigen, andere für ihr Schicksal verantwortlich zu machen.

Wer gelernt hat, anderen die Schuld zu geben, der folgt dem, was er gelernt hat, bis er das Gelernte hinterfragt und sich aus der Saat neuer Schuld befreit.

Mal erfährt sich der Mensch als Täter, mal als Opfer.

In der Polarität werden Täter und Opfer sowie Gute und Böse immer existieren.

Menschen erfahren sich damit in den Gefühlen, Täter oder Opfer, schuldig oder unschuldig, gut oder böse zu sein.

Wer andere zu Gewaltopfern macht, der wird erfahren, was es bedeutet, gewaltvolle Opfer bringen zu müssen.

Wer erkennt, wo andere das Opfer gewaltvoller Ablehnung sind, der kann sich in Annahme und Unterstützung erfahren.

In dem, was ein Mensch an sich ablehnt, in dem ist er Täter, bis er sich bewusst in der Wahrheit der Gegenwart annimmt, weil er weiß, wie er ist.

Wenn Du weißt, wie und wer Du bist, dann weißt Du auch, was Du annimmst.

Vorher hat Selbstannahme keine innere Wahrheit.

Wer nicht »vor seiner eigenen Haustür kehrt«, der kehrt vor der falschen Tür.

Doch keine Tür ist wahrlich falsch, weil jede Tür der Erkenntnis dient.

Für viele sind immer die anderen das Problem.

Dann sät der Mensch die Sicht auf Probleme, statt die Lösung zu suchen.

Selbstverantwortung ist die Verantwortung für die eigene Saat.

Selbstverantwortung kennt das Gesetz von Ursache und Wirkung.

Der Mensch kann Ursachen setzen, aber die Wirkungen bestimmt er nicht.

In der Wirkung kommt die Saat aller zueinander. Das ist Verbundenheit.

Die Saat vergangener Leben liegt im Unbewussten der eigenen Seele verborgen.

Das Unbewusste offenbart sich dann, wenn die Zeit gekommen ist.

Den Zeitplan bestimmt der Mensch so wenig, wie er die Herrschaft über das Unbewusste hat.

Demut kommt mit der Erfahrung der Wahrheit eigener Grenzen und Gefühle.

Wenn einem etwas »wie Schuppen von den Augen fällt«, dann lässt es jemand fallen.

Wer sich völlig naiv erfahren hat, der war sich seiner Naivität nicht bewusst.

Der Ahnungslose kann keine Ahnung und der Arglose keinen Argwohn haben.

Der Unerfahrene kann nicht erfahren sein, der Uneinsichtige nicht einsichtig und der Unbewusste nicht bewusst.

Das Vertrauen des Menschen wird vollständig, wenn er auch dem Unbewussten, der Unerfahrenheit, der Ahnungslosigkeit und dem Argwohn vertrauen kann.

Bewusst zu werden, bedeutet, vollständig zu werden.

Durch die Polarität kann sich der Mensch vollständig in der Liebe erkennen.

Vor der Polarität kann sich der Mensch nicht schützen.

Er kann sie verstehen und dann Verständnis säen.

Für viele Dinge will der Mensch gerade kein Verständnis haben.

Es sind meist die Erfahrungen mit Gefühlen, die besonders wehtun.

Dahinter verbirgt sich der größte – zu heilende – Schmerz.

Was der Mensch nicht wirklich verstehen will, das erfährt sich durch Verweigerung und Widerstand.

Bis der Körper ihm das Gefühl widerspiegelt, welchem er sich in seinem Leben verweigert.

Der Verweigerung kann die Annäherung folgen, dem Widerstand die Annahme.

Der tiefste Widerstand gegen das eigene Schicksal ist der Hass auf das eigene Schicksal.

Dann ist der Hass der Widerstand.

Gegen sein Schicksal kommt der Mensch nicht an.

Gegen seine Gefühle kommt er nicht an, aber mit seinen Gefühlen kann er ankommen.

Der Mensch wird anders über sein Schicksal denken, wenn er darin einen Sinn erkennt.

Er kann sich mit seinem Schicksal versöhnen, wenn er sich damit unversöhnt erfahren hat. Dann ist es die Versöhnung mit der Wahrheit der eigenen Seele.

Der Widerstand des Menschen gegen die Macht der Seele ist der Kampf des Verstandes gegen die Macht des Gefühls.

Es ist der Kampf des Ego, welches sich widerwillig und der Macht des Herzens gehorchend hingeben muss.

Trotz, Widerwilligkeit und Widerspenstigkeit sind typische Erfahrungen auf dem Weg zur Hingabe.

Die Hingabe an ein Gefühl ist an das Verstehen des Gefühls gebunden.

Dann weiß der Mensch, was er hingibt und was er durch die Hingabe bekommt.

Dann gibt er in Wahrheit nichts hin, weil er erntet.

Erkenntnis ist die Wahrheit der Ernte.

Wer Schmerzen und Verletzungen in seinem Leben erntet, der kann sich seine Schmerzen anschauen.

Das Verstehen des Schmerzes ist der Weg heraus aus dem Schmerz.

Viele wollen anderen Schmerzen ersparen, sind aber nicht bereit, den eigenen Schmerz zu erlösen.

Jeder Schmerz hat seine Wahrheit, so weh er auch tut.

Was will der Mensch hören, wenn er die Wahrheit nicht hören will?

Der Mensch hat die Wahl zwischen Hinschauen und Wegschauen.

Schmerzen zwingen den Menschen dazu, hinzuschauen.

Den Schmerz kann der Mensch betäuben oder in der Tiefe anschauen.

Der Schmerz hat seinen Sinn – so, wie alle Gefühle einen Sinn haben.

Den Sinn findet der Mensch über die Wahrheit des Gefühls in sich selbst.

Moderne Therapieformen der Psychotherapie können an das bewusste Verstehen von Gefühlen anknüpfen.

Der Mensch wird dann nicht mehr therapiert, sondern er wird verstanden und versteht sich selbst. Das ist wahres Selbstverständnis.

Jeder Analyse eines anderen Menschen liegt die Erkenntnis der Wahrheit eigener Gefühle und Erfahrungen zugrunde.

Jeder hat hierbei die Wahrheit seiner eigenen Sichtweise.

Die gewandelte Sicht des Herzens ist eine andere als die des Verstandes.

Wer sich nicht der Wahrheit seiner Gefühle widmet, der geht unbewusst mit seinen Gefühlen um. Damit sät er Unbewusstheit.

Unbewusstheit ist die Voraussetzung, um bewusst werden zu können.

Der Bewusste kennt die Bedeutung der Polarität.

Er hat die Bedeutung der Existenz des Negativen in sich erfahren.

Viele Menschen lehnen es ab, negativ zu denken.

Sie fürchten oftmals, negative Gedanken seien ursächlich für die Anziehung negativer Erfahrungen.

Und so ist Furcht ihr Antrieb. Das Gefühl ist die Wahrheit der Anziehung.

Je positiver ein Mensch denken muss, desto weniger ist er positiv in seinem Herzen.

Die positive Absicht schöpft immer auch den negativen Gegensatz.

Je positiver ein Mensch sein will, desto süchtiger ist er vom Negativen getrieben.

Wer seine Sichtweise zwanghaft positiv ausrichtet, der erfährt Zwang und Angst.

Negative Gedanken und Sichtweisen will der ängstliche Mensch nicht.

Doch andere als die, die ihm zufallen, kann er nicht haben.

Er kann viele Gedanken verdrängen, bis er sich der Wahrheit des Sich-Aufdrängens seiner Gedanken widmet.

Wenn sich Gedanken aufdrängen, die der Mensch nicht will, dann kann er die Quelle seiner Gedanken erkennen.

Wer sich in Selbstzweifeln oder selbstzerstörerischen Gedanken erfährt, der hat sie nicht herbeigesehnt.

Wenn sich negative Gedanken mehr und mehr aufdrängen, dann ist der Mensch nicht mehr wirklich Herr seiner Gedanken.

Dann erkennt er auch die Quelle seiner Gefühle.

Jeder Gedanke ist wertvoll, es sei denn, der Mensch wertet seine Gedanken ab.

Wer sich abwertet, der kann sich wieder aufwerten.

Wer versteht, der versteht die Aufwertung hinter der Abwertung.

Der Mensch, der sich ständig aufwerten und positiv sein will, der erfährt sich im Wollen.

Wer ständig etwas sein will, der ist unruhig in seinem Streben, aber nicht entspannt.

Wer ständig etwas sein will, dessen Geist ist unruhig, aber nicht still.

Wer nichts mehr sein muss, weil er alles ist, der ist gelassen.

Wer der Polarität vertraut, der vertraut auch dem Schatten des Positiven – der Negativität.

Quälerische, destruktive, zerstörende und negative Gedanken sind so existenziell notwendig wie erlösende, konstruktive, tröstende und positive Gedanken.

Wer meint, er müsse seine Gedankenkraft immer und ausschließlich auf das Positive konzentrieren, der ist zwanghaft süchtig nach dem Positiven.

Wer seine Sehnsucht und seinen Zwang wahrnimmt, der nimmt wahr, was er tatsächlich fühlt, wenn er denkt.

Wenn ein Mensch ein Gefühl erreichen will, dann ist ein anderes Gefühl längst da.

Welches Gefühl will der Mensch mit zwanghaft Positivem erreichen und welches will er dadurch vermeiden?

Der Zwang ist längst da.

Reine Konzentration auf positive Gedankenkraft oder positive Energien vernachlässigt die Wahrnehmung des tatsächlichen Gefühls.

Wer sich nur auf seine Gedanken konzentriert, der hat keine bewusste Verbindung zu seinem wahren Gefühl.

Wer sich ständig auf etwas konzentrieren muss, der erfährt den Schatten der Konzentration: Konzentrationsstörungen und Konzentrationsunfähigkeit, Zerstreuung, Ablenkung und Unachtsamkeit.

Mit jedem Schatten gehen Gefühle einher, die der Mensch im Regelfall nicht will.

Die Negativität will der Mensch nicht.

Vor der Wahrheit ihrer negativen Gedanken und Gefühle flüchten sich viele in die Stille und glauben, einzig in der Stille ihre Wahrheit oder den Zugang zu ihrem wahren Selbst finden zu können.

Doch Stille ist keine Voraussetzung dafür, sich selbst finden zu können.

Es ist lediglich ein Muster, welches sich – wie alles – durch sein Gegenteil erfährt.

Die Liebe ist überall, nicht nur in der Stille. Sie ist in jedem Gefühl.

Will der Mensch wahrhaftig still, taub oder stumm sein? Will er ohne Gefühle sein?

Es macht Menschen wahnsinnig, wenn sie ständig darüber nachdenken müssen, wie sie sein dürfen oder wie sie denken dürfen, was richtig oder was falsch ist.

Im Wahnsinn des Denkens hilft die Wahrheit des Gefühls.

Gefühle sind die bedingungslose Wahrheit der Gegenwart – egal, was der Mensch mit seinen Gefühlen macht.

Es ist eine Bedingungslosigkeit, die der Mensch nicht steuert. Es ist die Bedingungslosigkeit des Herzens.

Die Bedingungslosigkeit des Gefühls kann erkannt, nicht aber verändert oder losgelassen werden.

Gefühle können nicht wirklich losgelassen werden, wenn Erkenntnis ihrer bedingungslosen Wahrheit gewollt ist.

Dann ist Erkenntnis der Weg.

Wer verstehen will, aber noch nicht versteht, der erkennt, dass Erkenntnis zu einem Zeitpunkt geschieht, den der Mensch nicht selbst bestimmt.

Dann wird sich der Mensch demütig dem Nichtverstehen hingeben, bis er erkennt.

Die Qual des Nichtverstehens ist die tiefe Sehnsucht nach Verständnis.

Wer Sehnsucht nach Verständnis hat, der hat sie nicht zufällig.

Jede Sehnsucht ist eine Sucht.

Verständnis ist die ständige Erfahrung des Nichtverstehens.

Doch Erkenntnis bleibt. Die Erkenntnis der Liebe bleibt.

Auf Unwissenheit folgt das Wissen, auf Wahrheit die Erkenntnis.

Erkenntnis ist ein Weg zur Stille des Verstandes.

Freude am Verständnis bedeutet, den Verstand und alle Gedanken bewusst zu lieben.

Gedanken, die der Mensch nicht will, erfahren sich durch die Gedanken, die er will.

Der Mensch muss seine Gedanken nicht zwanghaft zur Ruhe kommen lassen, wenn sie auf natürliche Art und Weise zur Ruhe kommen können.

Alles, was muss, das muss auch nicht.

Wer versteht, der ruht in sich, weil er die Ruhe versteht.

Verständnis wird der Mensch dann suchen, wenn er sich danach sehnt zu verstehen.

Erklärungen, Begründungen und Antworten manifestieren die permanente Sehnsucht des Menschen nach Verständnis und Verstandenwerden.

Wer ständig erklärt oder sich rechtfertigt, der will verstanden werden.

Wer viel fragt, der will viel verstehen.

Menschen, die händeringend nach Erklärungen und Antworten suchen, die streben nach Verständnis.

Sie sehnen sich nach Verständnis und hassen es, selbst nicht verstanden zu werden.

In der Tiefe der Qual, unverstanden zu sein, erfährt sich die Liebe zum Einverstandensein.

In der Tiefe der Qual eigener Antwortlosigkeit erfährt sich die Liebe zur künftigen Antwort.

Die Sehnsucht nach Antworten erfährt sich immer wieder neu, bis der Mensch die Existenz von Antwort und Antwortlosigkeit, von Verständnis und Unverständnis in sich vereint.

Verständnis erfährt sich immer wieder neu – so wie Unverständnis.

Jeder Mensch versteht so, wie er verstehen kann und es seiner Erkenntnisfähigkeit entspricht.

Viele lehnen andere als oberflächlich oder dumm ab.

Sie säen Ablehnung statt bewusste Achtung der jeweiligen Erkenntnisfähigkeit des Einzelnen.

Tiefgründigkeit kann sich nur durch Oberflächlichkeit erfahren.

Wer von anderen nur Tiefgründiges erwartet, der lebt in der Oberflächlichkeit eigenen Seins.

Erkenntnis ist weder tiefgründig noch oberflächlich. Erkenntnis ist.

Wie kann jemand dumm sein, wenn sich das Leben scheinbar gar nicht verstehen lässt?

Kann der Mensch anders verstehen als er gerade versteht? Wie sollte das gehen?

Menschen erfahren sich in der Polarität von Klugheit und Dummheit, bis sie Weisheit statt Wissen suchen. Erst dann finden sie Erkenntnis.

Menschen reden oftmals viel und sagen in Wahrheit nichts.

Sie sagen das, was sie sagen können.

Menschen reden oftmals viel und handeln nicht.

Sie tun das, was sie tun sollen. Das bedeutet Vertrauen.

Wer meint, der Mensch müsse »auf seine Worte Taten folgen lassen«, der wird sich darin erfahren, dass Menschen ihren Worten keine Taten folgen lassen.

Wer auf die Taten des anderen wartet, der erfährt sich in seinen Erwartungen.

Viele Menschen lassen ihren Worten keine Taten folgen, weil sie mit ihren Worten mehr scheinen als wahr sein wollen. Es ist der Schein des Seins.

Wer andere auf seine Taten warten lässt, der sät Abhängigkeit, Ungeduld, Ungewissheit und Unsicherheit.

Wer viel zusagt, aber wenig einhält, der erfährt sich im Schatten der Zusage: Unzuverlässigkeit und Unglaubwürdigkeit

Zusagen erfahren sich fortlaufend durch die Existenz von Absagen.

Wer etwas zusagt, der will oftmals auch ein Gefühl zusagen. Doch das kann er nicht, weil er nicht der Schöpfer wahrer Gefühle ist.

Wer ständig positive Gefühle erreichen will, der ist von der Sucht nach Positivem getrieben.

Solche Menschen schenken ihre Sucht. Diese können sie zusagen oder eingestehen.

Menschen, die viel reden, sind süchtig nach Freude und Aufmerksamkeit.

Sie bekommen oft nicht mit, wie andere sich bei dem fühlen, was sie alles plaudern.

Nicht wenigen ist es egal, wie andere sich fühlen. So säen sie Gleichgültigkeit statt Aufmerksamkeit.

Einige reden viel, einige wenig. Doch beides bedingt sich.

Senden erfährt sich immer wieder neu durch Empfangen.

Reden ist hierbei so wertvoll wie Schweigen.

Das Gleichgewicht von Reden und Schweigen erfährt sich durch das Ungleichgewicht.

Schweigen ist keine Tugend, es sei denn, der Redner wird verdammt.

Die Freude an der Kommunikation wird im Schweigen geboren.

Sprache und Gehör wissen Menschen dann bewusst zu schätzen, wenn ihnen der Verlust oder eine Einschränkung droht.

Der eine hat die Gabe des Zuhörens, der andere die des Redens.

Wer sein Reden oder sein Zuhören perfektionieren will, der will bestimmte Gefühle mit seiner Perfektion erreichen.

Perfektion ist eine Sucht, die den Schatten Unvollkommenheit braucht.

So, wie der Redner den Zuhörer braucht und der Zuhörer den Sprecher.

Wer süchtig nach Aufmerksamkeit ist, der redet oftmals ununterbrochen.

Der eine bekommt zu viel, der andere zu wenig, der eine braucht mehr, der andere weniger.

Das Viele erfährt sich immer durch das Wenige – so, wie sich alles durch nichts erfährt.

Menschen, die permanent Aufmerksamkeit von anderen wollen, sind hochgradig süchtig.

Diejenigen, die es anderen ständig recht machen wollen, sind es auch.

Wer fortwährend Aufmerksamkeit oder Achtsamkeit von sich oder anderen verlangt, der erfährt sich mit dem Druck seines Verlangens, bis er sich aus seinem Druck befreit.

Wer ständig aufmerksam sein muss, der hört anderen zwanghaft zu, aber nicht mit dem Herzen, denn sonst würde er seinen ängstlichen Zwang bemerken.

Wer seinen Zwang bemerkt, der kann darin bereits seine Freiwilligkeit erahnen.

Viele zwingen sich, etwas sein zu wollen, weil sie achtsam, perfekt, tugendhaft, redlich, sittlich, vorbildlich und charakterstark sein wollen.

Menschen wollen sein.

Sie streben nach Gefühlen, die mit der Anerkennung für Perfektion, Redlichkeit, Sittlichkeit, Vorbildlichkeit und Charakterstärke einhergehen.

Mal erfahren sie Anerkennung für ihr Streben, mal Missgunst und Ablehnung.

Je stärker der Mensch nach Perfektion strebt, desto mehr lauert darin der Schatten der Perfektion: Unvollkommenheit.

Unabhängig von dem Perfektionsstreben des Menschen sind die Gefühle in ihrer Gesamtheit längst vollkommen.

Die Liebe ist immer vollkommen.

Doch unbewusst wird der Mensch immer wieder nach dem Gefühl streben, welches er gerade vermisst.

Das Gefühl, welches er mag und wonach er sich sehnt, erfährt sich im Umkehrschluss immer durch das, welches er nicht mag oder ablehnt.

Das Gefühl, welches er nicht mag, das kann er weder zugleich mögen noch muss er es annehmen.

Wer meint, etwas an sich oder an anderen annehmen zu müssen, der erfährt sich wiederum mit Zwang.

Annehmen ist die Erfahrung der Ablehnung, Ablehnung die Erfahrung von Annehmen.

Der Mensch kann in seinem Leben nur das annehmen, was er zuvor abgelehnt hat.

Annehmen kann der Mensch, was er versteht.

Dann kann er sich im Verständnis seiner Ablehnung annehmen.

Das ist die bewusste Annahme der Existenz von Ablehnung.

Ablehnung geht mit ablehnenden Gefühlen einher. Sie sind, was sie sind: ablehnend.

Ohne Ablehnung kann der Mensch Annehmen weder erkennen noch erfahren.

Wer süchtig nach Selbstannahme ist, der braucht die Existenz von Selbstablehnung.

Wer meint, sich selbst gänzlich annehmen zu müssen, der wird erfahren, wie es ist, sich gänzlich abzulehnen.

Dann kann er sich ganz in der Totalität seiner Ablehnung annehmen, in der jedes Annehmen beginnt.

Wer Selbstliebe erfahren will, der zieht Erfahrungen mit der Ablehnung als Schatten der Selbstliebe an, damit er sich selbst immer wieder neu annehmen und dadurch lieben kann.

Wer süchtig nach vollkommener Selbstliebe ist, der braucht die ganze Unvollkommenheit.

Mal ist der Mensch von sich überzeugt, mal zweifelt er an sich.

Wer gänzlich an sich gezweifelt hat, der kann sich vollständig annehmen.

Das ist die Ganzheit der Erfahrung der Gefühle von Selbstzweifeln bis hin zur Selbstüberzeugung.

Der Mensch kann so sehr von sich überzeugt sein, wie er in der Tiefe an sich gezweifelt hat.

Viele wollen andere ständig von sich überzeugen und müssen sich hierfür fortlaufend beweisen. Sie beweisen ihre Sucht nach Anerkennung.

Viele wollen in ihren Beziehungen ständig ihre Liebe beweisen. Damit beweisen sie die Existenz ihrer Zweifel, ohne die ein Mensch nichts beweisen kann.

Wer Beweise für seine Liebe braucht, der kann die Wahrheit seiner Gefühle schenken.

Die muss der andere nicht erwidern, wenn sie nicht der Wahrheit seines Gefühls entsprechen.

Wer hingegen ständige Erwiderung seiner Gefühle erwartet, der ist süchtig nach Erwiderung.

Die Sucht nach Erwiderung erfährt sich durch deren Schatten: Nichterwiderung.

Nichterwiderung ist in der Tiefe grausam, wenn sich der Mensch nichts sehnlicher als die Erwiderung seiner Gefühle wünscht.

In allem, was der Mensch von sich oder anderen erwartet, erfährt er sich in Abhängigkeit. Er lebt in der Abhängigkeit von Gefühlen, die er erwartet.

Menschen erwarten Gefühle mit dem, was sie tun. Es sei denn, sie haben keine Erwartungen.

Wer die Erfüllung seiner Erwartungen zur Bedingung seiner Liebe macht, der lebt in süchtiger Abhängigkeit von seinen Bedingungen.

Erwartungen sind der Gegenpol der bedingungslosen Liebe.

Auch die Erwartung der Erwartungslosigkeit ist eine Bedingung.

Vor allem erwarten die meisten Menschen, wie andere zu sein haben.

Wer hohe Erwartungen an sich oder andere hat, der ist süchtig nach Perfektion.

Wer extrem hohe Ansprüche hat, der ist extrem süchtig.

Wer sich jedoch für seine Ansprüche ablehnt, der ist voller Ablehnung.

Die Erwartungen des Verstandes entsprechen der Wahrheit der Gefühle, wenn Fühlen und Denken des Menschen im Einklang sind.

Die Sehnsucht ist die Wahrheit des Gefühls aller Ansprüche und Erwartungen, solange der Mensch Sehnsucht hat.

Die Sehnsucht ist die innere Wahrheit der Erwartungen des Menschen.

Wer seiner Sehnsucht nicht folgt, der ist unwahr.

Viele folgen ihr nicht, weil sie Angst vor der Enttäuschung ihrer Erwartungen haben.

Enttäuschung ist das Gefühl der Nichterfüllung dessen, wonach sich der Mensch sehnt.

Der Mensch hat die Wahl, seiner Sehnsucht zu folgen oder sie zu ignorieren.

So sät er Achtsamkeit oder Ignoranz im Umgang mit sich selbst.

Achtsamkeit im Umgang mit den eigenen Gefühlen setzt entsprechende Selbstwahrnehmung voraus.

Wahrnehmung existiert schon, lange bevor der Mensch die Wahrheit seiner Wahrnehmung erkennt.

Das, was der Mensch wahrnimmt, erfährt sich durch das, was er nicht wahrnimmt.

Wer der Wahrheit der eigenen Wahrnehmung vertraut, der kann auch der Wahrnehmung des anderen vertrauen.

Auf Selbstwahrnehmung folgt das Selbstverständnis, weil der Mensch seine wahrgenommenen Gefühle versteht.

Was versteht der Mensch, solange er sich nicht selbst versteht? Welches Selbstverständnis kann er dann haben?

Wer seine Sehnsüchte nicht versteht, der kann Verständnis suchen.

Unerfüllte Sehnsüchte lassen den Menschen die Wahrheit der Erfüllung suchen.

Erwartungen werden mal erfüllt, mal nicht.

Mit Erfüllung geht Freude, mit Nichterfüllung Enttäuschung einher.

Bedingungen, die erfüllt werden, erfreuen den Menschen – immer wieder neu.

So, wie ihn nicht erfüllte Bedingungen immer wieder neu enttäuschen werden, bis sich der Mensch der Wahrheit der Polarität und der Liebe stellt.

Erfüllung kann sich nur durch Nichterfüllung erfahren.

Bedingungslosigkeit kann sich nur durch die Existenz von Bedingungen erfahren.

Ohne Bedingungen lässt sich bedingungslose Liebe nicht erfahren.

Der andere ist der Spiegel der eigenen Bedingungen oder der eigenen Bedingungslosigkeit.

Wer bedingungslos sein will, der ist es nicht.

Bedingungslosigkeit ist ein Gefühl.

Es ist das Gefühl der bedingungslosen Selbstliebe und bedeutet, sich selbst so zu lieben, wie man ist, weil man anders gar nicht sein kann.

Bedingungslose Selbstliebe ist gefühlte Erkenntnis.

Das ist das wahre Gefühl der Selbstliebe, welches der Mensch nur in sich erfahren kann.

Viele erwarten dieses Gefühl von anderen, nämlich so geliebt zu werden, wie sie sind.

Was der Mensch im Außen erwartet, das kann er selbst sein. Dann findet er es im Innern.

Um andere bedingungslos lieben zu können, muss der Mensch sein wahres Selbst bedingungslos erkennen.

Er kann all das bedingungslos lieben, was er wahrhaft in sich erkannt hat.

Wer sich in allem erkennt, der schenkt die Wahrheit seines Seins, sein Einssein mit allen Bedingungen und Erwartungen.

Wer sich zwanghaft aus seinen Bedingungen und Erwartungen befreien will, der strebt nach Freiheit, die sich wieder neu durch Unfreiheit erfährt.

Bedingungslos ist, wer sein Streben nach Bedingungslosigkeit aufgibt, weil auch die Bedingungslosigkeit eine Bedingung ist.

Kein Mensch muss andere bedingungslos lieben, sonst wäre ja Zwang der Antrieb der Liebe.

Niemand kann seine Bedingungen oder Erwartungen wahrhaft aufgeben, solange Sehnsucht seine Wahrheit ist.

Sehnsucht kann der Mensch weder aufgeben noch loslassen.

Wer empfiehlt, Gefühle loszulassen, der empfiehlt das Unmögliche.

Wie könnte der Mensch etwas loslassen, was er auch nicht festhalten kann?

Wenn andere den Rat erteilen, etwas loszulassen, dann führt dies zur zwanghaften Erfahrung von Anhaftung.

Sehnsucht ist die Wahrheit der Anhaftung im Herzen.

Der Mensch haftet immer an etwas an, solange Sehnsucht seine Wahrheit ist.

»Ich will« ist der Gedanke des Verstandes.

»Ich sehne mich« ist die Wahrheit des Herzens.

Der Mensch ist an seine Wahrheit gebunden.

Er ist an seine Gefühle und damit an die Liebe gebunden.

Gegen sein Gefühl kommt der Mensch nicht an. Er kann es nicht bezwingen, aber ignorieren.

Der Körper ist der Spiegel der Wahrheit der Seele. Er spiegelt die eigene Ignoranz oder die bewusste Achtung von Gefühlen wider.

Der Weg des Herzens ist der bewusste Weg der Wahrheit des Gefühls.

Er setzt Achtsamkeit im Umgang mit der eigenen Sehnsucht voraus.

Sehnsucht ist Wahrheit, solange der Mensch Sehnsucht hat.

Sehnsucht ist die Wahrheit der Selbstsucht. Sie schließt Selbstlosigkeit aus.

Wer selbstlos sein will, der ist es durch seine Absicht gerade nicht.

Jede Absicht ist immer die eigene Absicht.

Sehnsucht ist die Absicht des Herzens.

Der Mensch kann sein Streben aufgeben, nicht aber seine Sehnsucht.

Der Mensch soll sich in der Tiefe seines Strebens und damit in der Wahrheit seiner Sehnsucht erfahren.

Das Ego will sich im Streben erfahren, bis es nach Ankunft strebt.

Doch wie kann der Mensch in der Liebe ankommen, wenn die Liebe schon ist?

Wer ankommen will, der erfährt sich im Wollen.

Wer etwas will, der erfährt sich im Streben.

Streben ist das Gegenteil von Ankommen.

Wer meint, ankommen zu können, der verkennt, dass alles schon ist.

In seinen Vorstellungen, wie der Mensch sein möchte, kann er nicht ankommen, weil jedes Muster immer nur eine neue Erfahrung seiner negativen Entsprechung ist.

Der Gedanke des Menschen, wie er sein möchte, benötigt die Festlegung dessen, wie er nicht sein möchte.

Streben nach Perfektion mündet immer wieder in das Bereuen der eigenen Unvollkommenheit.

Menschen meinen, ihre Fehler zu bereuen. In Wahrheit bereuen sie ihre Unvollkommenheit und wollen das Gefühl der Reue gar nicht.

Fehler würden nicht existieren, wenn der Mensch die Macht über seine Fehler hätte. Aber auch darin erfährt er sich ohnmächtig.

Kein Fehler passiert zufällig.

Fehler, die das Leben verändern sollen, schaffen keine zufälligen Veränderungen.

Das, was vermeidbar ist, erfährt sich durch das, was unvermeidbar ist.

Menschen wollen Fehler vermeiden und lehnen sich selbst wegen ihrer Fehler ab.

In Wahrheit gibt es keine vermeidbaren Fehler.

Wären Fehler tatsächlich vermeidbar, würden sie nicht passieren.

Es gibt keine vermeidbare Unvollkommenheit.

Welches Gefühl will der Mensch vermeiden? Welches Gefühl ist ein Fehler?

Der Mensch bestraft sich immer wieder selbst für seine Fehler, solange er nach Vollkommenheit strebt.

Menschen bestrafen sich dafür, dass sie so sind, wie sie sind, bis sie erkennen, warum sie so sind, wie sie sind.

Wer sich Fehler gestattet, der wird anderen Fehler gestatten.

Wer seine Unvollkommenheit akzeptiert, der wird die Unvollkommenheit anderer akzeptieren können.

Doch welches Gefühl ist unvollkommen?

Der Mensch, der glaubt, der Schöpfer habe einen Fehler bei der Liebe gemacht, der erfährt sich in dem, was er glaubt.

Er glaubt an Fehler und strebt in seiner Blindheit nach Vollkommenheit.

Welches Gefühl ist vollkommen, welches ist wahr?

Bis sich der Mensch in der Vollkommenheit seiner Unvollkommenheit annimmt, solange wird er sich immer wieder mit Schuld und Reue erfahren.

Reue als Antrieb für künftiges Handeln entspringt der Erfahrung, etwas Falsches getan zu haben.

Das Falsche kann sich nur immer wieder neu durch das Richtige erfahren.

Wer festlegt, was richtig ist, der ist der geistige Schöpfer dessen, was falsch oder unvollkommen ist.

Dann ist die Angst vor der Falschheit statt der bewussten Erkenntnis seiner vollkommenen Unvollkommenheit der Antrieb des Menschen.

Menschen verurteilen das Falsche. Dabei sind sie selbst der geistige Schöpfer des Falschen.

Der Richtige hat die Aufgabe, seine Liebe für den Schatten Falschheit zu entdecken.

Jeder Mensch wächst mit dem auf, was ihm über Falsches und Richtiges erklärt wird.

Welches Gefühl ist falsch und welches ist richtig?

Was kann der Mensch für seine Gefühle?

Jeder erfährt die Gefühle, die seinen Erfahrungen entsprechen.

Jede Erfahrung verändert die Perspektive des Menschen.

Keine Sichtweise ist zufällig – so, wie keine Erfahrung zufällig ist.

Der Mensch kann herausfinden, ob seine Erfahrungen einen Sinn haben oder zufällig geschehen.

Entweder hat alles einen Sinn oder nichts hat Sinn. Dazwischen gibt es nichts.

Wenn die Sehnsucht des Menschen nach Sinn und Wahrheit einen Sinn hat, dann muss der Mensch ihr folgen, es sei denn, er folgt ihr nicht.

Jeder geht seinen Weg.

Der Mensch kann seinen Weg auch nicht verfehlen, weil jeder Weg der richtige Weg ist.

Dann gibt es auch keinen Umweg und keinen falschen Weg.

Der Mensch, der sich vermeintlich selbst im Weg steht, der ist exakt auf dem richtigen Weg.

Welches Gefühl steht dem Menschen im Weg?

Genau dieses Gefühl säumt den Pfad der Erkenntnis dieses Menschen.

Wer seinen Weg versteht, der versteht auch den Weg des anderen.

Wer die Erfahrungen und Gefühle des anderen versteht, der sät Verständnis.

Verständnis ist an die Wahrheit des Verstehens gebunden.

Manche wollen die Wahrheit hören, andere wiederum nicht.

Wer ablehnt, was der andere sagt, der sät Ablehnung.

Wem nicht gefällt, was er hört, dem gefällt es nicht, bis er zuhört.

Gefallen erfährt sich immer wieder neu durch Nichtgefallen.

Der Mensch fühlt genau, was ihm gefällt.

Er fühlt auch genau, was ihm nicht gefällt.

Er nimmt die Antworten, die er verstehen kann, und hinterfragt, was er hinterfragen kann.

Wer etwas nicht verstehen kann, der soll nicht verstehen.

Das bedeutet Vertrauen in die subjektive Verständnisfähigkeit des Menschen.

Wer sie objektivieren will, der verkennt die Wahrheit gewollter Subjektivität und Andersartigkeit.

In der Tiefe jeglichen Unverstandenseins erfährt der Mensch das Gefühl tiefer Traurigkeit.

Dort wird jede Sehnsucht nach Verständnis geboren.

Freude ist an das Verständnis gebunden, Traurigkeit an das Nichtverstehen.

Viele behaupten, nichts könne verstanden werden, aber sie ignorieren ihre Sehnsucht nach Verständnis.

Damit wird Ignoranz anstelle von Verständnis gesät.

Wer es hasst, nicht verstanden zu werden, der kann sich seinem Hass stellen.

Wen es traurig macht, nicht verstanden zu werden, der kann sich seine Traurigkeit anschauen.

Wen es wütend macht, der kann sich seine Wut anschauen.

Hinter Wut steckt immer Angst. Freude macht Menschen nicht wütend.

Angst lässt Menschen andere Sichtweisen und Meinungen ablehnen.

Damit säen sie Ablehnung statt Verständnis.

Wer die Sichtweise anderer versteht, der sät Verständnis.

Dazu muss der Mensch die Wahrheit seiner eigenen Sicht verstehen.

Auf Selbstverständnis kann das Verständnis anderer folgen.

Jede Sichtweise ist wahr, weil sie der Wahrheit der eigenen Erfahrungen entspricht.

Der Mensch kann keine anderen Erfahrungen haben als die, die dem Sinn seines Weges entsprechen.

Wer seinem Lebensweg vertraut, der kann dem Weg anderer vertrauen.

Der Mensch vertraut dem, was er erfahren hat.

Er vertraut den Moralvorstellungen, die seinen Erfahrungen entsprechen.

Keine Moralvorstellung ist besser oder schlechter.

Wer sich erhöht, der erniedrigt den anderen.

Wer besser sein will, der braucht den Schlechten.

Wer überlegen sein will, der braucht den Unterlegenen.

Welche Gefühle jemand mit seinen Vorstellungen sät, die wird er auch ernten.

Mit vielen Moralvorstellungen wird Angst, Schuld, Strenge, Hass, Abhängigkeit, Unfreiheit und Ablehnung gesät.

Moralisten sind Meister darin, anderen ein schlechtes Gewissen zu machen. Es ist ihr eigenes schlechtes Gewissen.

Moralisten lieben die Moral, auf die sie sich berufen können.

Der Moralapostel braucht die Moral – so wie der Sittenwächter die Sitte.

Wer sich an der Macht der Sitte ergötzt, der verteufelt die Sittenlosigkeit, die er für seine Macht braucht.

Er ist der »Teufel« der Macht, der den Schatten der Macht fürchtet: Ohnmacht.

Wer sich zum Wächter der Moral erklärt, der liebt die Macht der Überwachung.

Überwachung ist das Gegenteil von Freiheit.

Will der Mensch frei sein oder will er ständig überwacht werden?

Überwachung ist eine ängstliche Sucht des Überwachenden.

Welches Gefühl kontrolliert er mit seiner moralischen Überwachung?

Moralvorstellungen sind Schöpfungen solcher Menschen, die sich mit Moral und Anstand erfahren wollen.

Gefühle entziehen sich jeder Moral.

Gefühle sind nicht unmoralisch.

Gefühle hat der Mensch nicht erfunden. Das hat seinen Sinn.

Der Mensch erntet die Gefühle, die er sät: Angst oder Freude.

Jede Moralvorstellung, die sich an »richtig oder falsch« orientiert, schöpft die Freude an der Richtigkeit und die Angst vor der Unvollkommenheit.

Moralvorstellungen fördern Scham und Peinlichkeit wegen der Unvollkommenheit des Menschen, der versucht, der Moral zu entsprechen anstatt wahr zu sein.

Menschen, die alles richtig machen wollen, haben ständig Angst, etwas falsch zu machen.

Wenn alles gut läuft, dann glaubt der Mensch, alles richtig zu machen, bis wieder alles schief läuft. Dann zweifelt der Mensch wieder an sich.

Und so wechseln sich »richtig oder falsch« ständig ab.

In Wahrheit wechseln die Gefühle, die mit vermeintlich richtigen oder falschen Gedanken einhergehen.

Mit dem vermeintlich Falschen geht ein ständig schlechtes Gewissen, mit dem vermeintlich Richtigen ein gutes Gewissen einher.

Wer nur gut, anständig und richtig sein will, der hat ständig ein schlechtes Gewissen im Gepäck.

Das Gewissen ist das »Gefühl« des Verstands.

Solange der Mensch nicht so sein darf, wie er ist, wird er immer ein schlechtes Gewissen haben.

Das schlechte Gewissen ist die Angst vor der Wahrheit des Seins.

Welches Gefühl darf der Mensch haben?

Menschen schämen sich oftmals für die Wahrheit ihrer Gefühle.

Viele wissen nicht, ob sie monogam oder polyamor sind.

Sie fragen sich, wie sie sein dürfen, anstatt ihr Gefühl der Freude zu befragen.

Vor der Wahrheit ihrer Freude fürchten sich viele genauso wie vor der Wahrheit ihrer Angst.

Wer sich Freude verbietet, der verbietet sich Wahrheit.

Je mehr ein Mensch seine Wahrheit verbiegt, umso mehr wird er die der anderen verbiegen und verändern wollen.

Wer seiner Freude nicht folgt, der hat Angst, ihr zu folgen.

Welche Moralvorstellung dient bewusst der Freude? Welche schürt Ängste?

Vorstellungen, die nicht der Wahrheit des Menschen entsprechen, sind Wahnvorstellungen.

Die Unwahrheit ist Wahn und Wahnsinn zugleich, wenn der Mensch eine Wahrheit hat.

Wer seine Wahrheit nicht sucht, der kann sie nicht finden.

Doch umgekehrt finden Gefühle den Menschen.

Der Freude, den Moralvorstellungen einer Gesellschaft zu entsprechen, steht die Angst gegenüber, ihnen nicht zu entsprechen oder anders zu sein.

Wer anders oder unangepasst ist, der erfährt oftmals viel Ablehnung dafür.

Nicht wenige werden diskriminiert, ausgestoßen, enterbt, einer Gehirnwäsche unterzogen, brutal misshandelt oder getötet, wenn sie anders sind oder anders denken.

Noch säen Menschen unglaublich viel Hass, weil sie von der Richtigkeit ihrer Vorstellungen überzeugt sind.

Sie mögen es nicht, in Frage gestellt zu werden und Gefühle zu erfahren, die mit Zweifeln, Widerspruch, Ablehnung und Machtverlust einhergehen.

Sie hassen oftmals andere Überzeugungen, die ihre Richtigkeit in Frage stellen, und glauben, ihre Überzeugung selbst zu sein. Für die sind sie sogar bereit zu sterben und zu töten.

Sie erfahren sich im Wahn ihrer Überzeugung statt im Mitgefühl wahren Seins.

Der Märtyrer wird sich in den Gefühlen erfahren, die er anderen als Märtyrer zufügt. Dann kann er sich aus seinem eigenen Martyrium befreien.

Wer fühlt, was er tut, der erkennt, wer er ist.

Massen von Büchern beschreiben, was gut und was schlecht ist, was sich gehört oder nicht gehört, was richtig ist und falsch ist. Kein Buch ist zufällig.

Dann ist der Mensch von dem überzeugt, was er gelesen und erfahren hat – bis er wieder vom Gegenteil überzeugt und verzweifelt ist.

Und so erfährt sich der Mensch fortlaufend in Zweifeln.

Er ist immer nur insofern richtig, wie er sich falsch erfahren kann.

Wer immer alles richtig machen will, der ist süchtig nach Richtigkeit.

Welche Gefühle werden damit gesät, Menschen zu sagen, was sie alles falsch machen?

Es sind alles Gefühle der Ablehnung menschlichen Seins in der Gegenwart.

Ablehnung ist die Ursache von immer wieder neuem Hass.

Irgendwann verliert sich der Mensch im Wahn von »richtig oder falsch«.

Dann fragt er sich: Wer bin ich wahrhaftig?

Wer nur so sein will, wie andere ihm sagen, dass er sein darf, der erfährt sich in dem, wie er sein will.

Menschen wollen sein, bis sie herausfinden, wer sie sind.

Doch vor ihrer Wahrheit haben Menschen Angst, denn dafür müssen sie vieles in Frage stellen, was ihnen vorher vermittelt wurde.

Sie müssen ihre Überzeugungen und Vorstellungen in Frage stellen.

Wer sich in Frage stellt, der wird dies auch bei anderen tun.

Er wird andere in Frage stellen, bis er erkennt, dass er sich immer selbst in Frage stellt.

Wer andere unbewusst in Frage stellt, der ist auf der Suche nach der eigenen Wahrheit.

Die eigene Wahrheit findet jeder nur in sich selbst.

Erkenntnis ist die Wahrheit der inneren Überzeugung.

Der Liebende ist jede Überzeugung und keine Überzeugung.

Viele Menschen haben Angst, ihren Ruf und ihr Ansehen zu verlieren, wenn sie den Weg ihrer Überzeugung und ihrer Gefühle gehen.

Sie haben Angst vor Ablehnung, Verlust, Ausgrenzung und Einsamkeit.

Wer Angst hat, »Ja« zu sich zu sagen, der hat auch Angst, »Nein« zu anderen zu sagen.

Und so erfahren sich viele Menschen als Mitläufer, anstatt bewusst einen eigenen Weg zu beschreiten. Dann ist das ihr Weg.

Wer bewusst »Ja« zu sich sagt, der erfährt dadurch auch das »Nein« zu etwas anderem.

Der Ja-Sager ist der Nein-Sager, der Nein-Sager ist auch der Ja-Sager.

Mal sagt der Mensch ja, mal nein.

Mal passt er sich an, mal ist er unangepasst.

Wer sich anpasst, der erfährt sich in Anpassung – manchmal bis zur Selbstaufgabe. Aber dann kann seine Selbstverwirklichung beginnen.

Der Mensch kann sich so sehr verwirklichen, wie er geglaubt hat, unwirklich oder nicht er selbst gewesen zu sein.

Die Liebe verwirklicht sich – egal, was der Mensch denkt oder glaubt zu sein, weil die Liebe immer ist.

Menschen können sich nur so angepasst wie unangepasst erfahren.

Wenn der Angepasste plötzlich unangepasst ist, weil er sich der Wahrheit seines Gefühls anpasst, dann lebt er mit sich im Einklang.

Wer mit sich im Einklang lebt, der wird dem Missklang der anderen gefährlich.

Wer sich ständig gebeugt hat, der kann sich irgendwann strecken.

Dann streckt sich auch der Körper.

Manche sind extrem angepasst, weil sie ängstlich sind, und manche sind extrem unangepasst, weil sie mutig sind.

Manche sind extrem ängstlich, manche sind extrem mutig.

Niemand ist zufällig angepasst oder unangepasst, ängstlich, scheu, schüchtern oder mutig.

Wer das Risiko bewusst scheut, der erfährt das Gefühl der Scheu.

Die Scheu des Verstandes heißt Vernunft.

Wer sich für extrem mutig hält, der braucht extrem viel Angst, weil sich Mut ohne Angst nicht erfahren lässt.

Mut ist die Kraft zum Tun im Bewusstsein der Angst.

Erlöster Mut ist Vertrauen.

Mutproben sind eine Sucht der Menschen, die Freude daran haben, sich zu beweisen.

In Wahrheit beweisen sie sich immer auch ihre Angst und sind süchtig nach Anerkennung und Selbstbehauptung.

Der Ängstliche geht seinen Weg – so wie der Mutige.

Der gänzlich Entmutigte ist nicht zufällig mutlos.

Mal versagen einem Menschen die Nerven, mal nicht.

Manchmal sind die kleinsten Schritte die größten und die mutlosesten Schritte die mutigsten.

Mal kann sich der Mensch überwinden, mal nicht.

Die Kraft zur Überwindung ist
eine innere Kraft.

Was immer auch bei einer Mutprobe passiert, nichts passiert zufällig.

Vertrauen ist das Vertrauen in den Plan des eigenen Lebens.

Wer seinem Leben nicht vertraut hat, dessen Vertrauen kann werden.

Vertrauen in das Leben ist ohne Vertrauen in den Tod nicht wahrhaftig.

Kein Leben, kein Tod, keine Bestimmung oder Berufung geschieht zufällig.

Wenn das Schicksal eine Bedeutung hat, dann für jeden Menschen.

Keine Begegnung und kein Zusammentreffen geschieht zufällig, weil der Mensch sie zu seiner Erkenntnis braucht.

Die Menschen werden zusammengeführt, die sich zusammen erfahren sollen.

Niemand hat den falschen Partner, die falschen Eltern, Lehrer oder Freunde.

Jeder hat immer die richtige Aufgabe für sich und den anderen.

Wer seine Aufgabe kennt, der kann sie lösen.

Doch Erkenntnis geschieht. Dann ist Erkenntnis die Lösung.

Erkenntnis ist die Wahrheit der inneren Kraft, die geschieht, aber der Mensch kann sie nicht geschehen lassen.

Auch den Sinn kann der Mensch nicht geschehen lassen.

Der Sinn der Polarität existiert, lange bevor der Mensch ihn erkennen kann.

Was der Mensch in dem anderen sieht, ist das, was er auch ist, sonst könnte er es nicht wahrnehmen.

Alles, was der Mensch in sich verneint, das ist er auch, sonst könnte er es nicht verneinen.

Durch Verneinung erfährt sich das, was bejaht wird.

Gefühle, die jemand in sich ablehnt, die wird er auch in anderen ablehnen.

Wer ein Gefühl nicht in sich selbst achtet, der wird dieses Gefühl nicht bewusst in anderen achten können.

Wer mit seinen Gefühlen ignorant umgeht, der wird dies auch mit den Gefühlen anderer tun.

Mitgefühl ist die Toleranz des Herzens, der als Schatten geistige Ignoranz gegenübersteht.

Ignoranz ist der unbewusste Weg zu bewusster Achtsamkeit und bewusstem Mitgefühl.

Wer sich für tolerant hält, der braucht die Intoleranz, um sich erfahren zu können.

Alles, was der Mensch ablehnt, ist Ausdruck seiner Intoleranz.

Die Fülle seiner Ablehnungen ist die Ganzheit seiner Intoleranz.

Toleranz geht mit Anerkennung einher, Intoleranz mit Gefühlen der Ablehnung.

Wer das Wesen der Toleranz erkennt, der weiß, dass durch die eigenen Gedanken von Toleranz jede Intoleranz geboren wird.

Der Mensch kann sich nur so tolerant erfahren, wie er intolerant ist.

Er kann sich nur so achtsam erfahren, wie er sich auch in Unachtsamkeit erfährt.

Achtsam ist der derjenige, der weiß, dass er für seine Erfahrung der Achtsamkeit die Unachtsamkeit braucht.

Dann bringt er Kindern die Wahrheit polarer Unachtsamkeit bei, statt unachtsame Menschen intolerant abzulehnen.

Wer nur achtsam sein will, der ist ein Extremist zwanghafter Achtsamkeit.

Der wahrhaft Achtsame hat die Unachtsamkeit in sich erlöst und die Tiefen gefühlter Unachtsamkeit bewusst erfahren.

Er genießt die Achtsamkeit und stört sich nicht mehr an der Unachtsamkeit.

Er empfindet nichts als störend, weil ihn die Ganzheit nicht stört.

Wer Kindern die Polarität beibringt, der bringt ihnen die Wahrheit ihrer Ganzheit bei.

Wer Kinder anleitet, auf die Wahrheit ihrer Gefühle zu achten, der bringt ihnen Selbstachtung und Mitgefühl bei.

Wer Kinder vor der Polarität schützen will, der bringt ihnen Angst und Ablehnung bei.

Wer Kindern nicht die Wahrheit der Polarität vermittelt, der gaukelt ihnen eine harmonische Welt vor, die sie ohne Disharmonie überhaupt nicht erfahren können.

Wer an eine heile Welt oder eine heile Familie glaubt, der erfährt die Welt durch das, was in seiner Vorstellung einer heilen Welt widerspricht.

Das Heilige erfährt sich durch das Unheilige.

Das Heil erfährt sich durch das Unheil.

Der Scheinheilige ist unheil, solange er die Existenz der Polarität in sich ablehnt.

Wer voller Ablehnung im Außen ist, der kann nicht heil in seinem Innern – in seinem Herzen – sein.

Die Liebe ist heilig, weil sie nichts ablehnt, nicht einmal die Ablehnung.

Die Liebe umfasst auch jede Ablehnung.

Das lässt sie heil sein, weil sie vollständig ist.

Wenn die Liebe nicht vollständig wäre, dann wäre sie unvollständig.

Dann würde dem Menschen ein Teil zur Vollständigkeit seiner Liebe fehlen.

Welche Polarität fehlt dem Menschen?

Es fehlt ihm ein Teil seiner Erkenntnis, bis er sich vollständig in der Polarität erfahren hat.

Vollständigkeit erfährt sich durch Unvollständigkeit, Endlichkeit durch Unendlichkeit.

Die Polarität ist unendlich. Sie erfährt sich überall.

Familien erfahren sich – wie alle anderen Gemeinschaftsformen – durch das Wesen der Polarität und die Wahrheit des Gefühls.

So, wie sich Freundschaften durch Feindschaften erfahren.

Welche Gefühle erwartet der Mensch von einem Freund und welche ordnet er dem Feind zu?

Das Gute spiegelt den Freund und das Böse den Feind wider.

Indem der Mensch den Feind erfährt, erfährt er auch den Freund.

Die Zuneigung zu einem Freund ist die Abneigung gegen den Feind.

Niemand kann oder muss seine Feinde lieben.

Der Feind ist ein Feind - kein Freund.

Der Mensch kann seine Feinde nicht mögen, wenn er seine Freunde mag, es sei denn, er vergewaltigt sein Gefühl der Abneigung.

Abneigung will nicht positiv gedacht, sondern wahrhaft gefühlt werden.

Auch wahre Freundschaft ist an die Wahrheit der Gefühle gebunden.

Wahre Freunde sind in der Wahrheit verbunden, denn sie kennen die Wahrheit der Verbundenheit.

Verbundenheit kann nur durch Unverbundenheit erfahren werden.

Wem sich der Mensch verbunden fühlt, das steuert er nicht.

Wem er tief verbunden ist, dem soll er tief verbunden sein.

Wo er keine Verbundenheit verspürt, da soll keine Verbindung sein.

In der Unverbundenheit kann keine Verbundenheit sein, es sei denn, der Mensch erfährt seine Verbundenheit in der Unverbundenheit.

Wer allen verbunden sein will, dessen Verbundenheit kommt aus dem Verstand.

Wäre er im Herzen verbunden, müsste er es nicht sein wollen.

Wer der Unverbundenheit verbunden ist, der ist eins.

Im Einssein erfährt sich die Verbundenheit mit allem, was ist, auch mit dem Negativen.

Alle negativen Gefühle, die der Mensch ablehnt, die erfährt er sowohl innerhalb wie außerhalb der Familie, im privaten wie dienstlichen Bereich.

Er erfährt sie in freundschaftlichen wie in feindseligen Beziehungen.

Gefühle lassen sich weder zeitlich noch förmlich begrenzen, weil sich die Wahrheit des Gefühls nicht einengen lässt.

Unglaubwürdig sind diejenigen, die glauben, Gefühle seien privater Natur oder sogar etwas, was sich zeitlich terminieren ließe.

Das Gefühl, welches da sein soll, ist immer da.

Gefühle brauchen keine Zeit.

Gefühle brauchen Wahrheit.

Die Wahrheit ist, und Wahrheit ist zeitlos.

Wer sich Zeit für Gefühle nehmen muss, der nimmt sich ansonsten keine Zeit für seine Wahrheit.

Menschen wollen sich an ganz bestimmten Tagen im Jahr mehr Zeit für positive Gefühle nehmen und diese möglichst nicht nur zeigen, sondern auch beweisen.

Sie reservieren Gefühlsbeweise für Urlaub, Weihnachten, Geburtstage, den Muttertag oder Vatertag, Valentinstag, Hochzeitstag, Neujahrstag.

Was wären diese Beweise ohne die Wahrheit der gegenwärtigen Gefühle an jedem Tag?

Wenn sich der Mensch an bestimmten Tagen nicht voller Freude, Zuneigung, Zufriedenheit und Dankbarkeit fühlt, dann kann auch der Terminkalender daran nichts ändern.

Wer diese Gefühle nicht in sich spürt, der kann sie sich nicht einfach vornehmen.

Bestellungen von Gefühlen funktionieren nicht, sonst wäre der Mensch längst reine Freude.

Wahre Gefühle geschehen – auch dann, wenn der Mensch glaubt, er könne sie jetzt gar nicht gebrauchen oder er habe keine Zeit dafür.

So, wie der Mensch glaubt, für Krankheiten eigentlich keine Zeit zu haben.

Es gibt einen bedeutsamen Zusammenhang zwischen Krankheiten und Gefühlen – so, wie jedes Gefühl eine Bedeutung hat.

Wahre Gefühle orientieren sich nicht an den Zielvorgaben und Zeitvorstellungen des Menschen.

Sie lassen sich auch nicht in private oder dienstliche Gefühle unterteilen.

Die Privatsphäre erfährt sich durch das, was der Mensch für privat erklärt.

Welches Gefühl ist privater statt wahrer Natur?

Wer meint, Gefühle seien eine Privatangelegenheit, der meint auch, in der Öffentlichkeit gefühllos sein zu können.

Gefühle sind immer, nicht nur dann, wenn der Mensch glaubt, sie auch zeigen zu können.

Welche Gefühle dürfen in der Öffentlichkeit gezeigt werden?

Nach welchem Gefühl darf man sich öffentlich richten?

Wer sich zeigt, wie er sich fühlt, der zeigt seine Wahrheit.

Vor der sichtbaren Wahrheit haben Menschen Angst.

Also zeigen sie ihre Angst, die sie glauben, maskieren zu können.

Der Mensch kann die Wahrheit nicht verstecken. Wahrheit ist.

Wer sich anders gibt als er sich fühlt, der gibt sich anders, aber er ist es nicht.

Der eine zeigt sich so, wie er sich fühlt, der andere versteckt sich.

Wer sich versteckt hat, der kann sich zeigen, aber er muss es nicht.

Mal drängt sich ein Mensch anderen mit seinen Gefühlen auf, mal zieht er sich zurück.

Mal offenbart sich der Mensch, mal schweigt er völlig.

Der Verschlossene kann sich öffnen, doch er muss es nicht.

Was gänzlich unbekannt bleibt, das bleibt nicht zufällig unbekannt.

Durch das Unentdeckte erfährt sich das, was entdeckt werden soll.

Das, was sich zeigt, erfährt sich durch das, was sich nie zeigen wird.

Das Totgeschwiegene erfährt sich durch das, was aufgedeckt wird.

Wer aufdecken will, der braucht das Verborgene.

Wer alles aufdecken will, der ist süchtig nach Enthüllung.

Wer alles enthüllen will, der braucht die Existenz der Verschleierung.

Enthüllung erfährt sich durch Geheimhaltung, Aufdeckung durch Verschleierung, Verschwiegenheit durch Indiskretion.

Indiskretion ist eine Aufgabe – so, wie Redseligkeit und Vertrauensseligkeit Aufgaben sind.

Menschen schätzen andere oftmals als viel zu offen und vertrauensselig ein, statt als Schatten ihr eigenes Misstrauen zu sehen.

Kann ein Mensch tatsächlich zu sehr aufgeschlossen sein?

Kann jemand zu sehr wahrhaftig in seinen Emotionen sein?

Wer andere für zu sehr emotional hält, der schaut in den Spiegel der Unterdrückung eigener Emotionen.

Welches Gefühl ist zu sehr emotional und darf deshalb nicht sein?

Die Intensität wahrer Gefühle steuert der Mensch nicht, wenn die Wahrheit seinem Sein entspricht.

Wie könnte er da zu sehr emotional, also zu sehr wahr sein?

Wer seine Wahrheit wahrnimmt, der ist wahr. Die Wahrheit ist nicht zu emotional. Sie ist.

Gefühle sind weder normal noch unnormal.

Kein Gefühl ist unnormal, wenn es wahr ist.

Gefühle sind wahr, niemals richtig oder falsch. Sie kennen kein »richtig oder falsch«.

Wer gegen sein wahres Gefühl vorgeht, der arbeitet an seiner Zerstörung.

Krankheiten zerstören den Menschen und werden ihn dazu verleiten, sich der Wahrheit der Gefühle seiner Zerstörung zu widmen.

Wenn Gefühle den Menschen zerstören, dann hat er dies nicht unter Kontrolle.

Kein Mensch hat Gefühle wirklich unter Kontrolle.

Gefühle – auch die extremen – fallen Menschen nicht zufällig zu.

Der Mensch bestimmt die Intensität wahrer Gefühle nicht.

Er kann Gefühle schauspielern, aber das entspricht nicht der Wahrheit, die ist.

Es ist schwierig, einen fröhlichen Clown zu spielen, wenn das Herz in Wahrheit voller Trauer ist.

Es ist schwierig, wahrhaftig dankbar zu sein, wenn der Mensch sein Leben gerade hasst.

Es ist schwierig, jemanden wirklich zu mögen, den man eigentlich nicht mag.

Es ist schwierig, zufrieden zu sein, wenn sich der Mensch in tiefer Unzufriedenheit erfährt.

»So zu tun als ob« ist immer dann schwierig, wenn es nicht der Wahrheit des eigenen Gefühls entspricht.

Die Wahrheit des Gefühls spiegelt sich in ihrem Schatten: Unwahrheit.

Auf eine Unwahrheit kann die Wahrheit einer Erkenntnis folgen.

Die Wahrheit findet den Menschen – so, wie seine Bestimmung ihn findet.

Jeder Mensch hat eine Bestimmung – so, wie jeder eine Bestimmung hat, oder niemand hätte eine.

Es gibt eine Urbestimmung für jede Seele.

Wer Sehnsucht nach Ankommen hat, der will in seiner Bestimmung ankommen und in seiner Wahrheit. Dann ist Wahrheit Heimat.

Die Bestimmung existiert, lange bevor der Mensch sie entdeckt.

Jede Suche und auch jede Entdeckung hat ihren Sinn.

Gefühle finden den Menschen – so, wie Sehnsucht den Menschen findet.

Über seine Gefühle kann jeder den Plan seiner seelischen Bestimmung finden.

Menschen wollen alles Mögliche in ihrem Leben verantworten, statt die Wahrheit ihrer Bestimmung und Gefühle bewusst zu achten.

Sie erziehen andere im Bewusstsein ihrer eigenen Erziehung, bis sie um ihre eigene Bestimmung wissen.

Wer andere erziehen und verändern muss, der ist süchtig danach, bestimmen zu wollen und alles richtig zu machen.

Wer unbedingt bestimmen will, der giert nach Macht.

Jeder Mensch kann sich fragen, ob er ständig das machen will, was andere machtvoll von ihm verlangen. Oftmals widerstrebt ihm genau das.

Menschen widerstrebt die Fremdbestimmung – bis hin zur Ohnmacht.

Wer im Bewusstsein seiner eigenen Bestimmung lebt, der lebt bewusst im Umgang mit Macht und Ohnmacht.

Wer meint, er habe keine Bestimmung, der erfährt sich unbestimmt.

Woran orientiert sich der Mensch, wenn er sich nicht an der Wahrheit seiner eigenen Bestimmung orientiert?

Wer keine Orientierung hat, der kann selbst Orientierung suchen, aber nicht anderen schenken.

Gefühle geben dem Menschen Orientierung.

Die Erfahrungen, die ein Mensch macht, geben ihm Orientierung.

Der Verstand wird wahnsinnig, wenn er keine Orientierung hat. Dann erfährt sich die Tiefe der Orientierungslosigkeit.

Für eine bewusste Orientierung braucht der Mensch seine Gefühle und die Polarität.

Das Denken hat den Sinn, der sich auch im Hass auf die Sinnlosigkeit erfährt.

Das Fühlen hat den Sinn, der sich im Hass auf die Orientierungslosigkeit erfährt.

Menschen haben nicht zufällig Sehnsucht nach Orientierung und Sinnhaftigkeit.

Der Sinn ist so, wie die Liebe ist – gleichgültig, ob der Mensch bewusst den Sinn seines Lebens sucht oder nicht.

Der Suchende erfährt sich durch den, dem die Suche gleichgültig ist.

Gleichgültigkeit erfährt sich immer wieder neu durch Anteilnahme.

Doch Gefühle sind dem Menschen nicht gleichgültig, solange er Sehnsucht hat.

Sehnsucht zeigt dem Menschen an, wonach er sich sehnt und was ihm wichtig ist.

Je mehr sich der Mensch nach etwas sehnt, desto wichtiger ist es ihm.

Wem alles egal statt wichtig ist, der erfährt sich in Gleichgültigkeit.

Im tiefen Gefühl der Gleichgültigkeit kann der Mensch nicht sagen, was ihm wichtig ist oder wonach er sich sehnt.

In der Totalität der Gleichgültigkeit ist dem Menschen alles egal. Dann sind ihm auch andere Menschen völlig egal.

Der Verstand hat keine Kontrolle über die Abwesenheit der Sehnsucht und die Anwesenheit absoluter Gleichgültigkeit.

Der Mensch wird in die Tiefe der Gleichgültigkeit hineingeführt – so, wie er in die Tiefe vieler Gefühle geführt wird, die er nicht will.

Gefühle rauben ihm im Zweifelsfall den Verstand. Auch darüber befindet er nicht.

Der Mensch wird über Gefühle geführt.

Das ist die Führung und Macht der Seele.

Wenn der Mensch mit aller Macht Gefühle erfährt, die er nicht will, dann hat er nicht die Macht darüber.

Auch über Neigungen, Fähigkeiten und Veranlagungen wird der Mensch geführt, es sei denn, alles wäre Zufall.

Wer will an Zufall glauben?

Wer will an Bestimmung glauben?

Der Mensch kann Bestimmung erfahren. Dann weiß er, wozu er bestimmt ist.

Was bestimmt ist, das erfährt der Mensch auch über solche Gefühle, die ihn zu etwas zwingen, was er nicht will.

Wo sich der Mensch gezwungen fühlt ist, da ist kein freier Wille.

In der Unfreiwilligkeit erfährt der Mensch die Unfreiheit seines Willens.

In der Willenlosigkeit erfährt er sich sogar ganz ohne Willen. Dann entfaltet sich der Plan der Seele gemäß der individuellen Bestimmung des Menschen.

In dem Sprichwort »der Mensch denkt, Gott lenkt« finden Seelenplan und Führung umgangssprachliche Akzeptanz.

Über Gefühle wird der Mensch geführt, der glaubt, seine Gefühle selbst zu führen.

Wenn Gefühle geschehen, dann muss sie jemand geschehen lassen, aber der Mensch kann nichts geschehen lassen.

Menschen würden viele Gefühle abschaffen wollen, wenn sie könnten.

Wer Gefühle erfährt, die er nicht will, der hat keine willentliche Macht über das, was mit ihm passiert.

Wenn Dinge passieren, die über die bisherige Vorstellung des Menschen hinausgehen, dann erfährt er die Grenzen seiner Vorstellung. Auch darüber hat er keine Kontrolle.

Neue Dinge offenbaren sich nicht zufällig.

Auch das Unbewusste offenbart sich nicht zufällig.

Der Mensch kann sich nichts wünschen, was er nicht kennt oder wovon er keine Vorstellung hat.

Das Vorstellbare erfährt sich immer wieder neu durch das Unvorstellbare, was der Mensch sich auch beim besten Willen nicht vorstellen kann.

Das Undenkbare erfährt sich dadurch, dass der Mensch es vorher nicht denken kann.

Alles hat seinen Sinn: das Ungeplante, das Kurzfristige, das Plötzliche, Überraschende, Unkontrollierbare und Unvorhergesehene.

Synchronizitäten sind kein Zufall.

Auch nicht der Zeitpunkt, wenn der Mensch die Faszination der Synchronizitäten in seinem Leben entdeckt.

Der Synchronizität kann er vertrauen. Damit vertraut er seiner Seele.

Entweder die Seele hat einen Plan oder sie hat keinen.

Für viele ist ein solcher Plan unvorstellbar, bis sie ihn erfahren haben.

Dann ist er selbstverständlich und entspricht der Wahrheit des eigenen Selbstverständnisses.

Viele halten an gedanklichen Plänen und Vorstellungen in ihrem Bewusstsein fest, bis sie neuen Erfahrungen der Wahrheit ihrer Gefühle und ihrer Seele folgen.

Wer dem neuen menschlichen Bewusstsein dienen möchte, der braucht das alte Bewusstsein.

Welche Gefühle und welche Art der Liebe erfahren sich im alten Bewusstsein und welche in einem vermeintlich neuen Bewusstsein?

Was der Mensch in einem neuen Bewusstsein nicht will, das sind bestimmte Gefühle und Polaritäten, die er nicht will.

Dadurch erfährt sich seine alte Ablehnung immer wieder neu.

Bewusst zu sein, bedeutet, sich der Liebe hinter allem Alten und Neuen bewusst zu sein.

Jeder veralteten Orientierung kann eine neue Ausrichtung folgen, und eine starre Haltung kann im Verstand durch eine flexible Position ersetzt werden.

Gefühle hingegen sind der innere Zwang zur Flexibilität – so, wie Krankheiten zwingen.

Krankheiten lenken den Menschen.

Sie zwingen den Menschen, seiner Wahrheit zu folgen – und auch nicht.

Der Körper ist der Spiegel der Wahrheit des Zusammenspiels von Denken und Fühlen.

Er ist der Spiegel des Bewussten und Unbewussten.

Das kann der Mensch erfahren, wenn er es erfahren will.

Wenn das Denken in eine andere Richtung als das Fühlen geht, dann wird der Körper gespalten.

Wenn der Verstand gegen das Gefühl arbeitet, dann ist der Körper dazwischen.

Des Menschen kann seinen Verstand mit seinem Gefühl in Einklang bringen und beobachten, was der Einklang mit seinem Körper macht.

Der Einklang kann sich nur über den Missklang erfahren.

Der Verstand weigert sich oft, die Macht der Gefühle anzuerkennen, weil er sich dann machtlos fühlt.

Das hässliche Gefühl der Machtlosigkeit will der Mensch nicht, solange er sich nach Macht und Kontrolle sehnt.

Doch welche Kontrolle hat der Mensch wahrhaftig über seine Krankheiten?

Krankheiten erfahren sich durch viele Gefühle, die der Mensch nicht will.

Über Gefühle wird der Mensch gelenkt, der glaubt, er könne selbst die Gefühle lenken.

Wenn Gefühle den Menschen leiten, dann leitet er seine Gefühle nicht.

Wie könnte der Mensch etwas leiten, wenn er nicht der wahre Schöpfer der Gefühle ist?

Gefühle sind der Schlüssel zur Wahrheit des Menschen, wenn Gefühle seine Wahrheit sind.

Die Seele des Menschen kennt viele erzwungene Gefühle.

Insbesondere Schicksalsschläge sind die Erfahrungen seelischer Abgründe, die der Mensch unbedingt vermeiden will.

Abgründe sind die Tiefe negativer Gefühle.

Der Mensch kann den Abstieg in die Tiefe nicht verhindern, da das Unbewusste die Macht hat.

Dem Abstieg in die Tiefe kann der Aufstieg folgen.

Abzusteigen bedeutet, phoenixartig in der Tiefe eines Gefühls zu sterben, um im Herzen zu werden.

So wird der Schatten zu Licht.

Liebe ist Licht.

Der bewusste Weg vom negativen zum positiven Pol birgt das Wachstum, nicht umgekehrt.

Wachstum ist an die bewusste Wandlung im Herzen gebunden.

Jede Erfahrung lässt den Menschen wieder zu Liebe werden.

Das Werden ist das Sein.

Das Sein will verstanden werden, und hierfür braucht es das Nichtsein.

Sein und Nichtsein ist die Polarität.

Wachstum setzt Verständnis voraus, sonst mehrt sich das Unverständnis.

Gefühle wollen in ihrer Tiefe erfahren und verstanden werden.

Auch das Verliebtsein verlangt danach, verstanden zu werden, wenn der Mensch eine quälende Sehnsucht nach Verständnis hat.

Niemand verliebt sich zufällig, weil Gefühle dem Menschen zufallen.

Verliebtheit ist ein Gefühl.

Der Mensch entscheidet nicht darüber, ob, in wen und wie intensiv er sich verliebt.

Er entscheidet auch nicht darüber, ob seine Gefühle erwidert werden.

Ein verliebter Mensch quält sich gerade dann besonders, wenn seine Verliebtheit nicht erwidert wird.

Nichterwiderung ist die Hölle, wenn der Mensch sich zutiefst nach Erwiderung sehnt.

Die Qual der Nichterwiderung kommt aus der bewussten Erkenntnis der Freude an Erwiderung.

Erwiderung ist die fortlaufende Erfahrung der Nichterwiderung.

Menschen wissen dann mit der Nichterwiderung von Gefühlen umzugehen, wenn sie die Wahrheit unerwiderter Gefühle verstehen.

Wer an einen freien Willen glaubt, der kann herausfinden, welches Gefühl er frei von anderen wählen kann.

Welches Gefühl aber kann der Mensch frei für sich bestimmen?

Hätte der Mensch die tatsächliche Freiheit seines Willens, dann könnte er bestimmte Gefühle garantieren und wüsste bereits heute, wie er sich in Zukunft fühlt.

Könnte der Mensch seine Gefühle frei wählen, dann gäbe es keine negativen Gefühle.

Jeder Mensch erfährt viele Gefühle, die er nicht will.

Warum erfährt sich der Mensch in Gefühlen, die er nicht will, wenn sein Verstand scheinbar alles im Griff hat?

Der Mensch steuert nicht seine Erfahrungen von Aggression, Depression, Ohnmacht, Antriebslosigkeit, Machtlosigkeit, Zwang, Unfreiheit, Abhängigkeit und Kontrolllosigkeit.

Depression ist schneller da, als der Mensch wahrhaftig über sie nachdenken kann.

Auch Wut, Ärger, Hass und Zorn geschehen.

Wer Jähzorn erfahren hat, der hat ihn nicht gerufen.

Jähzorn will – wie Wut, Ärger, Hass und Zorn – erfahren und verstanden werden.

Das Gegenteil von Jähzorn ist Sanftmut.

In der Wahrheit tiefen Jähzorns liegt das Gefühl wahrer Sanftmut und erlöster Wildheit verborgen.

Wer keine Sanftmut für den Jähzorn im Herzen hat, dem fehlt es noch an Sanftmut.

Der bewusst Jähzornige ist selbst in seinem Jähzorn sanftmütig.

Menschen werden zu sanftmütigen Kriegern, wenn sie Zorn und Wut in sich befriedet haben.

Bewusster Zorn wird dann zu »heiligem Zorn«.

Geheilte Wut hat sich vorher unbewusst und anfallartig erfahren.

Wutanfälle hat der Mensch nicht zufällig.

Menschen »schäumen«, »kochen« oder »platzen« vor Wut, »gehen vor Wut an die Decke«, »brechen in Wut aus«, »sind außer sich« oder »rasen vor Wut«, sind »wutentbrannt«. Nichts davon will jemand wirklich sein.

Wenn Gefühle den Menschen überwältigen, dann hat der Mensch nicht die Kontrolle über das Gefühl, welches ihn gewaltig ergreift.

Das plötzliche Gefühl kommt immer schneller, als es gedacht werden kann.

Das Plötzliche kontrolliert der Mensch so wenig wie das Unerwartete.

Das Überraschende kommt unvorhergesehen.

Von welchem Gefühl wird der Mensch überrascht?

Die Seele ist nur in ihrer Unberechenbarkeit berechenbar.

Der Mensch ist also mal berechenbar, mal unberechenbar.

Er wird lernen, auch der Existenz der Unberechenbarkeit zu vertrauen.

Er wird lernen, dem Unerwarteten, Unvorhersehbaren, Plötzlichen und Ungewollten zu vertrauen.

Welches Gefühl ist ungewollt?

Menschen sind ihren Gefühlen ausgeliefert – den gewollten wie den ungewollten – bis sie ihnen auf den Grund gehen.

Der Mensch kommt seiner Wahrheit auf den Grund, wenn er tief in die Wahrheit seiner Gefühle eintaucht.

Viele Menschen glauben an die Kontrolle über ihre Gefühle, weil ihnen beigebracht wurde, Gefühle zu kontrollieren.

Doch wie könnte der Mensch etwas wirklich kontrollieren, was ohne seine Kontrolle entstanden ist?

Ein Licht, welches der Mensch nicht anschalten kann, das kann er auch nicht ausschalten.

Er kann Gefühle auch nicht wunschgemäß dosieren.

Gefühle sind die nicht kontrollierbare Fülle der Liebe, die gänzlich erfahren werden will, auch in ihrer Kontrolllosigkeit.

Jedes Gefühl hat seinen Sinn, auch das, was der Mensch nicht will.

Wer sich »blind vor Liebe« erfahren hat, der wollte gar nicht blind sein.

Wem Gefühle »den Verstand rauben«, der kann nicht klaren Verstandes sein.

Wer in einem Gefühl gefangen ist, der kann es nicht einfach freigeben oder loslassen.

Das Denken führt nicht aus dem Gefühl heraus, wenn die Seele in das Gefühl hineinführt.

Unausweichliche Prüfungen des Schicksals verändern die Perspektive des Menschen auf die Freiheit seines Willens und die Freiheit seines Gefühls.

Unausweichlichkeit existiert – der Wille ist machtlos.

Menschen, die sich nicht der Wahrheit ihres unausweichlichen Schicksals widmen, haben oftmals Angst vor der Wahrheit.

Sie haben Angst vor der schmerzhaften Wahrheit eines abgrundtiefen Gefühls.

Die Angst vor der Wahrheit ist die bisherige Freude an der Unwahrheit – so wird die wahre Freude pervertiert.

Der Körper spiegelt dem Menschen Freude und Angst, Wahrheit und Unwahrheit wider.

Für seinen Körper trägt der Mensch die Verantwortung in dem Sinne, wie jeder selbst verantworten und verstehen kann.

Das bedeutet Selbstverantwortung für den Körper.

Viele geben die Verantwortung ab, indem sie andere für ihr Schicksal verantwortlich machen.

Verantwortung kann derjenige für sich übernehmen, der andere verantwortlich gemacht hat.

Viele übergeben anderen nicht nur die Verantwortung, sondern geben ihnen auch die Schuld.

Wer ständig anderen die Schuld gibt, der sät fortwährend Schuldgefühle.

Wen die eigene Schuld bedrückt, der plagt sich mit Schuldgefühlen.

Niemand will Schuldgefühle erfahren.

Doch Schuld ist der Weg zur Unschuld, die ohne Schuld gar nicht existieren kann.

Niemand kommt unschuldig auf die Welt, wenn die Seele einen Plan hat.

Der Plan der Seele ist keine Schuld, sondern eine Aufgabe der Liebe.

Schuldig macht sich nur der, der immer wieder neue Schuld verteilt.

Der Mensch lädt sich Schuld immer selbst auf, weil er erntet, was er gesät hat.

Wenn sich der Mensch bewusst vergeben kann, was er gesät hat, muss er keine Schuld mehr unbewusst abladen.

Bewusste Vergebung bedeutet Selbstvergebung.

Schuldgefühle werden den Menschen solange plagen, bis er sich keine Schuld mehr für seine Unvollkommenheit gibt.

Er glaubt, unvollkommen zu sein, wodurch sich die Vollkommenheit erfahren kann.

Das Unvollkommene gibt den Blick auf das Vollkommene frei.

Unerlöste Schuldgefühle und ein schlechtes Gewissen stehen der Freude am vollkommenen Sein in der Unvollkommenheit entgegen.

Wer sich bis in die tiefsten Schichten seines Seins schuldig fühlt, der kann sich nicht unschuldig fühlen.

Schuld ist die gefühlte Last der Angst.

Vorwürfe wiegen schwer. Angst wiegt schwer. Schuld wiegt schwer.

Wer Menschen viele und erhebliche Vorwürfe macht, der ist angstbeladen.

Ein vorwurfsvoller Mensch wirft mit Angst nur so um sich, bis er erkennt, dass er mit seinen Vorwürfen Gefühle sät, die weder er selbst noch der andere will.

Der andere ist der Spiegel der Erkenntnis der eigenen Saat von Angst, Schuld oder Vergebung.

Wer sich die eigene Unvollkommenheit nicht vergeben kann, der wird auch anderen nicht vergeben können.

Der Weg zur Vergebung führt durch die Tiefe der Erlösung der eigenen Schuld.

Vergebung ist die gefühlte Tiefe der Erkenntnis des anderen in einem selbst.

Vergebung folgt der Wahrheit des eigenen Gefühls.

Wer sich entgegen seines wahren Gefühls gedanklich zu Vergebung zwingt, der vergewaltigt sein Gefühl und übt damit Zwang auf seinen Körper aus.

Wer sich etwas zu sein zwingt, dessen Körper spiegelt zwanghaftes Sein wider.

Menschen können herausfinden, wie sich Zwang und Schuldgefühle im Vergleich zu wahren Gefühlen der Selbstvergebung auf den eigenen Körper auswirken.

Jeder ist selbst sein eigenes Forschungsprojekt.

Da die Seele über Gefühle erfahren werden will, muss sich der Mensch die Wahrheit seiner Gefühle anschauen.

In sich selbst zu forschen, bedeutet Selbsterkenntnis.

Der Weg der wahren Gefühle ist ein Weg zu innerer Erkenntnis.

Ein solcher Weg bedeutet auch, sich den quälenden Gefühlen des Lebens dann zu stellen, wenn sie sich zeigen.

Jedes positive Gefühl hat eine negative Kehrseite, die dann Beachtung finden will, wenn sie sich zeigt.

Das ist die Wahrhaftigkeit des Moments.

Menschen wollen quälende Momente und Gefühle möglichst vermeiden.

So mögen sie es nicht, im Stich gelassen, allein gelassen oder verlassen zu werden. Sie fürchten das hässliche Gefühl der Verlassenheit.

Viele verlangen von anderen, sie weder allein zu lassen noch zu verlassen.

Sie flüchten sich in eine Krankheit, eine hilflose Lage oder drohen damit, sich umzubringen, wenn andere Menschen sie verlassen wollen.

Sie wollen den Schmerz von Verlassenheit und Einsamkeit um jeden Preis vermeiden.

Mit ihrem erpresserischen Verlangen werden enorme Ängste, Druck und Zwang gesät.

Aus Angst und Pflichtgefühl heraus geben »Erpresste« diesem Druck nicht selten nach.

Sie wollen nicht schuld daran sein, wenn es dem anderen schlecht geht oder er sich sogar das Leben nimmt.

Menschen glauben daran, an etwas schuld sein zu können oder die Verantwortung für das Wohlergehen anderer zu haben.

In diesem Glauben werden sie sich erfahren, bis sie sich aus ihrer eigenen Angst vor Schuld befreien.

Wer sich nicht schuldig machen möchte, der braucht die Erfahrung, schuldig zu sein.

Wer mit einem Menschen zusammenlebt, mit dem er eigentlich nicht mehr zusammenleben möchte, der lebt im Einklang mit seiner Angst und Pflichtgefühlen.

Menschen erfahren sich dadurch in zwanghaften Gefühlen statt in einer freiwilligen Beziehung.

Doch keine Verbindung, keine Trennung, kein Gefühl geschieht zufällig.

Der Mensch schafft es nicht, die Gefühle zu verhindern, die sich die Seele in der Tiefe zu erfahren vorgenommen hat.

Die Seele führt den Mensch auch in die Tiefen der Verlassenheit – wo niemand ist, außer dem Schmerz des Verlassenseins und der Hölle des Alleinseins.

Im Schmerz des Alleinseins kann das Bewusstsein des »All-ein-Seins« erfahren werden.

Wer gänzlich allein war, der kann mit allem »eins« werden – auch mit dem Alleinsein.

Im Alleinsein wächst die Verbundenheit mit allem, was ist – auch mit der Ungeborgenheit.

Wer in sich »eins« ist, der ist so geborgen, wie er sich in Ungeborgenheit erfahren hat.

Die Sehnsucht nach Geborgenheit ist eine Sucht des Menschen, die sich in den Tiefen von Verlassenheit und Einsamkeit erfährt.

In seiner Sehnsucht nach Geborgenheit kommt der Mensch an den Punkt, wo er sich fragen wird, wie er sich in einer Welt voller Angst, Misstrauen, Untreue, Disharmonie, Unfreiheit, Abhängigkeit, Zwang, Unsicherheit, Einsamkeit, Ungerechtigkeit und Gewalt wahrhaftig geborgen fühlen kann?

Wer sich in der Polarität geborgen fühlen kann, der hat bewusste Verbundenheit mit der Polarität erfahren.

In der Wahrhaftigkeit kann der Mensch Geborgenheit finden. Geborgenheit ist dann Gelassenheit.

In der Tiefe des Alleinseins ist keine Geborgenheit, sondern das Gefühl, gänzlich allein zu sein.

Wenn sich der Mensch in Wahrheit nach Zweisamkeit und Gemeinsamkeit sehnt, erfährt er im Alleinsein tiefen Schmerz.

Er erfährt das Mitgefühl für die tiefe Angst des Menschen vor Alleinsein und Einsamkeit.

Viele Menschen haben Angst vor den schmerzlichen Gefühlen, wenn Trennung geschieht.

Nicht wenige fühlen sich nach einer Trennung gescheitert, unverstanden, ungeborgen, allein und einsam – wieder am Anfang stehend oder eben am Ende.

Den Schmerz der Einsamkeit hat der Mensch einzulösen, der Einsamkeit gewählt hat, um die Fülle der Gemeinsamkeit bewusst erfahren zu können.

Aus dem Gefühl der Einsamkeit kommt der Mensch nicht heraus, nur weil andere behaupten, dass die Erfahrung von Trennung eine Illusion des Menschen sei.

Einsamkeit entsteht nicht im Kopf,
weil der Mensch sie im Herzen fühlen soll.

Es ist Verbundenheit, die tief im Herzen durch die Wahrheit des Gefühls auch mit der Einsamkeit entsteht.

Gefühle sind keine Illusion – so wenig, wie die Liebe selbst eine Illusion ist.

Die Illusion erfährt sich fortlaufend durch die Realität des Dualen.

Der Mensch, der sich der Dualität entziehen will, der erfährt sich in tiefer Verstrickung.

Gefühle der Trennung sind dann eine brutale Erfahrung, wenn sich der Mensch zutiefst nach Verbundenheit sehnt.

Auch die Brutalität hat er einzulösen.

Getrennt kann sich der Mensch niemals geborgen fühlen, solange er ungestillte Sehnsucht nach Geborgenheit hat.

Also versucht er alles, um Geborgenheit durch menschliche Nähe bis hin zu körperlicher Vereinigung zu erfahren.

Die Sehnsucht nach Vereinigung ist eine Sucht, die sich immer wieder neu durch Trennung erfährt.

So, wie sich die Sucht nach körperlicher Nähe durch die Totalität körperlich spürbarer Distanz und Kühle erfährt.

Menschen, die sich nicht selbst nah – nicht in sich geborgen – sind, die schenken ihre Sucht nach Nähe und Geborgenheit.

Wer in sich geborgen ist, der schenkt sein Bewusstsein der Geborgenheit statt seiner Sucht.

Wer geborgen in sich ruht, der schenkt Gelassenheit.

Menschen, die unerfüllt sind, die schenken ihre Unerfülltheit.

Unerfüllt kann sich der Mensch nicht vollständig – in sich geborgen – fühlen.

Geborgenheit ist Vollständigkeit.

Der Unerfüllte kann die ganze Fülle suchen.

Dann entdeckt er die Fülle aller Gefühle, die die Ganzheit der Liebe und des Mitgefühls sind.

Er kann seine Fülle statt unerfüllter Sehnsüchte schenken.

Im fühlbaren Schmerz eigener Unerfülltheit verbirgt sich die tiefe Wahrheit der Sehnsucht.

Wer voller Sucht ist, der lebt in der Fülle seiner Sehnsucht.

Wenn der Mensch bewusst durch seine Süchte und Abhängigkeiten geht, dann wird er gelassen, indem er sich völlig ungelassen, ausgeliefert und abhängig erfährt.

Er ergibt sich seiner Sucht, die Ausdruck seiner Sehnsucht ist.

In der Tiefe seiner Abhängigkeiten verliert der Mensch jede Kontrolle.

In der Kontrolllosigkeit ist keine Kontrolle, sondern das höhere Bewusstsein zu Hause.

Der Quelle seines Bewusstseins kann der Mensch erst vertrauen, wenn er Bewusstsein erfahren hat. Vorher aber fürchtet er den Kontrollverlust wie die Pest.

Angst ist die Pest des Menschen.

Das Sprichwort »Vertrauen ist gut, Kontrolle ist besser« drückt das Vertrauen des Menschen in die Kontrolle aus.

So lebt er in der ständigen Abhängigkeit von Kontrolle und ist kontrollsüchtig.

Dadurch erfährt sich der Schatten: tiefe Kontrolllosigkeit und Vertrauensverlust.

Kontrollverlust hat der Mensch so wenig unter Kontrolle wie die Wahrheit seiner Süchte.

In der Tiefe seiner Abhängigkeiten hat der Mensch keine Wahl, sich unabhängig zu erfahren.

In der Unfreiwilligkeit steckt kein freier Wille – so, wie in der Willenlosigkeit keine willentliche Wahl mehr möglich ist.

In der Tiefe hat der Mensch nicht die Wahl, »auf der Höhe« zu sein.

Wer auch die Tiefe der Disziplinlosigkeit bewusst erfahren hat, der weiß, dass er unmöglich diszipliniert sein konnte.

Der Mensch kann »sich zusammenreißen«, bis er es nicht mehr kann.

Wer keine Kraft mehr hat, sich zusammenzureißen, der erfährt sich in der Ohnmacht.

Ohne die Willenskraft seines Verstandes erfährt er demonstrativ die Macht seiner Gefühle.

Verwahrlosung ist eine Erfahrung tiefer Disziplinlosigkeit, dann hat der Mensch keine innere Kraft mehr für Ordnung und Disziplin.

Wer will schon verwahrlosen?

Mit Disziplin versucht der Mensch stets, Ziele zu erreichen, und wenn er Ziele hat, dann will er ein bestimmtes Gefühl erreichen.

Um ein Ziel zu erreichen, braucht er Kraft, die er aber nicht hat, wenn er den Schatten erfährt: tiefe Kraftlosigkeit.

Der Mensch sehnt sich nicht nach Disziplin, sondern nach Gefühlen.

Viele Menschen disziplinieren oder zügeln ihre Freude.

Disziplin ist die gedankliche Schranke der Freude – es sei denn, die Disziplin selbst wird als innere Freude erfahren.

Dann ist Disziplin eine bewusste Erfahrung der Freude an der Kontrolle.

Wer sich hingegen zu Ordnung und Disziplin zwingt, der erfährt Zwang.

Wer sich ständig zu etwas zwingt, der ist weit von der Freiwilligkeit entfernt.

Disziplin, die keine Freude macht, ist eine Erfahrung der Freudlosigkeit.

Freude gibt Kraft.

Unterdrückung der Freude kostet auf Dauer viel Kraft.

Ordnung und Disziplin bergen extrem machtvolle Schatten, wenn der Mensch sie zu seinen Tugenden erhebt.

Neben Unordnung und Disziplinlosigkeit erfährt er den Schatten: Chaos.

Das Chaos hat der Mensch nicht unter Kontrolle – es taucht auf, bevor er es unter Kontrolle hat, damit er es wieder ordnen kann.

Das Chaos kontrolliert sich selbst durch seine Existenz – so wie die Zerstörung, auf die der Aufbau folgen kann.

Der Angst vor Zerstörung begegnet die Freude am Aufbau und Erhalt.

Die Freude an der Ordnung erfährt sich immer wieder neu durch Unordnung und Chaos.

Unordnung ist das »milde Chaos« – Gefühlschaos ist das gefühlte Chaos.

Manchmal misslingt jeder Versuch, Ordnung in das eigene Leben zu bringen, dann erfährt sich die Sehnsucht nach einem geordneten und geregelten Leben immer wieder neu.

Manchmal werden alle Pläne des Menschen zerstört – so, wie er die Pläne anderer zerstört.

Jedes Streben nach Plan und Struktur erfährt sich durch die Existenz von Planlosigkeit und Strukturverlust.

Wer immer einen Plan braucht, der kommt mit der Planlosigkeit schwer zurecht.

Doch Gefühle lassen sich nicht wirklich planen – und noch weniger bestimmen.

Immer wieder gerät der Mensch im Leben in Situationen, die er nicht will.

Er gerät in Gefühle, die er eigentlich plant, zu vermeiden.

Er entwickelt Strategien des Glücklichseins, um unglückliche Gefühle zu vermeiden.

Er folgt der Illusion einer gänzlich positiven Welt ohne negativen Spiegel und Schatten.

Jeder Mensch folgt seiner Sehnsucht nach dem Positiven.

Damit ist er ein Träumer, der gänzlich verkennt, dass er die Gegensätzlichkeit als Suchtmittel braucht, um sich überhaupt erfahren zu können.

Doch niemand träumt zufällig – so, wie auch das Erwachen kein Zufall ist.

Wer die Gegensätzlichkeit ablehnt, der ist voller Ablehnung.

Wie will ein Mensch mit seiner unbewussten Ablehnung der Polarität jemals bewusst glücklich sein?

Erfährt sich Glück im Verstand oder durch die Wahrheit des Gefühls?

Jeder Stratege erfährt sich durch das, was er strategisch zu vermeiden versucht.

Das Gefühl, welches er vermeiden will, erfährt er peinlich genau durch seine Strategie.

In den Erfahrungen von Gefühlen, die der Mensch am liebsten vermeiden möchte, demonstriert sich die Macht der Gefühle und die Machtlosigkeit des Verstands.

Wer das Gefühl kennt, nichts tun oder verändern – also gar nichts ausrichten – zu können, der hat Machtlosigkeit erfahren.

Im Gefühl der Ohnmacht ist der Verstand so machtlos wie im Gefühl tiefer Kraftlosigkeit.

Oftmals hat der Mensch keine Kraft, das zu tun, was er will.

Er kann sich nicht überwinden, und er kann sein Gefühl nicht mehr überwinden.

Der Kraftlose hat keine Kraft mehr, sich auf etwas zu konzentrieren, was der Verstand will, während das Herz es nicht will.

Wer sich unmöglich konzentrieren kann, der kann mit dem Verstand nichts mehr ausrichten.

Vieles lässt sich trainieren, doch in der Möglichkeit des Erfolges steckt immer auch der Misserfolg als Schatten.

In der Tiefe der Unfähigkeit ist keine Fähigkeit und in der Tiefe der Unmöglichkeit keine Möglichkeit mehr.

Wer anderen hoffnungsvoll suggeriert, ihnen sei alles möglich, wenn sie an sich selbst glaubten, der hat Unmöglichkeit noch nicht erfahren.

Liebe beinhaltet auch Unmöglichkeit, Unveränderlichkeit und Unerreichbarkeit.

Bestimmte Ziele sind für Menschen unerreichbar, weil sie für das Ego unerreichbar sind.

Im Schmerz des Unerreichten erfährt sich die Ohnmacht des Verstandes.

Es ist die Kapitulation vor der Macht der Seele.

Der Verstand steuert den Schmerz des Unerreichbaren nicht, denn er beherrscht nicht das Gefühl totaler Ohnmacht und Verzweiflung.

Wer sich ständig in Vergeblichkeit erfährt, der kennt den Schmerz vergeblicher Bemühungen.

Wem immer etwas zugefallen ist, der bemerkt, wenn ihm über lange Zeit nichts mehr zufällt, denn dann fällt ihm keine Freude mehr zu.

Wer sich immer und immer wieder bemüht, aber keinen Erfolg hat, der kann den Erfolg nicht erzwingen.

In der Vergeblichkeit erfährt sich das Gefühl, erfolglos zu sein, aber keine Freude des Erfolgs.

Wenn der Mensch keine andere Wahl hat als die, sein Schicksal bedingungslos zu akzeptieren, dann erfährt er Wahllosigkeit.

Wer keine Wahl hat, der erkennt, dass die Möglichkeit, unter vielen Möglichkeiten zu wählen, immer ein Geschenk ist.

Dann sieht er die Freude an der Wahl statt der »Qual der Wahl«.

Oftmals quälen sich Menschen mit Entscheidungen, sie können sich einfach nicht entscheiden.

Nicht wenige haben Angst vor den Konsequenzen ihrer Entscheidungen.

Konsequenzen haben immer mit Gefühlen zu tun, und vor denen hat der Mensch dann Angst, wenn er sich vor negativen Konsequenzen fürchtet.

Wenn Menschen sich nicht oder nur schwer entscheiden können, dann erfahren sie sich in Unentschiedenheit, Unentschlossenheit, Unsicherheit oder Unwissenheit.

Wenn der Mensch nicht weiß, was er tun soll, dann kann er es nicht wissen. Es ist eine Erfahrung der Unwissenheit.

Vertrauen bedeutet, etwas nicht zu wissen, sonst bräuchte der Mensch ja kein Vertrauen.

Unwissenheit ist in der Tiefe eine qualvolle Erfahrung, auf die Klarheit folgen kann.

Wenn sein Gefühl klar ist, dann kann sich der Mensch klar entscheiden, aber in der Unklarheit ist keine klare Entscheidung möglich.

Solange das Gefühl nicht klar ist, ist die Zeit für eine Entscheidung des Herzens nicht reif.

Wer einen anderen bedrängt, er möge sich »endlich entscheiden«, der sät Druck, statt bewusstes Verständnis für die Unklarheit des anderen zu haben.

Manchmal hat der Mensch zwar viele Gedanken, aber kein klares Gefühl dazu.

Wenn das Gefühl unklar ist, dann kann der Mensch nicht wahrhaft entschieden sein.

Wer seinem Gefühl folgt, der erkennt, dass er ohne Gefühl ratlos, orientierungslos und unverbunden ist.

Ein Gefühl ist innere Verbundenheit.

Es ist die fühlbare Verbundenheit mit der Quelle der Gefühle.

Desto klarer das Gefühl ist, desto sicherer fühlt sich der Mensch in seiner Entscheidung.

Der Mensch kann erkennen, dass er sich schwertut, wenn ihm sein Gefühl keine klare Orientierung bietet.

Viele orientieren sich an Zahlen oder Fakten statt an der Wahrheit ihrer Gefühle, doch in Wahrheit bereiten Zahlen und Fakten mal Freude, mal Angst.

Entscheidungen gehen wechselweise mit Angst oder Freude einher.

Wer sich nie mit einer Entscheidung bewusst schwergetan hat, der weiß nicht, wie es sich anfühlt, wenn ihm etwas leichtfällt.

Wer sich nie bewusst schwergetan hat, der hat kein bewusstes Mitgefühl mit denen, die gerade um eine Entscheidung ringen.

Menschen, die sich immer richtig entscheiden wollen, die wollen sich für das richtige Gefühl entscheiden.

Wer immer richtig entscheiden will, der hat Angst vor falschen Entscheidungen.

Richtige Entscheidungen gehen mit Freude einher, falsche oder fehlerhafte Entscheidungen mit Ärger.

Was heute richtig ist, das kann schon morgen verkehrt sein.

Dann bekommt der Mensch ein »verkehrtes« Gefühl – genau jenes, welches er mit seiner strategisch richtigen Entscheidung vermeiden wollte.

In Wahrheit kann der Mensch jedoch nichts verkehrt machen, weil er es nicht anders weiß.

Menschen, die glauben, »alles verkehrt« zu machen, sind meist völlig verzweifelt.

Das ist die Tiefe des Selbstzweifels, in dem bewusstes Selbstvertrauen geboren wird.

Wer dem Zweifel vertraut, der versteht seine Zweifel.

Wer Vertrauen erfahren will, der erfährt die Stärke des Vertrauens in seine Zweifel.

Im Zweifel erfährt sich die Fülle des Vertrauens.

Zweifel lähmen den Menschen – so wie Ängste.

Der Mensch entscheidet nicht, wann er sich gelähmt oder verzweifelt erfährt.

Wer will schon verzweifeln oder sich gelähmt erfahren?

In der Verzweiflung ist die Schwere des Lebens zu Hause.

Verständnis ist der Weg, der aus der Verzweiflung herausführt.

Der Mensch »zerbricht sich den Kopf« solange, bis er versteht.

Am Verständnis zerbricht er nicht, aber dann versteht er sein »Zerbrechen«.

Das Leben wird leichter, wenn der Mensch seine Gefühle versteht.

Dann kommt die Leichtigkeit des Herzens, die in der bewussten Tiefe schwerer Gefühle geboren wird.

Wem immer etwas schwergefallen ist, der kann es bewusst wahrnehmen, wenn ihm etwas leicht fällt.

Oftmals geht es im Leben nur langsam, mühsam, anstrengend, beschwerlich, schleppend oder auch gar nicht voran.

Nicht wenige Schritte im Leben sind besonders anstrengend.

Anstrengung ist ein schweres Gefühl – so, wie Schwere ein anstrengendes Gefühl ist.

Unbewusster Anstrengung kann die Totalität einer Erschöpfung folgen.

Wer sich bewusst in den Anstrengungen seines Lebens erfährt, der erfährt Bewusstheit.

Die bewusste Erfahrung von Schwere, Mühsal, Härte, Verzicht und Zwang ist anstrengend, weil in diesen Gefühlen eben gerade keine Leichtigkeit zu finden ist.

In der Schwere ist kein Gefühl von Leichtigkeit – so, wie in der Schwäche kein Gefühl von Stärke ist.

Wer sich schwach fühlt, der kann nicht stark sein, sondern erfährt das Gefühl der Schwäche.

Menschen fühlen sich nicht zufällig schwach oder kräftig – so, wie ihnen nicht zufällig etwas schwer- oder leichtfällt.

Leichtigkeit entsteht nicht im Kopf,
vielmehr ist es ein Gefühl.

Die Sehnsucht nach Leichtigkeit wird durch die bewusste Erfahrung der Schwere geboren.

Wer Leichtigkeit von anderen verlangt, der kann ihnen das Leben erleichtern, indem er ihnen schenkt, was er selbst verlangt.

Dazu muss er selbst leicht statt schwer sein, sonst schenkt er neben seinem Verlangen auch seine eigene Schwere.

»Mach Dich locker« ist eine Erwartung von Menschen, die meinen, selbst gelassen oder gar cool zu sein, obwohl sie in ihren Erwartungen selbst nicht lockerlassen können.

Erwartungen bedeuten jedoch Druck, der das Gegenteil vermeintlicher Lockerheit ist.

»Lockerlassen« ist die perverse Idee des Verstandes, der Mensch habe es in der Hand, locker zu sein, wenn er in der Wahrheit seines Herzens aber nicht locker ist.

Jede Sehnsucht macht Menschen Druck, es ist der Druck der Wahrheit der Seele, die beachtet werden will.

Druck ist ein Gefühl, dem sich der Mensch nicht entziehen kann.

Wenn den Menschen etwas bedrückt, dann kann er nicht entspannt sein, weil Druck Anspannung bedeutet.

Der Mensch ist leicht, oder er ist es nicht. Er muss es nicht sein.

Wer nur Spaß haben will, der lehnt die Spaßverderber ab.

Dabei verdirbt ihre Ablehnung anderen die Freude.

Wer ständig lustig und gut gelaunt sein will, der lehnt die schlechte Laune ab.

Und so verstärkt der Lustige den Schatten: schlechte Laune.

Wer ständig positiv sein will, der braucht die Negativität permanent als Spiegel.

Wer ständig etwas will, der will auch ständig etwas nicht.

Wer locker lassen muss, der kann in seinem Zwang locker lassen.

Wer alles – auch die Freude – kontrollieren will, der hat Angst. Die kann er annehmen.

In der Angst ist keine Lockerheit oder Entspannung.

Wer angespannt ist, der kann nicht entspannt sein, aber wahrhaftig.

Der Mensch kann sich nicht für die fröhliche, leichte, lockere Art des Lebens öffnen, wenn sein wahres Gefühl nicht der Leichtigkeit entspricht.

Der Mensch kann sich nicht für Gefühle öffnen, die er nicht hat.

Der Ernste kann nicht gleichzeitig fröhlich sein und der Angespannte kann nicht gleichzeitig entspannt sein.

Ernsthaftigkeit ist ein Gefühl – so wie Leichtigkeit.

Der Mensch hat ein Gefühl zu allem, das wird er nicht einfach los, indem er sich anders programmiert.

Wen Gefühle hemmen, der kann nicht hemmungslos sein.

Wen Ängste hemmen, der würde sie gerne loslassen.

Wen Erwartungen hemmen, der kann nicht frei von Erwartungen sein.

Wer viel erwartet, der schenkt den Druck seines Verlangens, aber keine Leichtigkeit.

Wer sich jedoch bewusst um andere kümmert statt Erwartungen zu säen, der schenkt Bewusstheit.

Es kann eine Freude sein, sich bewusst um andere zu kümmern.

Es kann anstrengend sein, wenn andere Fürsorge verlangend erwarten.

Jemand ist süchtig, wenn er ständig erwartet, dass der andere sich um ihn kümmert.

Annehmen der Sucht ist der Weg zur Heilung.

Wer sich unbewusst aus Angst und Sorge heraus um andere kümmert, der sät Angst und Sorge.

Wer sich kümmern muss, der kümmert sich zwanghaft.

Fürsorge ist oftmals eine eigene emotionale Sorge statt bewusstes Kümmern.

Die zwanghafte Fürsorge des Verstandes ist nicht die erlöste Fürsorge des Herzens, die aus der bewussten Freude am Geben und Nehmen erfolgt.

Sich kümmern zu können, ist eine Gabe – so, wie Fürsorge eine Gabe ist.

Auch Fürsorge bewusst zu empfangen, ist eine Gabe.

Wer Fürsorge erwartet, der kann selbst fürsorglich sein, wenn er erkennt, dass er selbst jede Fürsorge ist.

Wer sich ohne Fürsorge und Unterstützung erfahren hat, der kennt die Freude an der Unterstützung.

Im Mangel an Fürsorge und Unterstützung erfährt der Mensch, wie es sich anfühlt, wenn andere sich kümmern oder eben nicht kümmern.

Wer sich vernachlässigt fühlt, der kennt das Gefühl der Vernachlässigung.

Nachlässigkeit ist eine Erfahrung der Achtlosigkeit, auf die Achtsamkeit folgen kann.

Mal kümmert sich der Mensch um andere, mal um sich selbst.

Wer sich nur um andere sorgt, der lässt sich selbst verkümmern, wenn ihm das Versorgen der anderen Kummer bereitet.

Viele brauchen jemanden, um den sie sich kümmern können, weil sie selbst gebraucht werden wollen. Dann übertreiben sie ihre Fürsorge.

Sie meinen es oftmals gut mit anderen, doch meistens meinen sie es auch gut mit sich, weil es ja ihre Meinung ist, der sie folgen.

Nicht selten erfahren sich fürsorglich Bemutterte bedrängt, bevormundet und gegängelt, statt sich frei beschenkt zu fühlen.

Mal ist es der Mangel an Fürsorge, den der Mensch in seinem Leben beklagt, mal ist es übertriebene Fürsorge, die ihm die Luft zum Atmen nimmt.

Das, was einem Menschen »zu viel« ist, erfährt sich ständig neu durch das, was »zu wenig« ist.

Das Gleichgewicht von Geben und Nehmen erfährt sich immer wieder neu durch sein Ungleichgewicht.

Dem Nehmen kann das Geben folgen – so, wie dem Geben das Nehmen folgt.

Viele Menschen sind in diesem Leben auf das Nehmen von Unterstützung angewiesen.

Sie erfahren sich in Abhängigkeit und in dem Gefühl, nehmen und annehmen zu müssen.

Wer weiß, wie es ist, um Unterstützung bitten zu müssen, der kennt das Gefühl des Bettelns.

Nehmen oder Betteln zu müssen, ist eine Erfahrung von Zwang und Abhängigkeit.

Dem passiven und stillen Betteln steht das aufdringliche Betteln gegenüber.

Der Aufdringliche erfährt sich durch den Unaufdringlichen und der Taktlose durch den Taktvollen.

Und so drängen sich Menschen auf – der eine ist mehr, der andere weniger zudringlich.

Wer etwas will, der drängt anderen automatisch seinen Willen auf.

Wer etwas erwartet, der drängt seine Erwartung auf.

Wer etwas fordert, der drängt seine Forderung auf.

Wer etwas verlangt, der drängt sein Verlangen auf.

Je eindringlicher jemand etwas will, desto aufdringlicher ist er.

Der Ungefragte drängt sich ungebeten auf, dadurch erfährt sich der gebetene Gast.

Wiederum andere hassen es, sich aufdrängen oder um etwas bitten zu müssen.

Sie mögen es nicht, abhängig zu sein oder sogar abgewiesen zu werden.

Wer vergeblich um etwas bittet, der erfährt das bittere Gefühl der Vergeblichkeit.

Vergeblichkeit ist bitter, aber niemals schön.

Wer anderen bewusst entgegenkommt, der weiß auch, wie es ist, hinterherlaufen zu müssen.

Der Mensch läuft immer einem Gefühl hinterher.

Geben und Nehmen gehen ständig mit Gefühlen einher.

Geben macht dann Freude, wenn der Mensch Freude beim Geben fühlt. Dann gibt er seine Freude.

Da der Mensch erntet, was er gibt, gibt er sich immer selbst.

Wer Menschen ein Dach gibt, gibt sich selbst ein Haus.

Wer anderen Menschen zu essen gibt, schenkt sich selbst ein Mahl.

Wer anderen ein Zuhause gibt, hat selbst eine Heimat.

Der andere ist der Spiegel eigener Barmherzigkeit oder Unbarmherzigkeit.

Wie fühlt es sich an, zu essen, zu trinken, wohltuende Kleidung, ein warmes Dach über dem Kopf und eine Heimat zu haben?

Wer dies den Menschen nimmt, der nimmt es sich selbst.

Wer anderen gibt, der gibt sich selbst.

Wer allen Kindern wie der Vater ist, den er selbst möchte, hat den Vater in sich erkannt.

Wer allen Kindern wie die Mutter ist, die er selbst möchte, hat die Mutter in sich erkannt.

Jeder Mensch hat Vater und Mutter in sich.

Wer Vater und Mutter in sich vereint, der ist so vollständig eins wie auch heil.

Wer seinen Vater vermisst, der kann Vater für andere sein – und damit für sich selbst.

Wer seine Mutter vermisst, der kann Mutter für andere sein – und damit für sich selbst.

Der Mensch vermisst immer ein Gefühl.

Das Gefühl, welches er am meisten vermisst, ist das, welches er am stärksten in sich erfährt – das gilt es zu erlösen.

Wer Fürsorge schmerzlich vermisst, der kann im Herzen fürsorglich sein.

Das Gefühl des Vermissens ist die Wahrheit süchtigen Begehrens.

In der Tiefe erfährt sich die Fülle eines jeden Gefühls, auch das der Sehnsucht.

Wer sich in allen seinen Sehnsüchten bewusst erfahren hat, der ist von der Sehnsucht erfüllt.

Sehnsucht erfüllt sich durch das, was sie ist – eine Sucht.

Die Fülle der Sehnsucht erfährt sich mal schmerzhaft, mal freudvoll.

Der Mensch entscheidet nicht, ob und wann er sich im Schmerz oder in der Freude des Antriebs seiner Sehnsucht erfährt.

Wer den unerträglichen Schmerz seiner Sehnsucht erfahren hat, der kennt den Tiefpunkt.

Die wiederkehrende Nichterfüllung seiner Sehnsüchte lässt den Menschen wahre Erfüllung suchen. Dann findet er die Fülle der Liebe.

In der Tiefe der Nichterfüllung erfährt sich das Mitgefühl für die Süchte der Menschen, die allesamt Ausdruck ihrer Sehnsucht sind.

Wer seine Sehnsüchte versteht, der kann die Abhängigkeiten anderer verstehen.

Der Mensch ist von Gefühlen abhängig.

Der Mensch entscheidet nicht, in welchen Sehnsüchten und Gefühlen er sich erfährt.

Gefühle sind keine Krankheit –
sie sind eine Sprache.

Die Sprache der eigenen Gefühle zu sprechen, ist eine Möglichkeit, die eigenen Gefühle zu verstehen.

In ihrer Verzweiflung werden viele Menschen Verständnis suchen.

Auch Verzweiflung ist ein Gefühl, welches der Mensch nicht will.

Erkenntnis ist der Weg aus der Verzweiflung.

In seiner tiefsten Verzweiflung kann der Mensch unendliches Mitgefühl für die Existenz der Verzweiflung erfahren.

Tiefe bedeutet Unendlichkeit.

Gefühle sind in ihrer Tiefe so unendlich wie in ihrer Erhebung.

So, wie der Mensch seine Tiefen wahrnimmt, so wird er auch die Höhen bewusst erfahren können.

Der Wahrnehmung des Gefühls folgt die Erkenntnis der Wahrheit des Gefühls.

Der Mensch kann sich immer nur so wahr erfahren, wie er sich auch unwahr erfahren hat.

Unwahrheit ist der Weg zur Wahrheit.

Jeder Irrtum trägt die Wahrheit in sich.

Im Irrtum erfährt sich die Freude an der Richtigkeit, im Missverständnis die Freude am Verständnis.

Wer das Gefühl kennt, sich unverstanden zu fühlen, der erfährt die Schwere des Nichtverstehens.

Wer das Gefühl kennt, übersehen oder verkannt zu werden, der kann bewusst gesehen werden.

Jemand erfährt den, der versteht, durch den, der nicht versteht.

Mal fühlen sich Menschen verstanden, mal unverstanden.

Das Bewusstsein der Liebe knüpft an das höchste Verständnis der Liebe an, sonst kann der Mensch weder Verständnis säen noch Liebe sein.

Wer glaubt, voller Liebe zu sein, der ist es nicht.

Der Mensch erfährt sich in dem, was er zu sein glaubt – bis er ist. Dann erfährt er, was »Ich bin« bedeutet.

Wer sich in allem und jedem erkennt, der ist Liebe, ohne etwas sein zu müssen.

Der Liebende kann sich nur durch den Lieblosen, der Radikale nur durch den Moderaten, der Gläubige nur durch den Ungläubigen erfahren.

Wer anderen diktiert, was sie zu tun, zu glauben, zu denken oder zu fühlen haben, der ist ein Absolutist.

Wer andere unbedingt überzeugen muss, der ist zwanghaft getrieben, bis er sich aus seinen Zwängen befreit. Das bedeutet Freiheit.

Freiheit verbirgt sich hinter der Erkenntnis der Polarität, die jede Überzeugung, jede Leere, jede Meinung und auch die Meinungslosigkeit ist.

Wer seine Überzeugung jemandem aufdrängen muss, der erfährt sich im Aufdrängen.

Der eine drängt sich auf, der andere zieht sich zurück.

Wer sich zurückgezogen hat, der kann wieder auf andere zugehen.

Der eine hat die Aufgabe des Bedrängens, der andere die des Zurückweichens.

Der bewusste Mensch sieht den, der kommt, durch den, der geht.

Der bewusste Mensch kommt wie er geht. Er ist so offensiv wie defensiv, so reserviert wie aufgeschlossen, so extrovertiert wie introvertiert, so schweigsam wie redselig. Er ist, weil er ist.

Wer sich aufdrängen und andere unbedingt missionieren muss, der ist zwanghaft in seiner Mission.

Wer glaubt, dass andere sich falsch verhalten oder auf einem falschen Weg sind, der ist ein Extremist der Richtigkeit.

Je zwanghafter der Mensch andere von seiner Richtigkeit überzeugen muss, desto mehr ist seine Mission eine Obsession. Auch die gilt es einzulösen.

Missionen sind Süchte nach den Veränderungen anderer Menschen.

Wer andere Menschen verändern muss, der ist bei sich selbst nicht angekommen.

Wer andere ständig beeinflussen, korrigieren oder manipulieren muss, der ist süchtig nach den Gefühlen der Einflussnahme, Geltung, Macht, Wichtigkeit und Richtigkeit.

Jeder Mensch erfährt seine Mission, seine Bestimmung, seine Berufung oder seinen Glauben auf die Art und Weise, die seinem Weg entspricht.

Jeder glaubt das, was seinen Erfahrungen entspricht – andere kann er nicht haben.

Wer sich im tiefsten Unglauben erfahren hat, oder wer an nichts mehr geglaubt hat, weil er den Glauben an alles verloren hat, der hat Glauben in der Tiefe erfahren und bekommen.

Wenn niemand mehr an einen Menschen geglaubt hat, dann weiß er, was es bedeutet, an sich selbst zu glauben.

Wenn andere ständig an jemandem zweifeln, dann säen sie unglaubliche Zweifel. Es sind die eigenen Zweifel und Ängste.

Wer seinen eigenen Weg nicht kennt, der wird an dem Weg anderer zweifeln.

Wer seinem Weg nicht bedingungslos vertraut, der kann dem Weg anderer nicht bedingungslos vertrauen noch bedingungslos Liebe sein.

Wer an sich zweifelt, der kann andere nicht wahrhaftig ermuntern.

Wer andere verändern will, der ermutigt sie nicht zum Sein.

Die Sehnsucht des Menschen nach Ermutigung erfährt sich dadurch, dass andere einem immer wieder den Mut stehlen.

Manche verlieren auch aufgrund ihrer Erfahrungen jeglichen Mut.

So erfahren sich Menschen in Mutlosigkeit, die gar nicht mutlos sein wollen.

Der Mutige ist der, der keinen Mut mehr haben kann, denn dazu gehört Mut.

Der Mutlose erfährt in seiner Entmutigung wahren Mut.

In der Tiefe der Mutlosigkeit wird die ganze Freude am Mut geboren.

Wer sich dessen bewusst ist, der kann anderen bewusst Mut machen, statt an ihrem Weg zu zweifeln.

Jeder Weg ist Liebe, auch der Weg mutigen Zweifelns.

Liebe ist Angst und Mut in einem.

Liebe ist jeder Berg und jedes Tal.

Liebe kann »Berge versetzen«, aber auch nicht.

Die Liebe ist Glaube und Unglaube in einem, weil sich das eine ohne das andere niemals erfahren lässt.

Wer Gläubige oder Ungläubige ablehnt, der sät Ablehnung.

Ablehnung ist grausam, wenn Menschen geliebt werden wollen.

Glaube ist eine Bedingung an die Liebe, die sich immer wieder neu durch Bedingungslosigkeit erfährt.

Wer Glaube von anderen erwartet, der ist voller Verlangen.

Je mehr der Mensch verlangt, desto süchtiger ist er nach der Erfüllung seines Verlangens.

Er erfährt sich in tiefer Abhängigkeit von seinem ständigen Verlangen.

Wer viel verlangt, der ist extrem gierig, bis er sich aus seiner eigenen Sucht befreit.

Jeder erfährt sich in dem, was er glaubt und nicht glaubt, was er verlangt oder nicht verlangt.

Glaube ist der Weg zur Erkenntnis.

Wer seinen Glauben erklärt, der will in Wahrheit verstehen und nicht glauben, sonst würde er sich nicht die Mühe machen, erklären zu wollen.

Wer erklärt, der will verstanden werden.

Was wird der Mensch erklären, wenn er nicht verstehen will? Seinen eigenen Widerspruch.

Menschen wollen verstehen, wenn sie Sehnsucht nach Verstehen haben.

Wer Sehnsucht nach Verständnis hat, der hat keine Sehnsucht nach Glauben. Er will ja wissen und nicht glauben.

Der Wahrheit seines Verstehens kann sich der Mensch stellen, wenn es denn seine Wahrheit ist.

Mal hat der Mensch Angst vor der Wahrheit, mal vor der Unwahrheit.

Angst ist Angst – weder richtig noch falsch.

Wer seine Ängste verdrängt, der erfährt sich in Verdrängung.

Doch Gefühle drängen sich immer wieder auf.

Gefühle verändern sich – so, wie Erfahrungen den Menschen verändern, weil sie ihn verändern sollen.

Die Spannung des Lebens erfährt sich durch Veränderung.

Polarität braucht Veränderung.

Wer wahrnimmt, wie sich Gefühle verändern, der lehnt Launen, Wechselhaftigkeit, Wankelmut und Sprunghaftigkeit nicht mehr ab.

Wer sprunghafte Menschen ablehnt, der wird sich noch in sprunghaften Gefühlen erfahren.

Niemand will sprunghaft sein.

Sprunghaftigkeit ist die Unzuverlässigkeit des Gefühls – so wie Launenhaftigkeit.

Wer will schon launisch, unzuverlässig oder in seinen Gefühlen ständig schwankend sein?

Wer extreme Schwankungen in sich erfahren hat, der kann geringfügige Veränderungen in sich selbst erkennen.

Gefühle können sich so schnell verändern, dass der Verstand Mühe hat, ihnen spontan zu folgen.

Der Sprunghafte ist der Flexible.

Der Flexible folgt seinen Gefühlen bewusst.

Wer seinen Gefühlen bewusst gefolgt ist, der erkennt auch, wann andere ihren Gefühlen bewusst folgen.

Verstandesorientierte Menschen haben zumeist wenig Verständnis für die Wahrhaftigkeit und Spontanität des Gefühls, bis sie sich selbst bewusst gefühlsorientiert erfahren haben.

Wer kein Verständnis für seine eigene Wahrhaftigkeit hat, der kann kein wahrhaftiges Verständnis für andere haben.

Wer sich unwahrhaftig erfahren hat, der kann sich in Wahrhaftigkeit erfahren.

Wer sich schwankend, willkürlich und beliebig in seinen Gefühlen erfahren hat, der kann sich beständig erfahren, ohne beständig sein zu müssen.

Viele leiden unter ihrer eigenen Unbeständigkeit und Wechselhaftigkeit oder der ihrer Mitmenschen.

Der Unbeständige erfährt die Ablehnung derer, die immer Beständigkeit erwarten.

Wer stur auf Beständigkeit und Standfestigkeit beharrt, der erfährt sich in Sturheit.

Er braucht die Unbeständigkeit, die Spontanität und Flexibilität als Spiegel.

Der Unbewegliche wird lernen, der Flexibilität zu vertrauen.

Der Unbewegliche kann beweglich werden, der Festgefahrene kann sich lösen.

Wer in seinen Mustern fixiert ist, der hat ein Problem mit Menschen, die weniger festgelegt und freier in ihren Ansichten sind.

Wer alles planen, berechnen und in allem sichergehen will, der hat ein Problem mit dem, was er nicht berechnen, planen oder kalkulieren kann.

Er hat ein Problem mit der Unsicherheit.

Die Veränderlichkeit von Gefühlen obliegt nicht der Planung durch den Menschen.

Gefühle kann der Mensch nicht planen. Sie sind weder berechenbar noch beliebig produzierbar.

Liebe ist nicht käuflich, weil die Wahrheit des Gefühls nicht käuflich ist.

Gerade Menschen, die Zuverlässigkeit erwarten, haben entsprechende Probleme mit wechselnden Meinungen und Gefühlen.

Die Meinungen der Menschen folgen den Erfahrungen, die sie im Leben machen.

Wenn Erfahrungen den Menschen verändern, dann kann die Meinung nicht unveränderlich bleiben.

Wer sich geirrt hat, der hat oftmals ein Problem mit den Gefühlen, die damit einhergehen, einen Irrtum zuzugeben.

Wer immer Recht haben will, der ist süchtig nach Recht und hasst den Irrtum als Ausdruck eigenen Unrechts.

Der Mensch hat sich gar nicht geirrt, der sich in bewusster Veränderung erfährt. Dann erfährt er sich bewusst auch in der Veränderung seiner Gefühle.

Launen sind die Wahrheit sich rasch verändernder Gefühle.

Der Mensch kann andere in ihrer Unbeständigkeit achten, wenn er sich der Wahrheit seiner eigenen Veränderlichkeit bewusst ist.

Das bedeutet Selbstachtung im Hinblick auf veränderliche Gefühle.

Was achtet der Mensch noch, wenn er die Gefühle anderer oder sogar die eigenen Gefühle nicht achtet?

Dann ist er innerlich voller Missachtung, auf die jedoch Achtung folgen kann.

Bewusster Selbstachtung folgt die Fremdachtung.

Auch Kinder wollen in ihren jeweiligen Gefühlen geachtet werden.

Kinder fühlen die Wahrheit ihrer Gefühle.

Sie haben kein Problem mit ihren Gefühlen, bis Erwachsene ihnen beibringen, welche Gefühle sich gehören und welche nicht, obwohl alle Gefühle zu ihnen gehören.

Welches Gefühl darf sein?

Welche Polarität darf sein?

Welche Gefühle wollen Eltern ihrem Kind ersparen?

Eltern wollen Kindern die negativen Gefühle innerhalb der Polarität ersparen.

Sie wollen ihre Kinder schützen und behüten – so, wie sie selbst Schutz erfahren haben oder sich Schutz gewünscht hätten.

Sie wollen ihre Kinder vor negativen Erfahrungen und Gefühlen schützen, doch es gibt keinen Schutz vor der Polarität.

Wer sich schützen will, der will etwas vermeiden, dadurch erfahren sich Angst und Gefahr.

Was der Mensch für sich nicht will, das will er auch denjenigen ersparen, die ihm gefühlsmäßig nahestehen. Denn er leidet mit anderen mit.

Mitleid ist eigenes unerlöstes Leid.

Der Mensch hasst Mitleid, der stark sein will und sich nach Achtung sehnt.

Mitgefühl ist die bewusste Achtung des Gefühls, in dem sich der andere erfährt.

Das Verstehen der Wahrheit des Gefühls erlöst jedes Gefühl in Mitgefühl.

Gefühle wollen erfahren, nicht erspart werden.

Gefühle bedeuten Reichtum. Sie sind die Fülle und das Wachstum der Liebe.

Welche Gefühle Kinder für ihr Wachstum brauchen, das bestimmt ihr Seelenplan.

Wer seinem eigenen Seelenplan vertraut, der kann auch dem seiner Kinder vertrauen.

Kinder spüren die Wahrheit des Vertrauens, aber auch die Wahrheit der Angst der Eltern.

Wahres Vertrauen ist an die Erkenntnis der Wahrheit gebunden.

Wer Kindern eine heile Welt vermitteln will, der ist so unwahr wie gespalten.

Den negativen Teil der Polarität will der Mensch abspalten, der seinen Kindern ausschließlich Positives vermitteln will. Das Negative gehört dann nicht dazu.

Kinder zeigen den Erwachsenen die Grenzen ihres vermeintlich Positiven auf, wenn diese nur positiv und gut sein wollen.

Die grenzenlose Liebe erfährt sich exakt durch ihre Grenzen.

Wer grenzenlos lieben will, der erfährt seine Grenzen durch andere.

Wer nicht bestimmen will, der wird bestimmt.

Wie fühlt es sich an, bestimmt zu werden?

Wer nicht diktieren will, der wird diktiert.

Wie fühlt es sich an, diktiert zu werden?

Wer sich alles grenzenlos gefallen lassen hat, der kann anderen bewusst Grenzen setzen.

Wer Kinder antiautoritär erziehen will, der erfährt die Autorität seiner Kinder, die ihm die Grenzen setzen müssen, die er selbst nicht setzen will.

Mit der Autorität der Kinder erfährt der Erwachsene die Gefühle, die er eigentlich dem Kind ersparen wollte. In Wahrheit will er sie für sich selbst nicht.

Grenzen und Regeln werden dadurch erfahren, dass sie mal eingehalten, mal überschritten oder unterschritten, mal völlig ignoriert werden.

Es ist die gesamte Bandbreite der Gefühle von Achtung bis Missachtung.

Wer seine Gefühle missachtet, der wird auch die der anderen missachten, bis er sich selbst achtet.

Wer bewusst auf seine Gefühle Rücksicht nimmt, der kann auf die Gefühle anderer Rücksicht nehmen.

Wer mit anderen rücksichtsvoll, aber mit sich selbst rücksichtslos umgeht, der sät Missachtung im Umgang mit sich selbst.

Wenn Eltern gegenüber Kindern extrem rücksichtsvoll sind, dann sind sie mitunter extrem rücksichtslos zu sich selbst und anderen.

Rücksichtnahme kann sich nur immer wieder neu durch Rücksichtslosigkeit erfahren.

Wer gelassen mit Rücksichtslosigkeit umgeht, der nimmt Rücksicht auf sich selbst.

Viele erwarten Rücksichtnahme von anderen, statt selbst Rücksicht auf sich zu nehmen und dadurch Verantwortung für sich zu tragen.

Wenn Menschen lernen sollen, »Ja« zu sich und ihren Gefühlen zu sagen, dann werden sie krank, wenn sie fortlaufend »Nein« zu sich selbst sagen.

Wer keine wahrhafte Verantwortung für sich übernehmen will, der kann auch keine wahre Verantwortung für andere übernehmen.

Doch die Liebe bewertet nicht, was der Mensch tut oder nicht tut, weil sich die Liebe durch jedes Tun und jede Unterlassung erfährt.

Menschen können sich immer nur so verantwortlich wie unverantwortlich, so rücksichtsvoll wie rücksichtslos erfahren.

Paare mit Kindern trennen sich oftmals nicht voneinander, obwohl die gegenseitige Zuneigung erloschen ist. Sie wollen Rücksicht auf ihre Kinder nehmen.

In Wahrheit folgen sie ihrer eigenen Angst, weil sie Kindern die Gefühle und Nachteile einer Trennung ersparen wollen. Es ist das, was sie selbst nicht wollen: leidvolle Gefühle.

Sie wollen die leidvollen Gefühle einer Trennung nicht und nehmen dafür die leidvollen Gefühle einer scheinheiligen und lieblosen Beziehung in Kauf.

Doch niemand muss sich trennen – so wenig wie verbinden, es sei denn, der Mensch zwingt sich oder er wird gezwungen.

Viele Menschen werden durch Krankheiten zum Handeln gezwungen.

Noch finden Krankheiten in unserer Gesellschaft mehr Akzeptanz als die Wahrheit des Gefühls oder die Lehre der Polarität.

Wer das Ideal einer dauerhaft glücklichen Familie ohne die Existenz der Polarität vermitteln will, der ist zur Scheinheiligkeit verdammt.

Glück ist kein Zustand, deshalb können Eltern oder Lehrer kein dauerhaftes Glück vermitteln.

Auch die reine Glückseligkeit braucht ihren Spiegel.

Jedes Vorbild erfährt sich durch das, was der Mensch als wenig vorbildlich oder untugendhaft bezeichnet.

Jedes Ideal erfährt sich durch sein vollkommenes Gegenüber.

Der Spiegel der Polarität ist vollkommen.

Eltern können ihren Kindern die Erfahrung der Polarität nicht ersparen. Wer seinen Kindern etwas vormacht, der macht sich selbst etwas vor.

So erfährt sich die Täuschung immer wieder neu.

Wer sich aus Angst nicht trennt, der sät in dem Kind Angst.

Wer nicht über die Wahrheit seiner Ängste spricht, der kann sein Kind nicht mit Wahrheit erreichen.

Und so vermittelt der Mensch Scheinheiligkeit statt Wahrheit.

Die Wahrheit – der Polarität – ist der Spiegel der Scheinheiligkeit.

Eltern haben Freude daran, ihren Kindern Freude zu machen.

Doch die Wahrheit der Freude orientiert sich an der Wahrheit des eigenen Gefühls.

Wer voller Angst ist, der kann weder Freude noch Vertrauen wahrhaft vermitteln.

Wer Gefühle ängstlich vermeiden will, der kann kein Gefühl der Sicherheit vermitteln.

Wer sich selbst vor Gefühlen schützen muss, der erfährt sich ängstlich getrieben und braucht den Angriff auf das Gefühl, gegen welches er sich verteidigen will.

Und so erfährt sich der Mensch fortlaufend in den Angriffen auf die Polarität, statt in der Gelassenheit des Seins seine Gefühle wahr sein zu lassen.

Liebe zu sein bedeutet, jedes Gefühl zu sein, auch die Angst.

Wer bewusst über seine Gefühle spricht, der ist bewusst emotional – ein bewusst Liebender.

Gefühle wollen bewusst sein.

Gefühle sind der emotionale Teil des Bewusstseins.

Viele Menschen haben Angst, über ihre Gefühle zu sprechen. Sie wollen nicht für ihre Emotionalität abgelehnt, verspottet oder verhöhnt werden.

Wer Angst hat, seine Emotionalität bewusst zu leben, der erlebt die Angst.

Wer es nicht wagt, der Wahrheit seines Gefühls bewusst zu folgen, der erfährt sich in Mutlosigkeit, bis er sich in Mut erfährt, weil er sich mutig fühlt.

Wer sich mutig fühlt, der muss nicht mutig sein. Er ist es.

Der Mensch kann die Angst im Verstand überwinden oder seinen Mut bewusst fühlen.

Bewusster Mut wird in der Erfahrung tiefer Mutlosigkeit geboren.

Wer keinen Mut hat, der soll ihn nicht haben, bis er ihn hat. Das bedeutet Vertrauen.

Mit bewusstem Vertrauen kann der Mensch auch bewusst Wagemut und Tollkühnheit erfahren. Dann spürt der Mensch das Tolle, Abenteuerliche und Kühne des Mutes.

Der Mensch kann sich zwingen, mutig zu sein. Dann erfährt er sich im Zwang.

Der wahrhaft Mutige folgt seinem Gefühl, wenn der Mut stärker ist als die Angst. Dann ist Mut das dominante Gefühl, nicht aber Angst.

Der Mut kommt dann bewusst von innen – aus dem Herzen.

Der Mensch hat jedes Gefühl in seinem Herzen.

Das bedeutet, die Wahrheit in sich zu tragen.

Gefühle zeigen sich dem, der die Liebe bewusst in sich erfahren will.

Die Liebe ist jedes Gefühl, auch die Zerrissenheit, Unentschlossenheit und Ratlosigkeit.

Wer sich hin- und hergerissen fühlt, der erfährt sich in Zerrissenheit.

Wer ratlos ist, der erfährt sich in Ratlosigkeit.

Wer nicht weiß, was er will, der erfährt sich in Unentschlossenheit.

Wer unentschieden ist, der erfährt sich darin, nicht entschieden zu sein.

Nichts davon ist schlimm, falsch oder fehlerhaft.

Es sind wertvolle Erfahrungen, die das Mitgefühl für ratlose, unentschlossene, unentschiedene und innerlich zerrissene Menschen begründen.

Der Unschlüssige kann nicht schlüssig oder sogar entschlossen sein.

Auf totale Unentschlossenheit kann die Fülle der Entschlossenheit folgen.

In den Tiefen von Unschlüssigkeit und Unentschlossenheit ist der Mensch zutiefst verunsichert. Da ist das Gefühl der Verunsicherung.

Unentschlossenheit ist die Hölle, weil sich der Mensch dann nicht entscheiden kann.

Wie kann der Mensch wissen, was er will, wenn er es gerade nicht weiß und gar nicht wissen soll?

Er ist ein Spielball seiner Seele, die ihn in die Tiefen der Unentschlossenheit, Unsicherheit, Unklarheit und Widersprüchlichkeit führt.

Jeder Versuch des Verstandes, geistige Führung und Klarheit herzustellen, führt noch tiefer in den Schatten Entscheidungslosigkeit – dorthin, wo jede Entscheidung geboren wird.

Der Mensch, der handeln will, weil er Handeln gewohnt ist, der erfährt sich plötzlich handlungsunfähig. Er ist nur noch ein Schatten seiner bisherigen Handlungsfähigkeit.

Wer sich nicht entscheiden kann, wer unschlüssig und voller Widersprüche ist, der erfährt sich in den Tiefen von Unschlüssigkeit und Widersprüchlichkeit. Da ist keine Klarheit.

Wer selbst jeder Widerspruch ist, der sieht die Tiefe der Widersprüchlichkeit in sich. Dann kann er wieder klar werden, auch mit seiner Widersprüchlichkeit.

Mit den Tiefen von Widersprüchlichkeit und Unklarheit geht unendliche Qual einher.

Der Mensch quält sich dann mit Gefühlen, die er nicht kraft seines Verstandes loswerden kann.

In der Tiefe der Unklarheit sind Verzweiflung und Unverständnis zu Hause.

Der unklare Mensch will und kann nicht mehr denken, weil ihm selbst das Denken zu viel wird.

Die Schwere des Denkens ist ein Gefühl. Darin liegt keine Einfachheit.

Es gibt die Schwere des Denkens und die Leichtigkeit des Verstehens, die in der denkenden Schwere erst begründet wird.

Wem das Komplexe zu kompliziert wird, der erkennt darin seine Sehnsucht nach Einfachheit.

Das Komplizierte spiegelt sich in der Einfachheit.

Einfachheit ist ein Gefühl – so wie das Komplexe.

Was einem wahrlich leichtfällt, das ist nicht schwer. Was einem hingegen schwerfällt, das kann nicht leicht sein.

Dem Menschen fällt eine Entscheidung immer dann schwer, wenn er weder einen klaren Willen noch ein klares Gefühl hat.

Wenn der Mensch nicht weiß, was er will, dann kann er nicht gleichzeitig entschlossen sein.

Wenn er nicht fühlt, was er will, dann erfährt er auch Gefühllosigkeit, denn ohne Gefühl hat er keine Orientierung im Herzen.

Der Mensch kann nicht wahrhaft überzeugend im Außen wirken, wenn er im eigenen Innern nicht wahrhaft überzeugt ist.

Wahrhaftigkeit im Außen ist an die Wahrheit des Gefühls im Innern gebunden.

Gefühle sind die innere Überzeugung des Menschen. Das ist die Glaubwürdigkeit des Herzens.

Wer nicht im Einklang mit seinem Gefühl handelt, der handelt mit der Energie des Missklangs.

Missklang drückt sich unglaubwürdig aus, Einklang jedoch die Wahrheit der inneren Überzeugung.

Innere Überzeugung ist die Kraft und Sprache der Seele, die der Mensch bewusst wahrnehmen kann, aber nicht steuert.

Er lässt sich dann bewusst von der Liebe steuern und vertraut ihr in allem, was ist.

Innere Überzeugung erfährt sich durch bewussten Drang zum Tun oder Unterlassen.

Bewusstes Tun ist das Gegenteil unbewussten oder triebhaften Handelns des Ego.

Der Mensch handelt dann bewusst im Einklang mit seiner Seele.

Je bewusster das Gefühl ist, desto leichter fällt es dem Menschen, etwas zu tun.

Menschen halten andere oftmals für stur, obwohl diese für sich in ihrem Gefühl völlig klar sind und im Einklang mit ihrem Gefühl handeln.

Wer die Klarheit nicht in sich selbst sieht, der kann den Einklang anderer nicht erkennen.

Der Mensch erfährt sich mit der Flexibilität seines Denkens in Gefühlen der Nachsichtigkeit bis hin zu Verbissenheit und Sturheit.

Mal ist er stur, mal ist er flexibel. Aber er denkt stets so, wie er denken kann.

Der Mensch kann sich an so vielen Auffassungen festhalten, wie er auch loslassen kann.

Er kann sich so flexibel wie stur erfahren, so beugsam wie unbeugsam.

Wenn sich der Mensch Flexibilität statt Sturheit wünscht, dann wünscht er sich ein anderes Gefühl als jenes, welches sture Menschen vermitteln.

Doch auch flexible Menschen vermitteln Gefühle, die Menschen nicht mögen, weil diese sich Zuverlässigkeit und Halt wünschen.

In der absoluten Flexibilität - der totalen Veränderlichkeit - seiner Gefühle hat der Mensch absolut keinen Halt und keine Orientierung.

Dann kann er auch keinen Halt schenken, weil er ihn ja selbst sucht.

Es ist eine Erfahrung innerer Haltlosigkeit. Der Mensch kann sich an nichts - an keinem Gefühl - mehr festhalten.

Der Haltlose hat keine klare Orientierung mehr.

Wenn der Mensch von veränderlichen Gefühlen überrannt wird, dann ist ihm eine klare Ausrichtung völlig unmöglich, weil sich mit seinen Gefühlen auch seine Richtung ständig verändert.

Schon in der nächsten Minute kann ein flexibel fühlender Mensch seine Meinung ändern, weil sich sein Gefühl ändert, dem er wiederum bewusst vertraut.

Für andere Menschen ist ein emotionaler Mensch nicht fassbar, schon gar nicht zuverlässig, aber trotzdem wahr.

Wer Zuverlässigkeit erwartet anstelle der flexiblen Wahrheit der Gefühle, der muss warten.

Der Mensch, der sich süchtig nach Zuverlässigkeit sehnt, der begegnet der Unzuverlässigkeit und damit der Macht sich verändernder Gefühle.

Menschen, die erwarten, dass andere sich verlässlich festlegen, tun sich schwer mit Menschen, die sich nicht festlegen können oder binden wollen.

Wenn das Gefühl unklar oder veränderlich ist, dann fällt eine Festlegung schwer.

Wer sich einmal gedanklich festgelegt hat, dem fällt die Anpassung an die Veränderung von Gefühlen dann schwer, wenn er sich an seine Festlegung im Verstand gebunden fühlt.

Der Mensch kann sich jedoch nur im Herzen festlegen, bis sich das Gefühl ändert.

Menschen, die absolute Klarheit suchen, haben ein Problem mit unklaren Menschen.

Menschen, die absolute Verbindlichkeit erwarten, haben ein Problem mit Unverbindlichkeit.

Auf Unklarheit kann Klarheit folgen, auf Unverbindlichkeit kann Verbindlichkeit folgen.

Gefühle wollen keine Verbindlichkeit, sondern Wahrheit.

Gefühle kann der Mensch nicht garantieren.

Wer Gefühle für die Zukunft verspricht, der erfährt sich zukünftig im Erfüllen und Nichterfüllen seiner Versprechen.

Wenn Menschen sich in der Wahrheit ihrer Gefühle annehmen, dann erwarten sie keine Gefühle mehr von Menschen, die diese nicht haben. Sie nehmen wahr, was ist.

Durch Annehmen wird viel Druck abgebaut – Erwartungsdruck.

Wer viele Erwartungen an sich hat, der erfährt sich bedrückt.

Wer viele Erwartungen an andere stellt, der sät viel Druck.

Erwartungen lösen Druck aus, und Druck löst Stress aus.

Menschen unterscheiden zwischen positivem und negativem Stress.

Wer wichtig und anerkannt sein möchte, der redet lieber über Stress statt über die Wahrheit seiner Gefühle.

Stress als positiv zu empfinden, bedeutet, dass der Mensch Freude an etwas hat.

Stress als negativ zu empfinden bedeutet, dass der Mensch gerade keine Freude hat.

Wo keine Freude ist, da herrscht Angst.

Gestresste Menschen erfahren sich häufig fremdgesteuert, aber nicht selbstbestimmt.

Mit Fremdbestimmung geht Druck, Zwang und Unfreiheit einher.

Zwang stresst diejenigen, die sich nach Freiwilligkeit sehnen.

Unfreiheit stresst diejenigen, die sich nach Freiheit sehnen.

Anspannung stresst diejenigen, die sich nach Ruhe und Entspannung sehnen.

Kritik, Missachtung und Ablehnung stresst diejenigen, die sich nach Anerkennung sehnen.

Disharmonie stresst diejenigen, die sich nach Harmonie sehnen.

Anstrengung stresst diejenigen, die sich nach Leichtigkeit sehnen.

Der Mensch sehnt sich immer nach etwas, und so drückt Stress die Wahrheit unerfüllter Sehnsüchte aus.

Wenn dem Menschen etwas zu viel wird, dann fühlt er sich gestresst. Also kann er sich anschauen, welches Gefühl ihn stresst.

Er sehnt sich immer nach dem gegenteiligen Gefühl dessen, was ihn gerade stresst.

Freude stresst den Menschen nicht. Niemand sagt »ich habe zu viel Freude« oder »ich bin zu glücklich«.

Der Mensch wird immer süchtig nach Freude sein, solange seine Sehnsucht nach Freude nicht gestillt ist.

Also muss er seiner stressigen Sucht folgen, um das zu finden, wonach er sich gerade sehnt.

Damit folgt er der Wahrheit seiner Sehnsucht, die sich nur durch Polarität erfahren kann.

Der Mensch würde keine Freude suchen, wenn es die Abwesenheit der Freude nicht gäbe.

Er würde keine Hilfe suchen, wenn es die Hilflosigkeit nicht gäbe.

Er würde keine Lösung suchen, wenn es das Problem nicht gäbe.

Er würde keinen Ratschlag suchen, wenn es die Ratlosigkeit nicht gäbe.

Ratlosigkeit ist in der Tiefe eine Erfahrung der Verzweiflung und ein Gefühl der Hilflosigkeit.

Wenn der Mensch sich absolut keinen Rat mehr weiß, dann kann er erkennen, ob und wie Hilfe zu ihm kommt.

Die Freude an der Beratung von Menschen wird in der Qual eigener Ratlosigkeit geboren.

Auf Ratlosigkeit folgt die Erkenntnis der Gabe bewusster Beratung.

Kein Ratschlag erfolgt zufällig, sondern jeder Wink ist ein Wink der Seele.

Keine Hilfe kommt zufällig oder bleibt zufällig aus. Kein Gefühl bleibt aus.

Hilfe und Rat, die sich nicht bewusst an der Wahrheit der Liebe orientieren, entstammen eigener Sorge und Wichtigkeit, nicht aber der bewussten Freude am Sein.

Die Lehre der Wahrheit der Liebe und des Gefühls kann der Mensch ablehnen, sein Gefühl bleibt trotzdem wahr, auch in der Ablehnung.

In allem, was der Mensch ablehnt, ist er voller Gefühle der Ablehnung.

Mal erfährt der Mensch Zustimmung für sein Dasein, seine Hilfe, seinen Rat und seine Ansichten, mal Widerspruch bis hin zur völligen Ablehnung.

Die Sucht nach Zustimmung erfährt sich immer wieder neu durch deren Schatten: Widerspruch.

Menschen hassen Widerspruch, solange sie süchtig nach Zustimmung sind. Der Widerspruch anderer stresst sie.

Menschen mögen es nicht wirklich, ständig belehrt, korrigiert, kritisiert oder berichtigt zu werden, solange sie insgeheim Sehnsucht nach Zustimmung haben.

Die Sehnsucht nach Zustimmung trägt den tiefen Schatten Ablehnung in sich.

Viele Eltern sind süchtig nach der Zustimmung ihrer Kinder. Die Angst vor der Ablehnung durch das eigene Kind ist oftmals ihr unbewusster Antrieb.

Wer Kindern bewusst widerspricht, der kann auch ihre Ablehnung bewusst in Kauf nehmen.

Kinder müssen sich genau wie Erwachsene mit Widerspruch erfahren. Dann können sie auch bewusst Zustimmung erfahren.

Sie müssen sich auch mit dem Gefühl der Ablehnung erfahren. Dann können sie auch bewusst Zuneigung erfahren.

Wer über die Gefühle der Ablehnung mit seinen Kindern spricht, der löst sich aus der Unbewusstheit dessen, was existieren und erfahren werden muss.

Eltern überlegen oft, welche Gespräche und Inhalte sie ihren Kindern zumuten können.

Das Zumutbare erfährt sich jedoch ständig neu durch das Unzumutbare.

Eltern, die alles richtig machen wollen, haben Angst, alles falsch machen zu können, als Schatten.

Eltern, die möglichst perfekt sein wollen, fürchten eigene Fehler und die Erfahrung ihrer Unvollkommenheit.

Wer niemanden überfordern will, der überfordert sich selbst damit.

Mal werden Erwachsene und mal Kinder überfordert oder eben unterfordert.

Wer Angst hat, jemanden zu überfordern, der ist mit seinen eigenen Ängsten überfordert.

Wer bewusst der Überforderung wie der Unterforderung vertraut, der Zumutbarkeit wie der Unzumutbarkeit, der Übertreibung wie der Untertreibung, der sät Vertrauen.

Wer dem Maß seiner Rücksichtnahme vertraut, der liegt nie daneben, es sei denn, er will vollkommen sein. Dann erfährt er sich in den Tiefen seiner Unvollkommenheit.

In der Polarität ist auch die Unvollkommenheit vollkommen.

Erwachsene, die nur vorbildlich und gut sein wollen, werden eines Tages den bösen Schatten erkennen, den sie wenig vorbildlich in anderen abgelehnt haben.

Wer tugendhaft sein will, der braucht die Untugend, um sich tugendhaft darstellen zu können.

Wer Werte schafft, der schöpft auch den Unwert.

Werte erfahren sich durch Gefühle – so, wie sich auch Wertloses durch Gefühle erlebt.

Der tiefe Schmerz der Wertlosigkeit ist ein grausames Gefühl.

Wer sich völlig wertlos erfahren hat, der hat sich des Lebens unwürdig erfahren.

Menschen, die »hohe« Werte ansetzen, säen andererseits Gefühle tiefer Wertlosigkeit.

Wer meint, einen hohen Selbstwert zu haben, der ist Schöpfer niedriger Werte, die er als Spiegel braucht.

In der Tiefe geringen Wertes wird die Wahrheit des Selbstwerts erfahren.

Das dazugehörige Gefühl ist das Selbstwertgefühl, welches den Schatten Geringschätzung in sich trägt.

Wer seinen Selbstwert von äußeren Werten des Erfolges, einer Leistung, des Partners, der Familie oder von Wohlstand abhängig macht, der erfährt sich in Abhängigkeit.

Wer nach einem hohen Selbstwert strebt, der ist von dieser »Höhe« abhängig.

In der Abhängigkeit erfährt sich dann die Sucht – der Ehrgeiz – des Menschen, der sich selbst zu einem äußeren Wert erklärt hat.

Menschen reden sich oftmals ein, sich selbst zu lieben, sich etwas wert zu sein oder sich selbst wichtig zu nehmen.

Dann ist Selbstliebe der abhängige Selbstwert.

Der Mensch, der glaubt, sich lieben oder annehmen zu müssen, der kann sich nur deshalb darin erfahren, weil er es zuvor nicht getan hat.

Viele Menschen sind absolut süchtig nach Selbstliebe, weil sie glauben, sich lieben zu müssen. So entsteht zwanghafte, süchtige Selbstliebe im Verstand.

Wenn der Mensch nicht fühlt, was er denkt, dann ist es wenig wahrhaftig. Er betrügt sich selbst.

Wer erkennt, dass sich jeder äußere Wert durch die innere Wahrheit des Gefühls erfährt, der wird wahr.

Gefühle sind wahre innere Werte.

»Ich bin es wert, so zu sein, wie ich bin« ist die Ganzheit des Selbstwertgefühls, welches der Erfahrung tiefer und bewusster Wertlosigkeit folgt.

Es ist die bedingungslose Liebe zu sich selbst, zu allen Gefühlen und Polaritäten, die der Mensch in sich erfährt.

Wer sich wertlos gefühlt hat, der kennt das Gefühl, »es nicht wert zu sein« oder »ein Verlierer zu sein«.

Wer sich völlig abgelehnt hat, der kennt die Tiefe der Wertlosigkeit.

Wer von anderen völlig abgelehnt wurde, der kennt die Tiefe der Fremdablehnung.

Es gibt das Gefühl, von den eigenen Eltern oder der Gesellschaft »nicht gewollt zu sein«.

Es gibt die Gefühle, nicht ernst genommen, nicht akzeptiert, nicht aufgenommen oder weggestoßen zu werden.

Es sind alles Erfahrungen von Gefühlen, die mit Ablehnung, Zurückweisung und Ausgrenzung einhergehen.

Wer sich in Zurückweisung durch andere erfahren hat, der kann andere bewusst annehmen, wenn das Annehmen der Wahrheit des eigenen Gefühls entspricht.

Wahre Integration ist an die Wahrheit des Gefühls gebunden – Ausgrenzung auch.

Ablehnung erfährt sich durch die Wahrheit des Gefühls sowie die Wahrheit dessen, wen oder was der Mensch annimmt.

Der Mensch kann andere dann wahrhaft annehmen, wenn sein Gefühl damit übereinstimmt.

Doch es gibt auch das klare Gefühl dessen, was er nicht will oder wen er nicht mag.

Nur dadurch kann der Mensch erkennen, was oder wen er tatsächlich mag.

Was er ablehnt, das kann er nicht gleichzeitig mögen.

Gefühlte Ablehnung darf wahrhaftig sein. Dadurch kann sich auch das Gefühl der Zuneigung im Herzen erfahren.

Wer die Ablehnung in sich ablehnt, der ist voller Ablehnung.

Gerade Menschen, die nur gut sein wollen, sind oftmals voller Ablehnung ihrer negativen Spiegel.

Die Tugend lehnt die Untugend fortlaufend ab.

Der Fleißige erhebt sich über den Faulen, der Großzügige über den Geizigen, der Bessere über den Schlechten, der Klügere über den Dummen, der Ehrliche über den Unehrlichen.

Andere zu erniedrigen, um sich selbst zu erheben, ist wenig tugendhaft.

Der Fleißige ist stolz auf seinen Fleiß und beschämt den Faulen.

Der Großzügige, der Geizige anprangert, der setzt ihn herab. Das ist wenig vorbildlich.

Was kann der großzügig Spendende geben, was er nicht zuvor bekommen oder genommen hat?

Wer meint, er habe es sich ehrlich verdient, der braucht den Spiegel unehrlichen Verdienstes.

Wie könnte sich der Ehrliche ohne die Unehrlichkeit erfahren?

Wahre Ehrlichkeit ist die Wahrheit des Gefühls.

Jeder ist so ehrlich, wie er sich in Unehrlichkeit erfahren kann, und so großzügig, wie er sich im Geiz erfahren kann.

Wer maximal geizig war, der kann maximal großzügig werden – so, wie der Sparsame zum Verschwender werden kann.

Doch Sparsamkeit kann eine Sucht sein – so wie Verschwendung.

Im Hass auf den eigenen Geiz kann die Freude an der inneren Großzügigkeit wachsen.

Dann ist der Mensch großherzig statt großzügig.

Der eine erfährt sich in Gefühlen der Sparsamkeit, der andere in denen der Verschwendung.

Dem einen fällt Großzügigkeit schwer, dem anderen die Verschwendung.

Wer gerne gibt, der erfährt sich in der Freude am Geben. Er hat die Freude und die Freiheit, geben zu können.

Der Bedürftige, der nehmen muss, der weiß, wie es sich anfühlt, nehmen zu müssen.

Nehmen ist schwerer als geben, wenn der Mensch nehmen muss. Dann erfährt er sich in Zwang und Unfreiwilligkeit.

Anderen fällt das Nehmen leichter als das Geben.

Wer wegnimmt, der wird erfahren, wie es sich anfühlt, wenn ihm etwas genommen wird.

Wer alles nimmt, dem wird alles genommen werden.

Nehmen ist die Erfahrung des Gebens und Geben die Erfahrung des Nehmens.

Wer die Existenz von Geben und Nehmen bedingungslos achtet, der sät Achtung.

Wer auf Gaben anderer angewiesen ist, der erfährt sich in Abhängigkeit.

Das ist ein unangenehmes Gefühl, wenn der Mensch Sehnsucht nach Unabhängigkeit hat.

Wer auf niemanden angewiesen sein möchte, der fürchtet die Abhängigkeit – so, wie derjenige, der Angst hat, anderen zur Last zu fallen.

Solche Menschen geben lieber, statt nehmen zu müssen.

An der Wahrheit des Gefühls erkennt der Mensch, was er tatsächlich gibt.

Wer zwanghaft gibt, der schenkt seinen Zwang.

Wer gibt, weil er es für eine Tugend hält, der spendet die Ablehnung der Untugend.

Wer gibt, weil er etwas zurückhaben möchte, der schenkt die Absicht eigener Ernte.

Wer meint, großzügig sein zu müssen, damit alles Materielle fließt, der ist zwanghaft in seinem Glauben, er könne etwas hemmen oder sogar den Fluss der Gefühle stoppen.

Die Liebe ist der ewige Fluss, den der Mensch erkennen, aber niemals steuern kann.

Wer gibt, ohne geben zu müssen, der ist frei – so frei wie unfrei.

Jede Gabe folgt einer inneren Absicht und Entscheidung.

Sehnsucht nach Freude ist die Reinheit der Absicht.

Wer meint, absichtslos zu sein, der ist es nicht.

Auch Absichtslosigkeit ist eine Absicht.

Sehnsucht ist das Gegenteil von Absichtslosigkeit.

Der Mensch folgt immer einem Gedanken oder einem Gefühl.

Jeder orientiert sich an etwas. Dann ist Orientierung die Absicht.

Viele orientieren sich bei ihren Gaben an der Reaktion der anderen. Nicht wenige erwarten Dankbarkeit und Freude.

Der Großzügige ist dann berechnend, wenn er im Gegenzug Dankbarkeit, Anerkennung oder Ehre erwartet.

Wer nicht berechnend sein will, der wird es sein.

Jede Erwartung ist Teil der eigenen Rechnung.

Erwartungen kann der Mensch so wenig vermeiden, wie er seine Sehnsucht nach Freude an- oder ausschalten kann.

Menschen, die glauben, ausgenutzt werden zu können, haben Angst, zu viel zu geben oder dafür zu wenig zu bekommen.

Es ist die Angst vor dem Ausbleiben der Gegenleistung, die sie erwarten. Und so schenken sie ihre Erwartung.

Welches Gefühl erwarten sie als Gegenleistung?

Menschen haben Freude an der Gegenseitigkeit, und so fürchten sie die Einseitigkeit.

Wenn nichts zurückkommt, dann kommt auch keine Freude zurück.

Das Gefühl der Sehnsucht will Freude. Menschen erwarten und sehnen sich nach Freude.

Gier ist auch ein Ausdruck der Sehnsucht des Menschen nach Freude.

Und so entspricht Gier der Wahrheit der unerfüllten Sehnsucht des Menschen nach Freude.

Luxus macht vielen Menschen Freude.

Wer Luxus ablehnt, der sät Ablehnung der Freude.

Wer Annehmlichkeiten ablehnt, der will das Unangenehme.

Wer verlangt, der Mensch soll bescheiden sein, der ist selbst gierig und zwanghaft in seinem Verlangen.

Wer etwas sein muss, der ist es nicht.

Wer noch etwas werden will, der meint unvollkommen zu sein und strebt nach Verbesserung, die sich nur durch neue Unvollkommenheit erfahren kann.

Wer meint, Bescheidenheit sei eine Tugend, der denkt Bescheidenheit im Verstand statt Demut im Herzen zu tragen für alles, was ist.

Demut ist – wie Bescheidenheit – eine Erfahrung und keine Tugend.

Bescheidenheit ist eine Erfahrung, in der der Mensch die Machtlosigkeit seines Ego gegenüber der Macht der Seele erfährt.

Wenn der Mensch von sich aus kein Gefühl mehr erreichen kann, dann hat er sich bescheiden bis gänzlich ohne Lebensfreude erfahren.

Die Sehnsucht will Freude, keine Bescheidenheit.

Wer Freude an der Bescheidenheit hat, der ist nicht bescheiden in seiner Freude.

Wer für seine Bescheidenheit geachtet werden möchte, der ist großzügig in seiner Sehnsucht nach Achtung.

Wer sich nur achten kann, wenn er bescheiden ist, der ist nicht bescheiden in seiner Gier nach Selbstachtung.

Wer nur großzügige Menschen achtet, der ist geizig in Bezug auf die Achtung geiziger oder gieriger Menschen.

Er ist so bescheiden wie ablehnend.

Wer geizige Menschen ablehnt, der sät Ablehnung – so wie derjenige, der Dekadenz ablehnt.

Geizig zu sein, macht keine Freude, wenn Geben Freude bereitet.

Geben setzt Haben voraus.

Wer ständig von anderen verlangt, dass sie abgeben oder opfern sollen, der ist voller Verlangen.

Opfer ist das, was der Mensch opfern, erbringen oder ertragen muss. Es ist das Gegenteil einer freiwilligen Gabe.

Wer freiwillig gibt, der hat die Macht und Freude des Gebens.

Wenn dem Mensch etwas genommen wird, was er nicht geben will, dann fühlt er sich als Opfer.

Das Gefühl der Aufopferung erfährt der Mensch, der sich gar nicht aufopfern will.

In den tiefen Zwängen des Lebens ist keine Freiwilligkeit, da ist nur die Macht der Seele.

Wenn der Mensch keine andere Wahl im Leben hat, dann erfährt er sich in Aufopferung und Wahllosigkeit zugleich.

Gefühle lassen Menschen oft keine Wahl.

Wer anderen keine Wahl lässt, der wird sich darin erfahren, wie es ist, nicht wählen zu können.

Wer andere zu Opfern macht, der wird die Gefühle des Opferns erbringen müssen.

Alles, was der Mensch anderen zumutet, ist das, was er sich eines Tages selbst zumutet.

Wer Menschen unter unwürdigen Bedingungen arbeiten lässt, der sichert sich einen unwürdigen Arbeitsplatz in der Zukunft.

Was von anderen verlangt wird, wird eines Tages von einem selbst verlangt werden.

Der Mensch verlangt entweder, oder er gibt.

Viele geben genau das, was sie erwarten. Dann schenken sie Erwartungen.

Oder sie geben das, was sie fühlen, wenn sie bewusst fühlen.

Nicht wenige Menschen schenken anderen ihren Neid.

Alles, was der Mensch anderen neidet, sind Gefühle, welche ihm gerade fehlen.

Wer keine Freude hat, der neidet dem anderen die Freude.

Dann ist der Neid der Spiegel eigener Traurigkeit.

Auch Neid ist ein Gefühl.

Wer Neid nicht fühlt, der kann die Gunst im Herzen nicht fühlen.

Neid lehnt der Mensch ab, der sich nach Gunst statt nach Missgunst sehnt.

Zwanghafte Ablehnung von Neid führt zu zwanghaften Erfahrungen der Missgunst.

Menschen, die gar nicht neidisch sein wollen oder keinen Neid kennen, fühlen sich plötzlich neidisch, wenn sie es erfahren sollen.

Der Negative wird immer auf den Positiven neidisch sein.

Der Mangel an Freude ersehnt sich nichts mehr als die Fülle der Freude.

Nicht das Denken begründet den Mangel, sondern die Existenz der Fülle.

Wer bewusst Neid empfunden hat, der kann anderen mit Freude gönnen, wenn er die Freude in sich fühlt.

Dann beschenkt er sich selbst mit seiner Freude, da er bewusst seiner Freude folgt.

Viele Geschenke folgen gesellschaftlichen Zwängen statt bewusster Freude, weil sich Geschenke »gehören«.

Wer seiner Sehnsucht nach Freiwilligkeit folgt, der wird sich gesellschaftlichen Zwängen widersetzen.

Doch es bleibt eine Sucht, die sich nur durch die Existenz des Zwangs erfahren kann.

Wer süchtig ist, andere zu beschenken, der erwartet die Freude des anderen und schenkt seine süchtige Erwartung gleich mit.

Wer Dankbarkeit erwartet, der ist süchtig nach Dankbarkeit.

Wenn der Beschenkte keine Freude fühlt, dann kann er kein Gefühl der Freude zeigen.

Der Mensch kann einen anderen nur mit dem Gefühl empfangen, welches er gerade empfindet.

Was er nicht empfindet, das kann er nicht von Herzen geben.

Wer sich nicht dankbar fühlt, der kann nicht wahrhaftig »Danke« sagen.

Das Gefühl der Dankbarkeit kommt und geht – so, wie die Freude da ist und mal nicht.

Mit Dankbarkeit geht Freude einher, und mit Undankbarkeit kommt Ärger.

Viele Menschen regen sich über undankbare Menschen auf.

Aufregung darf sein, denn Aufregung ist eine wahre Regung.

Energie regt sich. Gefühle regen – bewegen – sich.

Menschen regen sich auf, die sich gar nicht aufregen wollen.

Menschen sind wütend oder zornig, die gar nicht wütend oder zornig sein wollen.

Und so will der Mensch vieles nicht sein, was ihm Wut, Ärger und Zorn verdeutlichen. Sie verdeutlichen ihm sein Nichtsein.

Das, was den Menschen ärgerlich, wütend oder zornig macht, das ist der Schatten in der Polarität, den er ablehnt.

Also kann er sich anschauen, was ihn in seinem Leben alles stört, welcher Teil der Polarität ihn maßlos ärgert und beherrscht.

Der Mensch kann sich seinen Ärger erst dann in Ruhe anschauen, wenn er sich beruhigt hat.

Viele wollen und können sich nicht beruhigen, wenn der Ärger ihr Gefühlsleben dominiert.

Der Ärger will sich erfahren, so wie auch Wut und Zorn.

Sobald der Mensch den Ärger in sich erforscht, wird er erkennen, was ihn alles aufregt.

Ärger soll dem Menschen seine bislang unbewusste Ablehnung zeigen.

Alles, was der Mensch ablehnt, das ärgert ihn auch irgendwann.

Doch er entscheidet nicht, was ihn ärgert.

Erst kommt der Ärger, dann kann er über ihn nachdenken.

Erst kommt die Wut, dann kann er über seine Wut nachdenken.

Wenn sich der Mensch über Undankbarkeit, Ungerechtigkeit, Unehrlichkeit, Unsachlichkeit, Ungehorsam, Ungehörigkeit, Unfrieden, Unzuverlässigkeit oder Unpünktlichkeit aufregt, dann regt er sich nicht zufällig auf.

Wer sich über unfreundliche, unmögliche, unnatürliche oder unartige Menschen ärgert, der kann sich nur deshalb ärgern, weil es in der Polarität das Mögliche, Natürliche und Artige gibt.

Menschen ärgern sich oft über das, was sie selbst nicht sein wollen oder sich nicht zu sein gestatten.

Wer sich über undankbare, unfreundliche oder ungezogene Menschen aufregt, der will selbst weder undankbar noch unfreundlich oder ungezogen sein.

Er will die Gefühle der Abwertung, Ablehnung und Strafe nicht, die »ungehörige« Verhaltensweisen mit sich bringen.

Irgendwann erkennt der Mensch, dass er den Spiegel der Undankbarkeit braucht, um sich in Dankbarkeit erfahren zu können, und dass er die Unfreundlichkeit braucht, um sich freundlich erfahren zu können.

Er braucht sogar die Unanständigkeit, um sich mit Anstand erfahren zu können.

Allem wohnt ein Gefühl inne.

Der Mensch muss nicht dankbar sein, wenn er sich nicht dankbar fühlt, sonst vergewaltigt er sein Gefühl.

Er muss nicht freundlich sein, wenn ihm gerade nicht nach Freundschaft ist. Er muss nicht zugeneigt sein, wenn er Abneigung empfindet.

Wer etwas sein muss, der ist zwanghaft, aber nicht wahrhaftig.

Menschen vergewaltigen ihr Gefühl, wenn sie unbedingt und zwanghaft positiv sein wollen, sich aber nicht entsprechend fühlen.

Zuneigung ist ein Gefühl – so wie Abneigung.

Wahre Dankbarkeit ist ein Gefühl – so wie Undankbarkeit.

Nicht wenige Lehren vermitteln, dass Menschen für ihr Leben und ihre Erfahrungen dankbar sein müssen. So wird Zwang statt Wahrheit der Gefühle gelehrt.

In manchen Lehren wird der Eindruck vermittelt, dass man sich sogar alles erfolgreich wünschen und in sein Leben rufen kann, indem man sich für alles immer und immer wieder, auch schon vorweg bedankt.

Es ist die Sucht des Wünschens, die dazu führt, dass sich der Mensch mit manipulativer statt wahrer Dankbarkeit erfährt.

So erfährt sich der Mensch in seinen Wünschen und Erwartungen, die mal erfüllt, mal nicht erfüllt werden.

Wahre Gefühle unterliegen nicht der Vorstellungskraft.

Der Mensch kann herausfinden, was für ihn am wahrhaftigsten ist: die Wahrheit seiner inneren Kraft oder die seiner Vorstellungskraft.

Die eine Kraft kommt aus dem Verstand, die andere aus dem Herzen.

Affirmationen und Mantren sind dann wahrhaftig, wenn sie im Einklang mit der Wahrheit des Gefühls stehen. Ansonsten steht die Vorstellung der inneren Kraft entgegen.

Die Vorstellungskraft ist an die Wahrheit der inneren Kraft gebunden.

Auch die Vorstellungskraft hat ihre polare Schattenseite.

Da, wo keine Vorstellungen mehr sind, da kann jede Vorstellung erwachen.

Wo keine Idee ist, da kann jede Idee geboren werden.

Wo kein Gefühl ist, da können Gefühle entstehen.

Doch ohne Vorstellungen, Ideen und Gefühle hat der Mensch keine Orientierung.

Im Nullpunkt hat der Mensch auch keine Orientierung mehr. Da erfährt er sich völlig orientierungslos.

Im Nullpunkt erfährt sich der tiefe Hass auf den Schmerz der Orientierungslosigkeit.

Es ist zugleich der Hass auf den Zwang, nichts selbst bestimmen zu können.

Im Nullpunkt der Selbstbestimmung kann der Mensch nicht über sich selbst verfügen. Dann erwacht seine ganze Sehnsucht nach Selbstbestimmung und Kontrolle.

Doch Orientierungslosigkeit, Nullpunkt und Machtlosigkeit rauben dem Menschen jeglichen Glauben an Selbstbestimmung.

Das ist der Tod des Ego, nämlich wenn es erkennt, dass es nichts mehr bestimmen und kein Gefühl erreichen kann.

Der Tod des Ego ist die demütige Erkenntnis der Wahrheit der Seele. Dann kann der Mensch sich mit seiner Seele vereinen.

Es ist das Werden im Sein, welches ist.

Das bedeutet Demut und Hingabe an den Seelenplan.

Da löst sich der Glaube des Ego an die geistige Richtigkeit seines Denkens, Wünschens oder Betens auf.

In der Polarität versetzt der Glaube mal Berge, mal versetzt er keine.

Aber es liegt nicht daran, dass der Mensch falsch oder zu wenig glaubt, falsch oder richtig denkt.

Wer glaubt, er ziehe Negatives in sein Leben, weil er negativ denkt, der hat ständig Angst vor falschen Gedanken.

Wer meint, er könne richtig denken, der erfährt sich unbewusst im schlechten Gewissen falschen Denkens.

Damit liegen falsche Gedanken als Schatten auf seinen vermeintlich lichtvollen oder richtigen Gedanken.

Viele sind zwanghaft bemüht, richtig zu denken, positiv zu denken oder auch gar nicht zu denken.

Nicht wenige lehnen ihren Verstand ab, statt die Freude am Denken und die Quelle ihrer Gedanken bewusst zu erfahren.

Denken ist eine Gabe, die der Mensch dann erkennt, wenn er befürchten muss, seinen »Verstand zu verlieren« oder »wahnsinnig zu werden«.

Verstehen ist der Weg aus der Angst und dem Wahnsinn, falsch oder richtig denken zu können.

Der Mensch kann nichts falsch machen, solange er sich nicht wirklich versteht.

Wenn er versteht, dann erkennt er, dass er nichts falsch gemacht.

Wer eins ist, der erkennt, dass alles so richtig wie falsch ist.

Den Schmerz der eigenen Falschheit hat der Mensch in sich zu erlösen. Dann hat er sich aus der Fessel falschen Denkens befreit.

Den Satz »was mache ich nur falsch?« kennen viele Menschen. Er geht mit Gefühlen einher, die der Mensch gerade erfährt, aber nicht will.

Wer suggeriert, dass der Mensch alles richtig machen kann, der ist der Schöpfer dessen, was er alles falsch machen kann. Damit ist er der Schöpfer falschen Denkens.

Der Mensch glaubt immer wieder, falsch und unvollkommen zu sein, bis er die Vollkommenheit der Unvollkommenheit in sich erkennt.

Er kann sich nur so positiv erfahren, wie er das Negative sieht, und so negativ erfahren, wie er das Positive sieht.

In der absoluten Negativität des Menschen wird alles Positive geboren.

Wer in das Negative hinabsteigt, der kann positiv werden. Er kann werden, um zu sein.

Wer im Negativen gestorben ist, der kann im Positiven erwachen.

Hierfür muss der Mensch ins Tal der Gefühle, damit seine Gefühle wachsen können.

Im Tal erkennt der Mensch die Fülle des Berges.

Für das Tal muss der Mensch nicht dankbar sein, denn da ist auch die Tiefe der Undankbarkeit zu Hause.

Dankbarkeit wird in der tiefsten Erfahrung der Undankbarkeit geboren und Barmherzigkeit in der tiefsten Erfahrung der Unbarmherzigkeit.

Da ist keine Dankbarkeit, sondern blanker, reiner Hass.

Der reine Hass auf die Undankbarkeit ist die Reinheit der Freude an der Dankbarkeit, wenn der Mensch sich wahrhaftig dankbar fühlt.

In den Tiefen seiner Gefühle wird der Mensch gereinigt und geläutert.

Läuterung ist ein Gefühl. Dann fühlt sich der Mensch rein.

Läuterung bedeutet Wandlung: Der Mensch wird durch die Erkenntnis der Tiefe einer Polarität im Herzen gewandelt.

Es ist ein innerer Reinigungsprozess, der sich durch tiefe Gefühle erfährt.

Rein zu werden, das bedeutet, tief im Herzen eins zu werden.

Bewusst zu werden, bedeutet, Gefühle bewusst im Herzen zu erfahren.

Tugenden erfahren sich im Verstand, aber Gefühle erfahren sich im Herzen.

Wer Geduld zur Tugend erklärt, der ist der geistige Schöpfer der Untugend.

Wer Geduld erwartet, der braucht zu ihrer Erfahrung die Ungeduld.

Geduld ist keine Tugend, weil Ungeduld kein Makel, sondern Wahrheit ist.

Sehnsucht ist die süchtige und fühlbare Wahrheit der Ungeduld im Herzen.

Sich gedulden zu müssen, bedeutet, auf ein positives Gefühl warten zu müssen.

Geduld ist in der Tiefe eine schwere Aufgabe, weil dann die Sehnsucht am stärksten ist.

Viele Menschen wollen gar nicht ungeduldig sein – und sind es doch.

Sie lehnen ihre Ungeduld ab, bis sie sich der Ablehnung ihrer Sehnsucht bewusst werden.

Der Mensch wird mehr und mehr gelassen, wenn er die Wahrheit seiner Aufgabe erkennt, Geduld und Ungeduld zu erfahren.

Es gibt Lebensaufgaben, die erfordern extrem viel Geduld, Ausdauer, Beharrlichkeit und Durchhaltevermögen.

Durchhalten bedeutet immer, ein Gefühl auszuhalten, welches der Mensch nicht mag und auch nicht mögen kann.

Dann steckt der Mensch in einem negativen Gefühl fest und muss ausharren. Er kann weder »aus seiner Haut« noch aus seinem Gefühl heraus.

»Nicht aus seiner Haut zu können« bedeutet, der Wahrheit eigenen Denkens und Fühlens nicht entfliehen zu können.

Durchhalten ist eine bewusste Erfahrung der Gefühle des Kämpfens, des Nichtaufgebens, der Selbstüberwindung und der Qual.

Es ist der Kampf gegen sich selbst, den der Mensch einlöst.

Der bewusste Widerstandskämpfer erfährt sich im inneren wie im äußeren Widerstand.

Bewusst durchzuhalten ist ein langer Kampf. Ihn bewusst zu kämpfen, bedeutet Wachstum.

Ihn allein zu kämpfen, ist die bewusste Erfahrung einsamen Kampfes. Da sehnt sich der Mensch nach Unterstützung oder Weggefährten und löst diese Sehnsucht ein.

Ohne Unterstützung kämpfen zu müssen, ist die Erfahrung, es allein schaffen zu müssen, es aber auch allein schaffen zu können.

Dann kann der Mensch andere bewusst in ihrem Kampf unterstützen, statt unbewusst die Existenz des Kampfes und die damit einhergehenden Gefühle abzulehnen.

Wer aufgeben will, der weiß, wie schwer es ist, durchzuhalten oder auszuhalten.

Der Mensch wird oftmals gerade zum Durchhalten gezwungen – so, wie ihn die Umstände zum Kampf zwingen. Sie lassen ihm keine Wahl.

Er wird in den Kampf gezwungen, um den Kämpfer in sich zu erlösen.

Er erfährt sich wiederum in der Wahrheit seiner inneren Kraft, die ihn nicht aufgeben lässt.

Durchhalten ist eine bewusste Erfahrung innerer Kraft, wenn der Mensch von sich aus längst aufgeben würde.

Es ist die Kraft, vieles zu erdulden – auch Gefühle zu erdulden, die der Mensch nicht will.

Schwere Aufgaben erfordern viel Duldsamkeit.

Duldsamkeit ist eine Erfahrung bewussten Ertragens. Darin liegt keine Freude verborgen.

Seinem Lebensplan zu vertrauen, erfordert gerade in schweren – nicht in leichten – Zeiten eine »Engelsgeduld«.

Geduld ist eine tiefe Erfahrung, keine Tugend.

Liebe erduldet alles, weil sie auch die Duldsamkeit und das Ertragen ist.

Die Aufgabe des Menschen ist die Liebe, die hinter allem steht.

Wer seine Aufgaben versteht, der kann sie lösen.

Liebe ist die Lösung.

Es gibt nicht immer eine Lösung, sondern auch das ungelöste Problem will sich erfahren.

Manche Türen bleiben im Leben eines Menschen verschlossen. Dadurch erfährt er die Türen, die geöffnet werden.

Türen gehen dann auf, wenn sie aufgehen sollen.

Wer die Sackgasse erfahren hat, der erkennt, wann ein Weg endet und ein anderer beginnt.

Wenn alle Bemühungen »im Sande verlaufen«, dann erfährt sich der Mensch in der Mühsal der Erfolglosigkeit.

Wer immer wieder auf verschlossene Türen trifft, der erfährt sich im Gefühl der Machtlosigkeit.

Die Macht des Gefühls der Machtlosigkeit ist die Ohnmacht des wollenden Verstandes.

Der Wille ist mit Macht auf das Positive gerichtet und erfährt sich dann ohnmächtig im Negativen.

Sämtliche Strategien des Verstandes versagen, wenn die Seele mit Macht die Erfahrung der Machtlosigkeit demonstriert.

Wenn das Ego keine Macht mehr hat, dann entsteht eine andere Macht. Es ist die Kraft des Herzens.

In der Ohnmacht liegt keine Macht, aber die Erkenntnis der Wahrheit der inneren Kraft.

Dann erfährt der Mensch, was es bedeutet: »Dein Wille geschehe« ist gleich »Dein Gefühl geschehe«.

Das bedeutet Führung durch die Erfahrung der Quelle des Denkens und Fühlens.

Die Hingabe an die eigene Führung fällt dann leichter, wenn der Mensch sein Schicksal versteht.

Die Wahrheit der Hingabe knüpft an die Wahrheit des Verständnisses an, weil der Mensch sonst nicht weiß, was er hingibt.

Wer an der Schwere seines Lebens verzweifelt, der entwickelt Mitgefühl für andere Menschen, die an ihren schweren Aufgaben verzweifeln.

Leichtigkeit kann derjenige genießen, der sich mit schweren Aufgaben erfahren hat.

Auf Schwere kann bewusste Leichtigkeit folgen.

Mitgefühl ist Leichtigkeit und Glückseligkeit.

Menschen können sich so bewusst glücklich im Außen erfahren, wie auch unglückliche Gefühle im Innern existieren.

Wenn der Mensch glücklich sein will, erfährt er sich durch das, was er nicht sein will: unglücklich.

Glück ist eine Sucht – die Sehnsucht nach Glück.

Glücksgefühle sind Gefühle, die Freude bereiten.

Freude erfährt sich durch ihre Abwesenheit immer wieder neu, eben auch durch Unglück oder Trauer.

Trennungen, Verluste, Enttäuschungen und Nichtverstehen können zu Traurigkeit führen.

Alles, was der Mensch nicht will, das macht ihn traurig, weil ihn das, wonach er sich sehnt, glücklich macht oder schlichtweg erfreut.

Der Schmerz unerlöster Sehnsüchte geht mit Traurigkeit und Trostlosigkeit einher.

In der Untröstlichkeit wird tiefe Sehnsucht nach Trost und Ermunterung erfahren.

Wer Trost sucht, der kann anderen bewusst Trost spenden.

Heilsamer Trost ist an die Wahrheit des Gefühls der Trostlosigkeit gebunden.

Bewusster Trost wird in der Tiefe der Trostlosigkeit als Gefühl geboren.

Wer Trostlosigkeit und Traurigkeit nicht wahrnimmt, der kennt die Wahrheit seiner inneren Trauer nicht.

Trostlosigkeit hat ihren Sinn. Traurigkeit hat ihren Sinn. Trennungen haben ihren Sinn.

Trennungen sind in der Tiefe so traurig und schmerzhaft, wie der Mensch Freude in der Verbindung erfahren hat.

Dann trauert er um das, was er mit einem Menschen an Gefühlen und Verbundenheit erfahren hat.

Kein Gefühl der Verbundenheit ist zufällig und keine Verbindung geschieht zufällig.

Menschen, die sich zusammen erfahren sollen, die werden sich zusammen erfahren.

Mal führt sie die Wahrheit des Gefühls zusammen, mal werden sie gegen ihren Willen vereint.

Menschen, die andere Menschen gegen die Wahrheit ihrer Gefühle miteinander verbinden, säen grausamen Zwang.

Sie vergewaltigen die Gefühle der anderen, indem sie diese gänzlich missachten.

Wer von einem anderen verlangt, seine Gefühle völlig zu ignorieren, der sät rücksichtslose Ignoranz.

Wer seine eigenen Gefühle verrät, der ist ignorant sich selbst gegenüber.

Die Ignoranz von Gefühlen führt zu schmerzhaftem Hass, wenn der Mensch in der Wahrheit seiner Gefühle geachtet, aber nicht missachtet werden will.

Der Mensch sehnt sich nach Achtung, nicht nach Missachtung.

Er kann sich selbst achten, wenn andere ihn missachten.

Auch Selbstachtung ist ein Gefühl.

Wer sich missachtet gefühlt hat, der kennt auch das Gefühl der Achtung.

Der Weg zur eigenen Selbstachtung führt über bewusste Erfahrungen der Missachtung und Selbstverleugnung.

Die Sehnsucht nach Achtung ist kein Zufall, sondern spiegelt sich im Hass auf die Missachtung.

Wie fühlt sich Achtung an, wie fühlt sich Missachtung an?

Welche körperlichen Folgen hat eine permanente Missachtung des eigenen Gefühls?

Der Körper folgt der Wahrheit eines jeden Gefühls, und jedes Gefühl hat Einfluss auf den Körper.

Wer seine Gefühle missachtet, der missachtet auch die Wahrheit seines Körpers, wenn dieser ein Spiegelbild des Zusammenwirkens von Denken und Fühlen ist.

Das gilt es in sich selbst zu erforschen.

Zwanghafte Verbindungen üben Zwang und Druck auf den Körper aus, wenn sich der Mensch gezwungen, unterdrückt und missachtet fühlt.

Freiwillige Verbindungen lassen den Körper erfahren, wie er sich im freien Willen fühlt.

Wer in einer Verbindung so tut, als ob er jemanden mag, den er in Wirklichkeit nicht mag, der sät Scheinheiligkeit.

Wie wirkt sich Scheinheiligkeit anstelle von Wahrheit auf den Körper aus?

Verbindungen, in denen Menschen nichts füreinander empfinden, sind grausam, solange der Mensch Sehnsucht nach gegenseitiger Zuneigung hat.

Die wahrhaftigste aller Verbindungen ist die, welche auf der bewussten und nicht zufälligen Wahrheit der Gefühle beruht.

Menschen, die sich ineinander verlieben, die verlieben sich nicht zufällig.

Die gegenseitige Anziehung von Menschen ist keine zufällige Anziehung.

Wenn den Menschen etwas anzieht oder abstößt, dann deshalb, weil er sich angezogen oder abgestoßen fühlen soll.

In der Mitte von Anziehung und Abstoßung ist der Mensch »nicht Fisch noch Fleisch«, weder heiß noch kalt, sondern lauwarm. Dadurch erfährt sich die Mitte.

Der Mensch steuert weder seine Anziehung noch seine Abstoßung bis hin zu seinem Ekel.

In der Tiefe der Abstoßung erfährt der Mensch auch tiefen Ekel vor sich selbst.

Wer sich ekelt, der will es nicht, aber viele schämen sich, wenn sie sich ekeln und andere abstoßend oder hässlich finden.

Anziehung und Abstoßung sind Gefühle, derer sich der Mensch nicht schämen muss.

Wenn er sich schämt, dann erfährt er sich in Scham anstelle von Stolz.

In der Tiefe der Scham wird jeder Stolz geboren.

Mal fühlen sich Menschen angezogen, mal abgestoßen.

Mal sind sie begeistert, mal schockiert, mal fasziniert, mal desinteressiert.

Faszination ist Anziehung, die der Mensch nicht steuert.

Wer Faszination in seinem Leben vermisst, der kann sie entdecken.

Wer nur andere faszinierend findet, der hat die eigene Faszination noch nicht erlöst.

Es gibt eine Sehnsucht nach Faszination und Begeisterung, die sich in der Tiefe ihres Entzugs erfährt.

Dann erst merkt der Mensch, wie sehr ihm die Begeisterung oder die gegenseitige Faszination in seinem Leben fehlt. Dann können Begeisterung und Anziehung bewusst entstehen.

Der Mensch steuert nicht, was ihn begeistert oder gefühlsmäßig anzieht, er kann es nur fühlen.

In Beziehungen, in denen Gefühle einseitig sind, erfahren sich Menschen in der Einseitigkeit ihrer Gefühle statt in gegenseitigen Gefühlen.

In der Einseitigkeit liegt die Sehnsucht nach Gegenseitigkeit verborgen.

Gegenseitige Gefühle kann der Mensch nicht erzwingen. Dann erfährt er wiederum Ohnmacht und Abhängigkeit.

Für die Gegenseitigkeit braucht er die Existenz der Einseitigkeit, die ihm dann verhasst ist, wenn er sich zutiefst nach Gegenseitigkeit sehnt.

Im Hass auf die Einseitigkeit erfährt er die Wahrheit der Gegenseitigkeit.

Dann weiß er um die Bedeutung der Erwiderung von Gefühlen, die nicht zufällig geschieht.

Erwiderung kann sich nur immer wieder neu durch Nichterwiderung erfahren.

Wer Angst hat, mit seinen Gefühlen abgewiesen zu werden, der hat Freude daran, wenn er Erwiderung erfährt.

Gefühle, die mal erwidert wurden, können wieder abgelehnt werden – oder sogar gehasst.

Seine ablehnenden Gefühle steuert der Mensch nicht.

Die bewusste Erfahrung des Schmerzes der Ablehnung öffnet die Freude an der Zuneigung.

Die Freude an der Erwiderung von Gefühlen ist die Verletzlichkeit, unerwiderte Gefühle zu erfahren.

Je bewusster der Mensch nach der Erwiderung seiner Gefühle strebt, desto stärker erkennt er die Schatten: Nichterwiderung, Ablehnung und Zurückweisung.

Die Nichterwiderung von Gefühlen ist dann auch eine bewusste Erfahrung der Abhängigkeit.

Wer davon abhängig ist, welche Gefühle andere für ihn hegen, der erfährt sich in tiefer Abhängigkeit.

Unerwiderte Gefühle können viel Hass auslösen, damit sich der Mensch der Wahrheit seiner Gefühle zuwendet.

Aus dem Hass kommt der Mensch so wenig allein heraus, wie er hereingekommen ist.

Führung zeigt sich immer dort, wo der Mensch sich in Gefühlen erfährt, die er nicht will.

Die kann er wahrnehmen, aber nicht verhindern.

Der Mensch kann nichts für die Gefühle, die er hat oder nicht hat.

An Gefühlen kann der Mensch nicht arbeiten, weil er an der Wahrheit nicht arbeiten kann.

Wer glaubt, an einer Beziehung arbeiten zu können, der kommt an der Wahrheit seiner Gefühle nicht vorbei.

Wer glaubt, an Gefühlen arbeiten zu können, der sucht seine Gefühle im Verstand.

Der Mensch kann das erkennen, was ist, und er weiß, in welchen Gefühlen er sich bewusst erfahren soll.

Gefühle verbinden die Menschen. Gefühle trennen die Menschen.

Daran ist nichts Verwerfliches, es sei denn, der Mensch denkt verwerflich. Dann ist er auch die Verwerflichkeit.

Gefühle haben nichts Verächtliches, es sei denn, der Mensch verachtet sie. Dann ist Hass seine Wahrheit, die der Wahrheit seiner Ablehnung entspricht.

Was jemand ablehnt, das kann er durch das Annehmen seiner Ablehnung heilen.

Aber Hass bleibt Hass – er ist kein schönes, sondern ein hässliches Gefühl.

Das Schöne im Leben kann der Mensch bewusst erfahren, wenn er sich der Wahrheit des Hässlichen in sich bewusst ist.

Das Gute kann er bewusst erfahren, wenn er sich auch des Bösen in sich bewusst ist.

Was im Bewusstsein sein darf, das bekämpft der Mensch nicht mehr in sich.

Kämpfen kostet Kraft. Erkenntnis gibt Kraft.

Doch Kraft kommt und geht – beides darf sein.

Menschen kommen in unser Leben und gehen aus unserem Leben.

Sie verlassen uns so, wie wir andere verlassen werden – beides darf sein.

Bindungen erfahren sich immer wieder neu durch Trennungen.

Auf Bindung folgt Trennung, auf Trennung folgt Verbindung.

In der Lust auf Freiheit entsteht das Verlangen nach Bindung.

Der, der sich bindet, ist durch den zu sehen, der sich trennt.

Der, der geht oder loslässt, wird durch den wahrgenommen, der kommt oder klammert.

Wer sich immer an sein Gefühl klammert, ist an sein Gefühl gebunden.

Jeder Mensch ist so bindungsfähig, wie er sich bewusst getrennt, unverbunden und frei erfahren hat.

Wer völlig frei sein will, der will total ungebunden sein.

Wer gänzlich ungebunden sein will, der wird sich ohne jegliche Verbundenheit und in absoluter Beziehungslosigkeit erfahren.

In der Beziehungslosigkeit ist keine Verbundenheit, da ist nur tiefe Einsamkeit.

Ohne Beziehung wird die Sehnsucht nach Verbundenheit und Beziehung erfahren.

Die Fähigkeit, Beziehungen zu erfahren, wird durch das Gefühl der Beziehungslosigkeit begründet.

Wer sich nach einer Beziehung sehnt, der kennt das Gefühl der Sehnsucht nach Bindung.

Wer sich gänzlich ohne Beziehung erfahren hat, der weiß die Beziehung erst zu schätzen.

Wer ohne jegliche Bindung ist, der hat auch keinen Halt mehr. Dann erfährt sich die Haltlosigkeit.

Wer ohne jegliche Bindung ist, der ist frei.

Wer total frei ist, der wird nicht gebraucht.

Wer absolut frei ist, der ist von allem getrennt.

Wer sich von allem getrennt erfahren hat, der ist zugleich mit allem verbunden.

Menschen, die sich nach Verbundenheit sehnen, werden Verbundenheit durch die Wahrheit der Trennung erfahren.

Menschen, die sich nach Zweisamkeit sehnen, werden das Gefühl der Zweisamkeit in der Tiefe der Einsamkeit erlösen.

Die Angst vor der Einsamkeit ist die tiefe Freude an der Zweisamkeit, an Geselligkeit und Gemeinschaft.

Der Mensch entscheidet nicht, ob er sich gerade in der Angst vor einem Verlust eines Menschen oder in der Freude gegenseitiger Beziehungen erfährt.

Der Mensch entscheidet nicht über die Wahrheit seines Gefühls.

Wer Angst vor Verlust hat, der steuert seine Angst nicht. Er will sie doch gar nicht haben.

Verlustangst ist die Angst vor der Erfahrung von Gefühlen, die mit einem Verlust einhergehen.

Wer seine Verlustängste durchdringt, der wird die Freude am Besitzen in der Angst vor dem Verlieren entdecken.

Welche Gefühle der Mensch verloren hat, kann er dann bewusst erfahren in dem, wonach er sich sehnt.

Der Mensch sehnt sich immer nach einem gerade abwesenden Gefühl.

Abwesende Gefühle werden oft mit einem Menschen in Zusammenhang gebracht.

Wer glaubt, dass sein Glück von einem bestimmten Menschen abhängig ist, der erfährt sich in Abhängigkeit.

Eifersucht ist auch ein Ausdruck süchtiger Abhängigkeit.

Eifersucht ist die Sucht nach positiven Gefühlen, die der Mensch mit einer bestimmten Person oder Sache verbindet. Daran will er festhalten, und deshalb fürchtet er den Verlust.

Wenn eifersüchtige Menschen behaupten, aus Liebe eifersüchtig zu sein, dann ist nicht bewusste Liebe, sondern Sucht und Angst ihre bedürftige Wahrheit.

Eifersucht ist gerade kein Ausdruck bewussten Vertrauens, sondern süchtigen und ängstlichen Misstrauens.

Seinen Süchten und Ängsten kann der Mensch nicht vertrauen – so wenig, wie er sie kontrollieren kann. Wenn er sie kontrollieren könnte, dann wäre er nicht süchtig.

Wer rasend vor Eifersucht ist, der hat seine Raserei nicht unter Kontrolle.

Je abhängiger sich ein Mensch erfährt, desto quälerischer äußert sich auch seine Eifersucht.

Die Qual der Eifersucht kontrolliert der Mensch nicht.

Es quält ihn die Angst, einen Menschen zu verlieren, ihn nicht besitzen zu können oder teilen zu müssen.

Es quält ihn die Angst, Gefühle weder festhalten noch kontrollieren zu können.

Wer Menschen besitzen will, der will Gefühle besitzen.

So haftet er an Menschen oder Sachen an, ohne zu erkennen, dass er in Wahrheit bestimmte Gefühle sucht.

Er haftet an positiven Gefühlen an. Das ist das Wesen der Sehnsucht.

In seine Eifersucht wird der unbewusste Mensch hineingetrieben – so wie in jede Sehnsucht.

Der Mensch erfährt sich immer wieder neu in dem, wonach er sich sehnt, wenn ihm ein Gefühl entzogen wird. Dann entsteht die Sehnsucht neu.

Den schmerzhaften Entzug, Verluste und Trennungen kann ein Mensch dann heilsam verarbeiten, wenn er seinen Schmerz versteht.

Zeit heilt nicht die Wunden, sondern die Wahrheit der Erkenntnis heilt.

Schmerzen, Süchte und Verlustängste haben ihre Ursachen in vorhergehenden Leben, wenn der Mensch sich diese nicht mit Erfahrungen in diesem Leben erklären kann.

In der Seele ist alles gespeichert, und der Speicher offenbart alle gespeicherten Gefühle. Dann offenbart sich das Unbewusste.

Die Seele ist die Wahrheit des Menschen – so, wie Gefühle Wahrheit sind.

Mal kann der Mensch sich aus einer Beziehung lösen, mal nicht. Er haftet an – so, wie er loslässt.

Doch echte Gefühle kann der Mensch nicht loslassen, er kann sie auch nicht produzieren.

Das unterscheidet die echten von den unechten Gefühlen – beide müssen existieren.

In unechte Gefühle kann sich der Mensch hineinsteigern, das wahre Gefühl ist.

Wer sich von Gefühlen lösen will, aber nicht lösen kann, der erfährt sich in der machtvollen Abhängigkeit von Gefühlen bis hin zur Hörigkeit.

Über die Intensität seiner Gefühle hat der Mensch keine Kontrolle.

Wenn das Gefühl den Menschen zwingt, dann hat der Mensch keine Kontrolle über die Macht des Zwangs. Er kann seine inneren Zwänge wahrnehmen.

Wenn das Schicksal den Menschen zu schweren Erfahrungen zwingt, dann liegt darin keine Freiwilligkeit.

Der eine erfährt sich im Ertragen eines schweren Schicksals, der andere kann sein Leben genießen.

Wer gerade erträgt, der kann nicht genießen. Das Ertragen des Lebens ist das Gegenteil bewussten Genießens.

Genuss ist ein Gefühl – so wie das Ertragen.

Wer sich im Ertragen erfährt, der würde ja gerne genießen, aber er kann es nicht.

Im Ertragen liegt kein Genuss – so, wie in der Schwere keine Leichtigkeit liegt.

Auch die Unerträglichkeit ist ein Gefühl.

Im Gefühl des Unerträglichen wird die bewusste Erfahrung des Ertragens geboren.

Wenn der Mensch nicht mehr ertragen kann, fällt er in Ohnmacht oder er gibt auf.

Unerträglichkeit und Selbstaufgabe sind Gefühle der Ohnmacht.

Wer sein Leben erträgt, weil er keine andere Möglichkeit sieht, der erfährt sich in Wahllosigkeit.

Der Mensch hat nicht immer eine Wahl.

Wer die freie Wahl suggeriert, der hat sich noch nicht in den Tiefen der Wahllosigkeit, der Ohnmacht und des Schicksals erfahren.

Welches Gefühl kann der Mensch wirklich frei wählen?

Es gibt nicht immer eine Wahl oder einen Ausweg. Ansonsten gäbe es die Ausweglosigkeit nicht.

Ausweglosigkeit ist ein grausames Gefühl.

Wer Ausweglosigkeit nie erfahren hat, der kennt dieses Gefühl nicht.

Wer sich in Ausweglosigkeit erfahren hat, der kann Menschen verstehen, die keinen Ausweg mehr sehen können.

Wer Menschen jeglichen Ausweg oder jeden Fluchtweg verwehrt, der sät Ausweglosigkeit.

Das Gefühl der Ausweglosigkeit hat der Mensch nicht unter Kontrolle.

Wer sich in Kontrolllosigkeit erfahren hat, der weiß, dass auch da keine Kontrolle ist.

Da erfährt sich die Ohnmacht des Willens seines Verstandes.

Wenn der Verstand keinen Ausweg mehr findet, dann kann sich das Herz entfalten.

Wenn der Verstand keine Kontrolle mehr hat, dann hat die Seele die Kontrolle.

Wer glaubt, die äußere Kontrolle über sein Leben zu haben, der glaubt daran, bis sie ihm völlig entgleitet. Dann erfährt er die wahre Macht der inneren Kraft.

Wer die Macht des Unbewussten nicht bewusst erfahren hat, der kann sie nicht sehen.

Doch jeder Mensch sieht das, was er sehen soll und was seinen Erfahrungen entspricht. Dann übersieht er nichts.

Er versteht das, was er verstehen soll. Dann missversteht er nichts.

Wer eine andere Perspektive von Menschen erwartet als die, die sie haben, der hat noch nicht erkannt, dass jeder nur so denken kann, wie er denkt.

Wie könnte der Mensch in diesem Moment anders denken als er denkt?

Wer meint, er hätte selbst anders denken oder handeln können, der erfährt sich in der Unmöglichkeit, anders zu denken oder zu handeln.

Der Mensch denkt so, wie es seinen Erfahrungen und Fähigkeiten entspricht. Andere Gedanken kann er nicht haben.

Wer Menschen sagt, was sie denken sollen, der will, dass der andere so denkt wie er selbst.

Wenn alle gleich denken würden, dann wäre dies der Tod jeglicher Spannung und Lebendigkeit.

Wer fortlaufend nach der Anerkennung seines Denkens strebt, der kann die Meinung des anderen anerkennen.

Wer anderes Denken nicht akzeptiert, sät nur Ablehnung.

Wer ständig erwartet, dass seine Meinung geteilt wird, der ist süchtig nach Akzeptanz.

Wer ständig erwartet, dass der andere ihn versteht, der ist süchtig nach Verständnis.

Die uneingeschränkte Akzeptanz von Meinungen erfährt sich auf der Schattenseite immer wieder neu durch die totale Ablehnung eines Standpunktes.

Wer das ablehnt, was der andere denkt, der sieht den Spiegel seines eigenen ablehnenden Denkens nicht.

Jeder darf denken, was er denkt, weil er anders gar nicht denken kann.

Die Gedanken, die der Mensch haben will, erfahren sich durch die Gedanken, die er nicht haben oder loswerden will.

Die Freiheit des Denkens erfährt sich auch durch die Unfreiheit der Gedanken, weil der Mensch nur die Gedanken haben kann, die er hat.

Wo die menschliche Vorstellungskraft am Ende ist, da beginnt die Vorstellung des Unbewussten, Übersinnlichen oder Göttlichen.

Der menschliche Verstand kann nichts schöpfen, was über seine eigene Vorstellung hinausgeht.

Trotzdem geschieht die Erfahrung des Unvorstellbaren.

Wenn Dinge passieren, die weit über das menschliche Vorstellungsvermögen hinausgehen, dann erkennt der Mensch die bisherigen Grenzen seiner Vorstellungskraft.

Die Aufhebung dieser Grenze steuert er nicht. Er kann sie wahrnehmen.

Der Mensch kann seine Gedanken so steuern, wie er sie auch nicht steuern kann.

Wer Gedanken steuern muss, der steuert seinen Zwang.

Gedanken sind so frei wie unfrei.

Dem beherrschten Geist steht der unbeherrschte Geist gegenüber.

Dem bewussten Geist ist der fließende Geist eigen. Alles darf sein, jeder Gedanke darf sein.

Wer meint, er sei der Schöpfer seiner Gedanken und Ideen, der hält sich für den Schöpfer seines Verstandes.

Wer glaubt, richtig denken zu können, der ist in falschen Gedanken gefangen.

Die Angst vor falschen Gedanken erfährt sich immer wieder neu, bis der Mensch bewusst seine Freude am Denken erfährt.

Denken ist ein Geschenk. Fühlen ist ein Geschenk.

Mal glauben Menschen kopflastig zu sein, mal glauben sie gefühlslastig zu sein. Sie nehmen Denken und Fühlen als Last war.

Es ist die Last ihres Denkens, bis sie sich bewusst mit der Freude am Denken und Fühlen erfahren.

Wer seine Gedanken oder seinen Verstand als störend ablehnt, der meint, ihn nicht zu brauchen.

Er wird seinen Verstand umso mehr lieben, wenn er die nackte Angst erfahren hat, ihn zu verlieren.

In dieser qualvollen Angst erfährt sich die Demut an der Freude, der Faszination und der Schönheit des Denkens.

Wer die Fähigkeit zu fühlen verliert, der weiß die Gabe des Fühlens zu schätzen.

Und so gibt es auch eine Demut vor der Wahrheit des Fühlens, die sich in der Tiefe absoluter Orientierungslosigkeit und Verlorenheit erfährt.

Die Liebe gibt dem Menschen Orientierung, weil Gefühle dem Menschen Orientierung geben.

Kein Gefühl ist falsch oder richtig, wenn der Mensch ein jedes für die Vollständigkeit seines Mitgefühls braucht.

Gefühle, die der Mensch erfahren hat, verändern ihn, auch das Mitgefühl verändert ihn.

Menschen, die zu einem anderen sagen »Du musst dieses oder jenes an Dir verändern«, sind sich meistens nicht bewusst, dass sie in Wahrheit ihren eigenen Schatten verändern wollen.

Mit jeder Absicht einer Veränderung ist auch die Veränderung von ungeliebten Gefühlen verbunden.

Wer andere verändern muss, der ist selbst noch nicht.

Er erfährt sich im Wollen statt im Sein.

Wer bereits ist, der muss den anderen nicht mehr verändern. Er liebt bedingungslos, ohne bedingungslos lieben zu müssen.

Ein Mensch ist so bedingungslos, wie er eins mit seinen Bedingungen ist.

Der Verstand will immer etwas verändern, weil er ständig auf der Suche nach der Erfüllung seiner Sehnsüchte ist.

Der Unerfüllte sucht die Fülle, weil er die Leere nicht mag.

Und so folgt der Verstand unbewusst oder bewusst immer der Macht der Sehnsucht und der Macht seiner Gefühle.

Wenn der Mensch etwas sein will, dann glaubt er etwas nicht zu sein. Dann muss der andere es sein.

Mal will der Mensch andere verändern, mal lässt er sie sein, wie sie sind. Dann lässt er zugleich ihre Gefühle sein.

Weder die Veränderung noch die Akzeptanz ist richtig oder falsch.

Das, was der Mensch verändern will, erfährt sich durch das, was er nicht verändern will.

Wer versteht, was ist, der erkennt, dass jede Veränderung in der Polarität schon ist.

Wer erkennt, wie er selbst ist, der schenkt die Erkenntnis des Seins.

Das, was ist, erkennt sich durch das, was nicht ist – beides ist eins.

Jede Polarität ist. Jedes Gefühl ist.

Doch Gefühle verändern sich stetig. Insofern ist der Wandel das Beständige.

Gelassen ist der Mensch, der dem Wandel seiner Gefühle vertraut.

Wer erkennt, warum er so fühlt, wie er fühlt, der versteht auch, warum der andere sich so fühlt, wie er fühlt.

Verständnis und Mitgefühl sind eins.

Gefühle, die der Mensch in sich erfahren hat, die kann er verstehen.

Solange der Mensch die Wahrheit seiner eigenen Ängste nicht versteht, solange wird er auch andere nicht wirklich verstehen können.

Wer der Existenz der Angst vertrauen kann, der kann auch dem Leben vertrauen.

Ängste, die der Mensch Kindern ersparen will, die will er auch sich selbst ersparen.

»Du brauchst keine Angst zu haben« ist eine vergebliche Empfehlung vieler Eltern an ihre Kinder – gerade dann, wenn sie selbst große Angst verspüren.

Welche Gefühle der Mensch braucht, das entscheidet nicht sein Verstand.

Ängste können nicht losgelassen werden, wenn sie sich intensiv aufdrängen. Die Freude kann nicht losgelassen werden, wenn sie sich aufdrängt.

Gefühle können nicht losgelassen werden anstelle einer bewussten Erfahrung.

Wer nur die Freude will, der verkennt, dass Freude ohne die Angst nicht erfahrbar ist.

Mal erfährt sich der Mensch bewusst in Freude, mal bewusst in Angst, bis er erkennt, dass die Angst im Umkehrschluss die Erfahrung der Freude ist. Dann ist er immer wieder eins.

Der Mensch erfährt Einssein nur durch Sein und Nichtsein. Das ist die Polarität.

Das Sein erfährt sich immer wieder durch das, was der Mensch nicht sein beziehungsweise nicht fühlen will.

Was der Mensch gefühlt hat, das weiß er auch.

Liebe ist die Wissenschaft der eigenen Erkenntnis.

Gefühle sind die Erkenntnis des Herzens.

Gefühle verändern die Perspektive des Menschen auf sein Leben, so wie er dies für sein Leben braucht.

Jeder Mensch nimmt sich so wahr, wie er sich wahrnehmen kann.

Er nimmt andere so wahr, wie er sich selbst erfahren hat.

Jede Perspektive eines Menschen hat ihre Bedeutung, auch die Perspektivlosigkeit.

Die Angst vor der Perspektivlosigkeit ist die Freude an der Perspektive.

Wer sich in aussichtslosen Lagen erfahren hat, der kennt das grausame Gefühl der Aussichtslosigkeit. In der reinen Aussichtslosigkeit ist keine Perspektive.

Wenn neue Perspektiven in der Tiefe der Perspektivlosigkeit entstehen, dann sieht der Mensch die Wahrheit seiner Perspektive und Inspiration.

Inspiration findet den Menschen – nicht umgekehrt.

Durch die Abwesenheit von Inspiration erfährt der Mensch die Wahrheit ihrer Anwesenheit.

Seine Eingebungen und Ideen steuert der Mensch nicht.

Der Mensch kann nur die Ideen haben, die er hat.

Er kann sich auch nicht zu Ideen zwingen, wenn er gerade keine hat.

Keine Idee ist zufällig oder kommt zufällig.

Wer sich bewusst in Ideenlosigkeit erfährt, der kann in diesem Zustand erkennen, wie und wann ihn neue Ideen erreichen.

Auch die Intuition existiert, bevor sich der Mensch überhaupt Gedanken über seine Intuition machen kann.

Intuition ist die gedankliche Verbindung des Gefühls mit dem Verstand.

Der Verstand kann die Wahrheit des Gefühls wahrnehmen. Er kann über das Gefühl nachdenken, aber die Wahrheit des Gefühls nicht beeinflussen.

Menschen glauben, manipulieren zu können, bis sie erkennen, was wahre Gefühle sind.

Wahre Gefühle sind.

Die Gefühle haben Macht – auch über die Ohnmacht.

Das Denken begründet nicht die Wahrheit des Gefühls.

Das Denken kann keine Wahrheit begründen, die längst schon ist.

Wenn der Mensch durch gedankliche Konzentration wahre Gefühle schaffen könnte, dann wäre er die Quelle seiner Gefühle. Dann könnte er reine Freude sein.

Das ist er nicht, weil die Liebe jedes Gefühl ist.

Intuition ist die Gabe, sich von Gefühlen bewusst leiten zu lassen.

Intuition ist der bewusste Einklang mit der inneren Kraft.

Wer intuitiv denkt, der vertraut. Er versteht, ohne verstehen zu müssen.

Er weiß intuitiv, mehr muss er nicht wissen.

Er hat keinen Zwang zum Wissen mehr, weil er jeder Zwang und jede Unwissenheit ist.

Unbewusst wird der Mensch immer geführt, bis er seiner Intuition bewusst folgt.

Gefühle treiben den Menschen an, bis er seinen Gefühlen bewusst folgt.

Gefühle geben dem Menschen die Orientierung des Herzens.

Gefühle sind wahre innere Werte.

Andere Werte hat der Mensch nicht – so, wie er keine anderen Gefühle hat.

Tugenden sind die Werte des Verstandes. Gefühle sind die Werte des Herzens.

Wer in Gefühlen denkt, der denkt in der Wahrheit seines Herzens.

Der Verstand kann sich bewusst mit dem Herzen verbinden.

Wer so denkt, wie er fühlt, und so fühlt, wie er denkt, der erfährt Einklang.

Viele wollen nur im Herzen sein und lehnen ihre Gedanken als misslich ab.

Sie wollen Gedanken abschalten und zur Ruhe kommen.

Verständnis ist der natürliche Weg in die Stille.

Dann hat der Verstand und jeder Gedanke seinen Sinn.

Wer seinen Verstand ablehnt, kann lernen, ihn zu lieben.

Wer sein Gedächtnis verliert, der weiß die Erinnerung zu schätzen.

Menschen, die Erfahrungen loslassen, Erinnerungen streichen und vergessen wollen, die streben Vergessen anstelle von Erinnerung an.

Menschen erfahren sich nicht zufällig in der Tiefe des Vergessens.

Vergessen ist der Schatten jeder Erinnerung.

Die Tiefe des Vergessens erfährt sich im Verlust der Erinnerung. Damit gehen grausame Gefühle einher.

Krankheiten können grausam sein. Ängste können grausam sein. Gefühle können grausam sein.

Krankheiten und Ängste zwingen den Menschen, sich auch den Gefühlen der Grausamkeit zu widmen.

Jedes noch so grausame Gefühl hat seine Bedeutung, wenn alle Gefühle von Bedeutung sind.

Gefühle sind ein bedeutsamer Schlüssel für Krankheiten, wenn Gefühle die wesentliche Wahrheit des Menschen sind.

Wenn der Mensch eine Wahrheit hat, dann ist sie der Schlüssel zu seinem Wesenskern – zu seinem wahren Kern.

Die Liebe ist der Schlüssel, wenn Liebe die Wahrheit des Menschen ist.

Der Mensch muss sich der Wahrheit seiner Gefühle stellen.

Menschen haben vor ihrer eigenen Wahrheit Angst.

Diese Angst ist die Umkehrung der Freude an der Wahrheit ihres Seins.

Wahre Lebensfreude ist an die Wahrheit gebunden – so wie die Leichtigkeit des Seins.

Solange Menschen vor sich selbst Angst haben, verbreiten sie Angst statt Leichtigkeit.

Angst ist nicht gesellschaftsfähig, solange der Mensch nur die Freude hofiert.

Negative Gefühle sind nicht gesellschaftsfähig, solange der Mensch nur positiv sein will.

Die Polarität ist nicht gesellschaftsfähig, solange der Mensch die Existenz der Negativität in sich ablehnt.

Und so ist der Mensch voll unbewusster Ablehnung, anstatt bewusst zu sein.

Gefühle werden sich solange unbewusst entwickeln, bis sich der Mensch der Wahrheit seiner Gefühle stellt.

Gefühle zwingen den Menschen hinzuschauen, oder sie ermöglichen es ihm.

Krankheiten zwingen den Menschen hinzuschauen, oder sie ermöglichen es ihm.

Wahre Ursachenforschung ist an die Wahrheit des Menschen gebunden.

Jeder findet die Wahrheit in sich selbst.

Wenn der Mensch keine eigene Wahrheit in sich selbst hat, wie könnte er jemals die wahre Ursache im Außen finden?

Alles, was ist, ist wahr.

Jedes Gefühl ist in diesem Sinne wahr.

Die Liebe ist jeder Sinn – bis hin zur vollständigen Tiefe der Sinnlosigkeit.

Die Liebe erfährt sich durch jedes Gefühl, auch durch das Gefühl der Sinnlosigkeit.

Sinnlosigkeit ist ein grausames Gefühl, in der sich die ganze Sehnsucht nach dem Sinn offenbart.

Wer nicht versteht, der versteht und muss nicht mehr verstehen, weil er verstanden hat.

Dann hat die Sehnsucht nach Verständnis ein Ende in der tiefen Erfahrung der Unendlichkeit.

Der Weg endet nie, weil das Ende der Anfang ist.

Gedanken enden nicht. Gefühle enden nicht. Mitgefühl endet nicht.

Die Sehnsucht endet nicht, nur weil der Mensch seinen Frieden mit der Sehnsucht gefunden hat.

Sie ist, was sie ist: Sehnsucht.

Wer sich nicht mit ihr identifiziert, der hat sich dadurch infiziert.

Wer ihr nicht folgen will, der folgt ihr dadurch.

Sehnsucht will bewusst erfahren werden, dann kann sie sein.

Jede Sehnsucht hat ihre Bedeutung, auch die unendlich tiefe Sehnsucht nach Achtung und Wertschätzung.

Der Mensch wird andere dann schätzen, wenn er erfahren hat, wie grausam es ist, nicht geschätzt zu werden.

Mangelnde Wertschätzung ist eine Form der Missachtung, auf die bewusst die Achtung folgen kann.

Wer nichts wert ist oder nichts wert war, der kann dadurch jeder Wert sein.

Jeder Wert erfährt sich durch seinen Entzug bis hin zur völligen Wertlosigkeit.

Im Gefühl der Wertlosigkeit ist weder Prestige noch Status, Ansehen oder Anerkennung, aber der Beginn des Wertes dessen, der sich wertlos fühlt.

Im Schatten erfährt sich der ganze Wert des Lichts.

Wer sich absolut unwertig gefühlt hat, der kann den vollständigen Wert erfahren.

Wer sich unwürdig gefühlt hat, der hat die Würde entdeckt.

Wer sich leer gefühlt hat, der hat die Fülle gefunden.

Wer sich nutzlos gefühlt hat, der kennt die Freude am Nutzen.

Wer sich in tiefer Sinnlosigkeit erfahren hat, der kennt die Freude am Sinn und Sein.

Wer Zeitlosigkeit erfahren hat, der kennt den Wert der Zeit.

Wer Gefühllosigkeit erfahren hat, der kennt die Wahrheit der Orientierung.

Ohne Orientierung fühlt sich der Mensch verloren, wenn er sich in Verlorenheit erfahren soll.

Ohne Freude ist der Mensch verloren, weil er die Freude verloren hat.

Die Totalität des Verlustes der Freude ist eine unerträgliche Qual. Da bleibt nur der Schmerz der Unerträglichkeit.

Der Verstand sucht die Freude, aber er kann sie im Geist nicht schöpfen.

Das Ego kann die Wahrheit des Gefühls nicht herstellen.

Das ist der Verlust des Ego, welches erkennen muss, dass es ohne Gefühl verloren ist.

Wenn der Mensch kein Gefühl mehr hat, dann ist er völlig orientierungslos.

In diesem Zustand kann er die Quelle und die Wahrheit seiner Orientierung erkennen.

Woran orientiert sich der Mensch, solange er sich nicht an seiner Wahrheit orientiert?

Viele behaupten, es gäbe keine Wahrheit, und bekämpfen sie in dem anderen.

Der andere ist der Spiegel eigener Wahrheit oder Unwahrheit.

Verständnis ist die Wahrheit des Menschen, der Sehnsucht nach Verstehen hat.

Doch auch Verstehen-Wollen ist eine Sucht, die immer wieder Nichtverstehen erfordert.

Das Verstehen kommt mit dem Nichtverstehen.

Wer nichts versteht, der kann verstehen.

Verstehen ist unendlich. Erkenntnis bleibt.

Doch auch Erkenntnis ist unendlich. Es ist die Unendlichkeit des Seins.

Mal versteht der Mensch, mal versteht er nichts, bis er nicht mehr nach Verständnis strebt, weil er darin nicht ankommen kann.

Verständnis geschieht – so, wie alles Verstehen schon geschehen ist.

Der Mensch kann seinem Verstehen vertrauen, wenn er sich in seinem tiefsten Unverständnis erfahren hat. Dann kann er seinem eigenen Unverständnis vertrauen.

Hierfür hat er den Hass auf das Unverständnis erfahren, in dem jegliches Verständnis – auch das für den Hass – geboren wird.

Der Hass hat viele unterschiedliche Facetten – so viele, wie es Schatten gibt.

Auch der Hass auf die eigene Unfähigkeit will bewusst erfahren werden.

In der Tiefe des Gefühls, gänzlich unfähig zu sein, wird das Gefühl begründet, fähig zu sein.

Wer sich unfähig erfahren hat, der weiß seine Fähigkeiten bewusst zu schätzen.

Jede Fähigkeit erfährt sich durch ihre Unfähigkeit.

Wer die Unfähigkeit anderer verurteilt, der lehnt die eigene Unfähigkeit ab.

Jede Fähigkeit hat ihren Sinn, dann aber auch jede Unfähigkeit.

Wenn der Mensch etwas wahrhaftig nicht kann, dann kann er es nicht, weil er es nicht können soll.

So erfährt sich Können immer wieder neu durch Nicht-Können.

Viele richten ihr Augenmerk auf das, was sie nicht können. Oftmals entspricht das exakt ihrem Gefühl.

Wenn sich der Mensch unfähig fühlt, dann kann er nicht gleichzeitig seine Fähigkeiten schätzen.

Wer sich wertlos fühlt, der kann nicht gleichzeitig stolz auf sich selbst sein.

Fähigkeiten erfahren sich fortlaufend neu durch Unfähigkeiten, Stärken neu durch Schwächen, Neigungen neu durch Abneigungen.

Allem wohnt ein Gefühl inne.

Das ablehnende Gefühl hat nichts Zustimmendes. Und so will der Mensch möglichst viel Ablehnung in seinem Leben vermeiden.

Daher tut er alles, um zu gefallen oder um nicht zu gefallen, je nachdem, was ihm mehr Aufmerksamkeit bringt.

Kinder ringen um die Aufmerksamkeit ihrer Eltern.

Wer sehnt sich schon nach Ablehnung?

Doch viele Kinder lehnen ihre Eltern ab, weil die Eltern ihnen nicht das geben, wonach sie sich sehnen.

Wer ständig das macht, was die eigenen Kinder verlangen, der erfährt sich in deren Verlangen.

Wer viel verlangt, der ist extrem süchtig.

Aus dem Verlangen anderer kann sich der Mensch befreien.

Doch viele haben Angst sich zu widersetzen, weil sie Angst vor Ablehnung haben. Und so ist Angst ihr Antrieb.

Der Mensch folgt seinen Zwängen, bis er ihnen nicht mehr folgt. Dann stellt er sich seiner Angst.

Wer anderen widersteht, der erfährt sich im Widerstand.

Gehorsam erfährt sich immer wieder neu durch Widerstand.

Wer immer gefolgt ist, der fällt auf, wenn er nicht mehr folgt.

Wer immer ungehorsam war, der fällt auf, wenn er plötzlich gehorcht.

Wer gehorcht, der wird für seinen Gehorsam gemocht.

Manche werden auch für ihren Ungehorsam gemocht, weil sie den Mut haben, sich zu widersetzen. Dann werden sie für ihren Mut gemocht.

Viele Menschen folgen anderen aus Angst anstatt aus der Freude ihrer Überzeugung.

Sie fürchten Liebesentzug und Strafe, wenn sie es anderen nicht recht machen.

Sie fürchten die Ablehnung, wenn sie den Erwartungen anderer nicht entsprechen.

Wer ständig die Erwartungen von anderen erfüllen will, der ist süchtig nach Anerkennung.

Ihm ist wichtig, was andere von ihm denken.

Wem es hingegen gleichgültig ist, was andere denken, der ist ein Extremist der Gleichgültigkeit.

Mal ist es Menschen wichtig, was andere denken, mal nicht.

Mal macht der Mensch es anderen recht, mal nicht.

Mal kommt der Mensch mit anderen klar, mal nicht.

Der Mensch muss nicht mit allen klarkommen.

Er wird mit denen nicht klarkommen, mit denen er gar nicht klarkommen oder auskommen soll.

Es ist auf Dauer anstrengend, es anderen ständig recht machen zu müssen oder mit allen Menschen klarkommen zu wollen.

Es ist anstrengend bis unmöglich, sich Menschen anzunähern, die Unnahbarkeit, Reserviertheit, Unzugänglichkeit, Eigenbrötelei, Zurückhaltung, Distanz oder Ablehnung spiegeln.

Die Sucht nach Anerkennung ist anstrengend, weil sie sich permanent durch die Angst vor Ablehnung erfährt.

Wer süchtig ist und nach positiven Gefühlen verlangt, dem wird man es nicht recht machen können.

Die Sucht bleibt eine Sucht, die sich immer wieder neu durch Sehnsucht erfährt.

Wer viel von anderen oder ständig nach anderen verlangt, der ist extrem süchtig.

Wer ständig erwartet, dass andere es ihm recht machen, der ist extrem egoistisch in seinem Verlangen.

Solche Menschen erwarten oftmals auch noch, dass andere so denken und handeln wie sie selbst.

Sie halten ihre Erwartung für normal, aber es ist pervers und unmöglich.

Wie fühlt es sich an, dem ständigen Verlangen anderer ausgesetzt zu sein?

Ist jemand dazu verdammt, das Verlangen anderer ständig zu erfüllen, dann wird sich der Verlangende noch in der Verdammnis seines eigenen Verlangens erfahren.

Verlangen ist eine Sucht – die Sucht des Begehrens.

Wer keine Liebe für das Begehren hat, der wird sich noch ohne Begehren erfahren.

Wenn ein Mensch nichts begehrt, dann schätzt er es, begehren zu können.

Sich gegen das Begehren anderer zu wehren, ist mal leichter, mal schwerer, mal möglich, mal unmöglich.

Sich zu wehren, kann eine Lebensaufgabe zu sein.

Der Wehrlose erfährt sich im Gefühl der Wehrlosigkeit, bis er sich gegen den Angreifer wehrt. Dann ist die Verteidigung der Angriff.

Welcher Angreifer macht sich die Gefühle des Verteidigers bewusst?

Diese Gefühle wird er selbst durch seine Angriffe ernten. Dann fühlt er, was er gesät hat.

Sich aus Wehrlosigkeit und Unterdrückung zu befreien, ist das Streben nach Befreiung, die sich ohne die Unfreiheit nicht erfahren kann.

Unterdrückung ist eine Form der gewaltsamen Ignoranz der Gefühle des anderen.

Sich nichts gefallen zu lassen, für sich einzustehen, sich nicht misshandeln zu lassen, wegzugehen statt zu bleiben, auf sich zu achten, auf eigenen Füssen zu stehen, Verantwortung für sich zu übernehmen, sich aus Unterdrückung und Gewalt zu befreien, zu fliehen oder zu bleiben – alles das sind Aufgaben der Liebe in der Polarität.

Jede Aufgabe ist eine Aufgabe der Liebe, auch die des Strebens nach Freiheit.

Freiheit kann nur derjenige suchen, der die Freiheit in seinem Leben vermisst.

Wer anderen die Freiheit nimmt, der wird sich in Unfreiheit erfahren.

Wer anderen keine Rechte zugesteht, der wird sich ohne Rechte erfahren.

Wer die Wehrlosigkeit anderer ausnutzt, der wird sich ausgenutzt und wehrlos erfahren.

Wer die Schutzlosigkeit anderer missbraucht, der wird sich schutzlos und ausgeliefert erfahren.

Wer Gewalt ausübt, gegen den wird sich die Gewalt richten.

Der Mensch erntet die Grausamkeit, die er sät.

Doch er ist weder Schöpfer der Gewalt noch Schöpfer der Gewaltlosigkeit.

Er ist auch nicht der Schöpfer der Gefühle, die mit Gewalt und Gewaltlosigkeit einhergehen.

Gewalt auszuüben, ist eine Folge von Angst, es sei denn, der Mensch hat Freude an der Gewalt.

Die Freude wird Menschen vergehen, wenn sie erkennen, dass sie die Grausamkeit der Gewalt zu fühlen bekommen, die sie gegen andere richten.

Der Mensch entscheidet nicht über die Gefühle, die er erfährt.

Er kann Gefühle ignorieren, bis sie sich gewaltsam und mit aller Macht aufdrängen.

Dann zeigt sich die Macht des Herzens – auch über die Gewalt.

Gewalt zerstört Menschen.

Wer andere stört oder zerstört, der wird sich selbst gestört oder zerstört erfahren.

Viele zerstören das Leben anderer Menschen, und so zerstört sich der Mensch immer wieder selbst.

Viele setzen ihre Ziele mit brutaler Gewalt durch, deshalb werden sie Brutalität ernten.

Manche schrecken weder vor Heimtücke noch vor Hinterlist zurück. Sie werden sich noch über das Gefühl der Heimtücke in ihrem Leben wundern.

Das Schicksal kann sich mit brutaler und heimtückischer Macht gegen einen Menschen richten.

Wer über andere brutal richtet, der sät Brutalität.

Je erbarmungsloser der Mensch andere richtet, umso mehr wird er sich selbst nach Erbarmen sehnen.

Wer meint, immer Recht haben zu müssen, der will sein Recht oftmals mit aller Gewalt durchsetzen. Damit wird Gewalt anstelle von Gerechtigkeit gesät.

Wer sich ständig durchsetzen will, der will andere bezwingen. So wird Zwang gesät.

Menschen, die sich ständig behaupten müssen, die sehnen sich extrem nach Anerkennung.

Selbstbehauptung ist eine gewaltige Sucht und das ständige Ringen mit sich selbst.

Der Gegner im Außen ist die eigene Angst im Innern.

Der Mensch kämpft immer für und gegen ein Gefühl.

Wer süchtig nach Liebe ist, der ringt um das Gefühl der Zuneigung.

Wer süchtig nach Anerkennung ist, der will die Ablehnung nicht.

Wer süchtig nach Macht ist, der will die Ohnmacht nicht.

Wer keine Macht will, der will ohnmächtig sein.

Wer will sich schon ohnmächtig fühlen?

Die Sehnsucht nach Macht ist weder männlich, noch ist der Schatten Ohnmacht weiblich.

Der geschlechtslosen Freude an machtvoller Durchsetzung von Zielen steht die Angst vor Scheitern und Unterlegenheit gegenüber.

Menschen erfahren sich fortlaufend im Wettbewerb zwischen Überlegenheit und Unterlegenheit.

Wer nicht überlegen sein will, der will noch unterlegen sein.

Wer schlecht verlieren kann, der will die Gefühle der Unterlegenheit nicht.

Wer sich ärgert, wenn er unterliegt, der hasst die Niederlage. Dann braucht er anderen keine Niederlagen mehr zufügen.

Der Sieger kann dem Verlierer helfen, aber er kann ihm die Gefühle des Verlierens, Scheiterns und Versagens nicht ersparen, die er für sein Mitgefühl braucht.

Gewinner werden belohnt, Verlierer werden bestraft.

Gefühle sind keine Strafe, doch mit Strafen gehen viele Gefühle einher.

Menschen, die nach Belohnung streben, haben die Strafe als Schatten im Gepäck.

Mit Strafen will der Mensch etwas verhindern, mit Belohnung will er etwas bewirken.

Er will immer bestimmte Gefühle bewirken und andere Gefühle verhindern.

Wenn er mit Belohnung nichts bewirken kann, dann versucht er es mit Strafen zu erreichen.

Menschen glauben an die Notwendigkeit von Bestrafung, Sühne und Vergeltung, bis sie das universelle Gesetz von Ursache und Wirkung in sich selbst erfahren.

Strafen bewirken keinen inneren Ausgleich, da die Erfahrung leidvoller Gefühle nicht ungeschehen gemacht werden kann.

Strafen bewirken keine wahrhafte Heilung verletzter Gefühle.

Je grausamer die Strafen des Menschen sind, desto grausamer sind die Gefühle, die der Mensch für sein künftiges Erleben sät.

Menschen lehnen Gnade und Vergebung aus Angst und Unwissenheit ab – nicht aus Freude. Und so säen sie Angst und Gnadenlosigkeit.

Der Mensch will die Angst wegsperren, aber dann sperrt er auch Menschen weg.

Der Ruf der Hardliner nach härteren Gesetzen ist vielerorts lauter als der Wunsch nach mehr Mitgefühl, Vergebung, Gnade und Liebe.

Der Mensch zieht immer das an,
wonach er ruft.

Härtere Gesetze bedeuten Hartherzigkeit.

Hartherzigkeit ist eine Folge von Angst sowie eigenen ungeheilten Verletzungen.

Wer gnadenlos bestraft, der sät Gefühle der Gnadenlosigkeit.

Wer sich nach Gnade sehnt, der weiß, wie sich Gnadenlosigkeit anfühlt.

Wer nach Gnade ruft, der wird gnädig sein wollen.

Wer flehentlich bittet, der kann andere bewusst erhören.

Wer sich bewusst in Ungnade erfahren hat, der kann bewusst gnädig sein.

Je ungnädiger und strenger Menschen zu anderen sind, desto unbeugsamer sind sie auch gegenüber sich selbst.

Der Unbeugsame wird sich noch gebeugt erfahren, der Unerbittliche wird bittend Nachgiebigkeit ersehnen.

Wer vermeintlich zu nachgiebig ist, der ist dafür weniger unerbittlich.

Wer meint, der andere habe es nicht besser verdient, der urteilt hart. Es ist das harte Urteil, welches er über sich selbst spricht.

Der andere ist der Spiegel eigener Hartherzigkeit oder Großherzigkeit.

Wer glaubt, dass andere Strafe und Unerbittlichkeit verdienen, der wird sich mit diesem Verdienst erfahren.

Gefühle sind kein Verdienst, es sei denn, der Mensch macht sie zum Verdienst.

Wer meint, sich Gefühle verdienen zu können, der erfährt sich in den Gefühlen von Strafen und Belohnen.

Dann hat der Mensch Freude an der Belohnung und Angst vor der Strafe.

Der Mensch wird immer nach Belohnung streben, es sei denn, er glaubt, Strafe zu verdienen, weil er sich schuldig fühlt.

Viele sehen sogar ihr ganzes Leben als Strafe an oder fühlen sich vom Leben bestraft.

Sie erfahren das Gefühl der Strafe – so, wie sie andere lebenslang bestrafen.

Manchen wird lebenslang die Familie, der Partner oder das Kind genommen.

Lebenslängliche Verluste gehen mit vielen grausamen Gefühlen einher.

Wenn der Mensch sie fühlt, dann geht er durch die Hölle seiner Gefühle.

Wer sie bewusst fühlt, der erwacht durch die Wahrheit seiner höllischen Gefühle.

Alles, was der Mensch anderen nimmt, ist auch das, was er ihnen eines Tages geben kann.

Die Schuld, die er auf sich lädt, ist auch die, von der er sich selbst befreien kann.

Schuld, Strafe und Reue wegen der eigenen Unvollkommenheit wiederholen sich so, wie sich jedes Gefühl bei genauer Betrachtung ständig wiederholt.

Der Mensch kann sich nur aus seiner eigenen Schuld befreien, indem er sich selbst für das vergibt, was er im Rahmen der Polarität an Gefühlen gesät hat.

Ein Täter erntet die Gefühle, die er sät – so wie ein Richter, der aus Angst urteilt und richtet.

Jegliches Urteil abzulehnen, wäre das extreme Gegenteil der Liebe zur Entscheidung.

In dem radikalen Maße, wie der Mensch sich jedes Selbsturteil vergibt, wird er anderen vergeben können.

Doch Vergebung setzt Verstehen voraus, sonst hat Vergebung nicht die Wahrheit der Erkenntnis.

Der Mensch kann Vergebung nicht ohne Verurteilung erfahren.

Vergebung geschieht im Herzen – über die Wahrheit des Gefühls.

Vergebung ist keine Tugend, sondern eine tiefe Erfahrung der Gefühle von Angst, Strafe und Schuld.

Solange sich die Menschen vor sich selbst fürchten, solange werden sie sich gegenseitig beschuldigen, anklagen und strafen.

Menschen sperren andere ein, bis sie erkennen, dass sie sich damit selbst einsperren.

Sie fesseln andere, bis sie in ihrem Leben erkennen, an bestimmte Erfahrungen und Gefühle gefesselt und gebunden zu sein.

Sie legen andere an die Kette, bis sie die besiegelten Ketten ihres Lebens spüren.

Menschen fühlen sich nicht zufällig in ihrem Leben, in ihrem Haus oder in ihrem Körper gefangen.

Wer andere einsperrt, der wird sich in den Gefühlen des Gefangenseins erfahren.

Diese sind grausam, sobald der Mensch seine tiefe Sehnsucht nach Freiheit und Unabhängigkeit fühlt.

Wer andere kreuzigt, der kreuzigt sich selbst. Dann ist das Leben ein Kreuz.

Wer andere zu Kreuze kriechen lässt, der wird selbst zu Kreuze kriechen.

Wer andere zu läutern versucht, der wird sich in Läuterung erfahren.

Wer andere zu Opfern macht, der wird dieses Opfer künftig erbringen müssen.

Mal ist der Mensch der Täter, mal das Opfer, bis er erkennt, dass er immer beides ist.

Je grausamer sich ein Täter verhält, desto mehr Grausamkeit lädt er auf seine eigenen Schultern.

Was der Mensch zerstört, das baut er selbst wieder auf.

Er zerstört sich immer wieder selbst – und so erfährt er sich in Selbstzerstörung.

Wer andere foltert und peinigt, der erntet seine Pein.

Wer andere isoliert, der erntet Gefühle der Isolation, Einsamkeit und Ausgrenzung.

Wer andere verstößt, der wird sich verstoßen und ausgeschlossen erfahren.

Wer Verbannung, Ausgrenzung und Isolation erfahren hat, der wird andere integrieren statt ausgrenzen wollen.

Der Verstoßene kann wieder aufgenommen werden, der Ausgewiesene wieder eingeladen und das Urteil wieder aufgehoben werden.

Jeder Mensch ist sein eigener Richter.

Kritik, Tadel, Missbilligung, Abmahnung, Absage, Beschwerde, Ablehnung – alles das ist tägliches Richten.

Durch Gerichte der Polarität werden die Gefühle erfahren, die der Mensch in der Regel nicht will.

Auf Verurteilung kann Gnade folgen. Auf Strenge kann bewusste Milde folgen.

Der Versöhnliche erfährt sich immer wieder neu durch den Unversöhnlichen.

Unversöhnlichkeit ist ein Gefühl.

Wer anderen oder sich noch nicht vergeben kann, weil er noch voller Schmerz ist, der kann noch nicht vergeben.

Der Mensch muss niemandem vergeben, wenn er nicht vergeben kann. Sonst sät er Zwang und Unglaubwürdigkeit und vergewaltigt sein wahres Gefühl.

Der Mensch kann dann wahrhaftig vergeben, wenn er sich nicht zur Vergebung zwingen muss.

Die Auflösung von Schmerzen ist an das Verstehen des Schmerzes gebunden. Verstandener Schmerz erfährt Heilung.

Es ist immer die eigene Verletzung, die geheilt werden will. Das bedeutet Selbstheilung.

Wer noch nicht vergeben kann, der kann einem Gefühl noch nicht vergeben, welches ihn tief verletzt hat.

Wer sich noch an anderen Menschen rächt, der heilt seinen Schmerz nicht.

Rachsucht ist eine wiederkehrende Sucht.

Wer verletzt ist, den haben Gefühle verletzt, und für diese Gefühle wollen sich viele rächen.

Sie rächen sich immer an sich selbst, denn jedes Gefühl, welches sie anderen zufügen, werden sie selbst ernten.

Alles rächt sich im eigenen Spiegel.

Wer sich in Rache erfahren hat, der kann sich für seine Rache vergeben. Dann kann er anderen ihre Rache vergeben.

Mit Rache setzt der Mensch hingegen die endlose Kette fort, anderen die Gefühle zuzufügen, die ihm selbst Schmerzen bereitet haben.

So fügt er sich selbst immer wieder den gleichen Schmerz zu, statt sich aus dem tiefen Schmerz dieses Gefühls zu erlösen.

Was der Mensch anderen nimmt, das kann ihm genommen werden. Was er gibt, das kann ihm gegeben werden.

Doch alles ist an die Wahrheit des Gefühls gebunden.

Wer auf die Schmerzen nicht achtet, die er anderen zufügt, der sät Schmerz und Missachtung.

Menschen fügen sich gegenseitig immer wieder grausame Schmerzen zu.

Dann wundern sie sich, wenn sie im Laufe ihrer Seelenreise grausame Schmerzen erfahren, bis sie sich der qualvollen Gefühle in ihrem Leben stellen.

Sie fügen auch Tieren unglaubliche Qualen zu.

Wer andere »tierisch quält«, der sät noch »tierisches Leid« für sich.

Dann leidet der Mensch eines Tages wie Tier, bis er sich mit Mitgefühl aus dem Leid erlöst, welches er anderen zugefügt hat.

Mitgefühl hat jeder in sich selbst zu verwirklichen – nicht in dem anderen.

Der andere ist der Spiegel des eigenen Bewusstseins.

Wer Qual in sich erfahren hat, der weiß, wie es sich anfühlt, gequält zu sein.

Wer andere zynisch quält, der wird sich mit seinem Zynismus erfahren.

Zynismus ist menschenverachtend. Es ist der Ausdruck eigener Selbstverachtung.

Wer Verachtung sät, der wird Verachtung ernten.

Der Mensch sehnt sich nach Bewunderung, aber nicht nach Verachtung.

Wer andere verachtet, der wird er sich eines Tages selbst verachten.

Wer sich in Selbstverachtung erfahren hat, der kann Selbstachtung bewusst erfahren.

Bewusste Achtung folgt auf die bewusste Erfahrung der Missachtung.

Wer gegen die Achtung von Gefühlen ist, der ist für ihre Missachtung.

Wer seine Gefühle nicht achtet, der wird auch andere nicht bewusst achten können.

Auf die Beobachtung der Gefühle der eigenen Ernte kann die bewusste Saat folgen.

Wem egal ist, was er anderen zufügt, der wird sich darin erfahren, dass er anderen egal ist, bis es ihm nicht mehr egal ist, was andere denken oder tun. Dann erfährt er sich in bewusster Anteilnahme.

Wem gefühlsmäßig alles gleichgültig ist, der erfährt sich in den Tiefen von Gleichgültigkeit und Teilnahmslosigkeit.

Die Tiefen von Teilnahmslosigkeit, Desinteresse oder Apathie steuert der Mensch nicht.

Wenn sich niemand für einen Menschen interessiert hat, dann lernt dieser Mensch das Interesse der anderen zu schätzen.

Wer allen Menschen gleichgültig ist, der weiß die Anteilnahme zu schätzen.

Auf Teilnahmslosigkeit kann die Anteilnahme folgen.

Wer von allen missachtet wurde, der weiß die Achtung zu schätzen.

Wer Achtung und Achtsamkeit verlangt, der erfährt sich in seinem Verlangen.

Er kann selbst achtsam sein, anstatt es zu verlangen.

Wer achtsam sein will, der ist es nicht.

Zwanghafte Achtsamkeit ist Extremismus. Sie erfährt sich durch Unachtsamkeit.

Wenn der Mensch wahrnimmt, was ist, dann wird es immer sein.

Dann braucht der Mensch mit der Unachtsamkeit nicht achtsam sein.

Wer Achtsamkeit ist, der muss es nicht mehr sein.

Wer eins mit allem ist, der ist.

Wahrnehmung ist wahre Achtsamkeit.

Wer fühlt, wie er sich fühlt, der ist wahr.

Wer fühlt, wie der andere fühlt, erfährt Mitgefühl.

Fühlen ist die Achtsamkeit des Gefühls. Das ist bewusstes Mitgefühl.

Wer Unachtsamkeit gefühlt und in sich erlöst hat, der ist selbst jede Unachtsamkeit, jeder Fehler, jede Unvollkommenheit, jede Missachtung.

Missachtung ist die notwendige Seite der Polarität, die der Mensch braucht, damit er sich immer wieder in Achtung erfahren kann.

Menschen freut es, geachtet zu werden, und so ärgern sie sich über Missachtung.

Sie freuen sich über Respekt, und so ärgern sie sich über Respektlosigkeit.

Wer viel auf andere warten muss, der hat oft das Gefühl, sitzen gelassen oder nicht respektiert zu werden. Das mag niemand, der sich nach Respekt und Achtung sehnt.

Wer andere ständig warten lässt, der sät fortlaufend Missachtung.

Wer Respekt erwartet, der kann Respekt zollen.

Wahrer Respekt ist das Erkennen
des anderen in sich selbst.

Dann ist Dankbarkeit der Ausdruck veredelten oder reinen Respekts.

Viele machen ihren Respekt von der Ehrerbietung anderer abhängig. Und so erfahren sie sich in Abhängigkeit.

Wer Ehrerbietung verlangt, der ist süchtig nach Anerkennung – so wie derjenige, der den Erfolg für seine Selbstbestätigung braucht.

Die Sucht nach Selbstbestätigung erfährt sich durch den Schatten Selbstablehnung, die Sucht nach Ehre durch den Schatten Ehrlosigkeit.

Ehrsucht, Geltungssucht und Ruhmsucht sind Ausdruck der Sehnsucht nach Freude durch Selbstbestätigung.

Sucht ist nicht krankhaft, wenn sich der Mensch bewusst in der Tiefe bestimmter Sehnsüchte erfahren soll.

Sucht ist umso mehr eine Erfahrung bewusster innerer Abhängigkeit von Gefühlen, je bewusster der Mensch wird.

Die Intensität seiner Sucht steuert der Mensch nicht, bevor er die Wahrheit der Intensität in sich erkennt.

Wer abhängig ist, der steuert seine Unabhängigkeit nicht.

Der Mensch, der tiefe Sehnsucht nach Freude hat, der ist von der Freude abhängig.

Jeder sucht die Freude so, wie es seiner Sehnsucht entspricht.

Je ehrgeiziger der Mensch ist, desto mehr erfährt er sich in der Sucht nach Freude durch Anerkennung und Ehre.

Es ist die süchtige Gier nach Ehre, die sich auch durch Maßlosigkeit erfährt.

Eine ehrenwerte Gesellschaft fördert die Ehrsucht, die Ehrlosigkeit als Schatten in sich birgt.

»Ehre, wem Ehre gebührt« bedeutet im Umkehrschluss, dass demjenigen, dem keine Ehre gebührt, Ehrlosigkeit zukommt. Das ist so entwürdigend wie entehrend.

Dem Ehrlosen gebührt der edle Respekt, weil er die Bürde der Ehrlosigkeit in der Polarität auf sich genommen hat – so, wie der Wehrlose die Wehrlosigkeit auf sich nimmt.

Wer sich im Gefühl von Würdelosigkeit erfahren hat, der kann andere würdigen, ohne dies an einen ehrvollen Verdienst zu knüpfen.

Wer in seiner Würde geachtet werden will, der kann andere bedingungslos würdigen.

Würdigen ist die ehrerbietende Form der Anerkennung.

Wer sich des Lebens unwürdig erfahren hat, der weiß, was Würde bedeutet, und wird anderen ihre Würde nicht nehmen wollen.

Würde beginnt in der Tiefe eigener Würdelosigkeit.

Voller Würde kann sein, wer sich gänzlich würdelos erfahren hat.

Wer sich geistig herabgewürdigt hat, der kann durch die Abwertung die Aufwertung erfahren.

Bedeutsam kann sein, wer die eigene Einflusslosigkeit tief durchdringt.

Wichtig kann sein, wer die Wertlosigkeit in sich erkennt.

Gleich kann der sein, der die Tiefe ungleicher Gegensätze erforscht.

Doch will der Mensch gleich, unwichtig und unbedeutend sein, oder sehnt er sich nach Einzigartigkeit, Wichtigkeit und Besonderheit?

Sein erfährt der Mensch durch das, was er nicht sein will, bis er in sich erkennt, dass er alles ist: so wichtig wie unwichtig, so gleich wie anders, so würdevoll wie würdelos.

Wer Ehre in vollem Umfang erfahren will, der braucht die absolute Tiefe der Ehrlosigkeit.

Wer höchste Anerkennung will, der braucht das Tal der Aberkennung.

Wer nach dem Höchsten strebt, der landet im Tal des Nichts, weil dort die Erfahrung nach allem und dem Höchsten beginnt.

Der Nullpunkt ist das Maximum des Negativen.

Aus dem Nullpunkt heraus
entsteht alles Positive.

Das Maximum der Freude beginnt am Nullpunkt, in der Abwesenheit aller Freude.

Wer das Nichts erfahren hat, der weiß: Da ist nichts, auch kein Gefühl, nur Leere.

Die Sehnsucht des Menschen ist auf das Höchste ausgerichtet, nicht auf die Leere.

Die Liebe ist das Höchste, das sich durch alles, eben auch die Leere erfährt.

Wer den Gipfel erfahren will, der braucht das Tal.

Wer durch das Tal der Abneigung gegangen ist, der kennt den Gipfel der Zuneigung.

Wer durch das Tal der Unfreiheit gegangen ist, der kennt die Bergspitze der Freiheit.

Der Tod im Tal ist die Erkenntnis des Berges.

Der Berg heißt Liebe.

Die bewusste Fülle des Berges liegt im Innern des Menschen verborgen. Dort liegen alle Gefühle verborgen.

Die Fülle aller Gefühle ist die Ganzheit des Mitgefühls.

Mitgefühl ist ein Bewusstseinszustand der Liebe.

Mit dem Herzen zu sehen, das bedeutet, Mitgefühl zu sein.

Mit dem Herzen zu sehen, das bedeutet, in der Wahrheit des Gefühls zu sein.

Was der Mensch nicht fühlt, das kann er nicht sehen.

Wer seine Gefühle versteht, der ist bewusst in seinem Selbstverständnis.

Die Achtung der Wahrheit eigener Gefühle ist bewusste Selbstachtung.

Auf Selbstachtung kann die Achtung des anderen folgen.

Die fühlende Achtung des anderen bedeutet, im Mitgefühl zu sein.

Es ist eine rein fühlende, keine wertende Achtung, wenn jedes Gefühl sein darf.

Wer den anderen so sein lässt, wie er ist, der ist großzügig zu sich selbst.

Wer so ist, wie er ist, der ist wahr.

So unwahr wie scheinheilig ist der Mensch, der nicht in der Wahrheit seines Gefühls lebt.

Menschen reden sich Erfahrungen und Gefühle oftmals schön, die alles andere als schön sind.

Wer negative Gefühle positiv denkt, der verdreht die Wahrheit, seinen Körper und sich selbst.

Die Wahrheit will nicht positiv gedacht, sondern erkannt werden.

Positives Denken ist Wahnsinn, wenn Verstehen die Wahrheit des Menschen ist.

Positives Denken ist der Weg in die Schizophrenie des Gefühls, wenn das negative Gefühl nicht positiv gedacht, sondern verstanden werden will.

Der Mensch ist süchtig nach Positivem, das nur durch Negativität erfahren werden kann.

Das Maximum positiven Denkens ist die Wahrheit des Maximums negativen Denkens.

Viele denken, sie ziehen Schlechtes in ihr Leben, wenn sie negativ denken. Und so haben sie Angst, negativ zu denken. Mit dieser Angst stehen sie in Resonanz.

Der Mensch kann immer nur so positiv denken, wie er sich negativ erfahren hat.

Der Mensch ist niemals schuld, wenn er negativ denkt, wenn es seinem aktuellen Gefühl entspricht.

Menschen wollen oftmals um jeden Preis positiv sein, weil sie das Negative an sich oder an anderen ablehnen. Damit sind sie voller Ablehnung.

Meist glauben sie aber, der andere sei total negativ. Dabei sind sie es selbst.

Ablehnung hat nichts Positives, sie fühlt sich auch nicht positiv an.

Positives Denken bewirkt kein positives Fühlen, sonst wären negative Gefühle längst ausgestorben.

Viele stellen sich positive Gefühle vor, weil sie glauben, positiv sein zu müssen, um dadurch Positives in ihr Leben zu ziehen.

Sie glauben positiv zu sein, und damit sind sie zwanghaft statt wahrhaft.

Wer absolut positiv sein will, der ist unerlöst in seinem zwanghaften und totalen Bestreben nach positiven Gefühlen.

Je intensiver sich ein negatives Gefühl offenbart, desto schwerer fällt es dem Verstand, positiv zu denken.

Je schwerer sich der Mensch fühlt, desto weniger kann er leicht sein.

Je schlecht gelaunter er sich fühlt, umso weniger kann er gut gelaunt sein.

Je unzufriedener er ist, umso weniger kann er Zufriedenheit ausstrahlen.

Je ängstlicher er sich fühlt, umso weniger kann er Vertrauen vermitteln.

Ein negatives Gefühl wird nicht dadurch schön, dass der Mensch es sich positiv denkt.

Was wäre die Freude, wenn die Angst positiv wäre?

Saure Sahne ist sauer und nicht süß.

Wenn der Mensch etwas nicht mag, dann ist in dem Gefühl des Nicht-Mögens nichts Positives.

Der Ekel ist kein schönes Gefühl.

Der Mensch muss einem negativen Gefühl nichts Positives abgewinnen, sonst erfährt er sich darin, zwanghaft positiv sein zu wollen.

Durch positives Denken entsteht Scheinheiligkeit.

»Du musst« ist das Gegenteil von »Ich bin«.

Wer das Hässliche schönredet, der hat sich noch nie wirklich hässlich gefühlt.

Es ist ein hässliches Gefühl – so wie Ekel.

Irgendwann gelingt es dem Menschen nicht mehr, das Beste aus seinem Leben zu machen, weil der seelische Abgrund nicht das Beste, sondern das Übelste ist.

Der Schatten ist ein Schatten und kein Licht.

Wer das Übel erfahren hat, der weiß, was schlecht ist.

Das üble Gefühl würde der Mensch am liebsten durch Erbrechen loswerden.

Die Erlösung vom Übel kommt mit der Wahrheit des Gefühls. Dann kann das Schöne bewusst kommen.

In der Hässlichkeit wird das Maximum dessen erfahren, was der Mensch an Schönheit sehen kann.

Die Existenz der Hässlichkeit begründet die Schönheit.

Menschen, die wunderschön sind, können sich durchaus hässlich oder unattraktiv fühlen.

Schönheit liegt im Auge des Betrachters oder in der Wahrheit des Gefühls.

Der eine hat die Schönheit im Verstand, der andere im Herzen.

Wer Verstand und Herz vereint,
der ist im Einklang.

Menschen können über eine Sache so unterschiedlich wie gleich fühlen.

Was den einen kalt lässt, das kann andere schrecklich ärgern.

Was den einen traurig macht, das kann andere völlig unberührt lassen.

Einige trauern ein Leben lang, andere wiederum leiden nur kurz.

Der eine steckt Schicksalsschläge leicht weg, der andere hadert schwer mit ihnen.

Auch Hadern ist ein Gefühl.

Die Intensität seiner Traurigkeit steuert der Mensch so wenig wie die Wahrheit seiner Fröhlichkeit.

Wer traurig ist, der kann sich nicht wahrhaft fröhlich denken, wenn das traurige Gefühl die Wahrheit ist.

Wer gerade keine Fröhlichkeit in sich hat, der tut sich schwer damit, fröhliche Lieder zu singen oder zu lachen.

Wer sich zum Lachen zwingt, der erfährt Zwang.

Wer immer nur fröhlich sein will, der ist süchtig.

Humor erfährt sich in seiner Tiefe durch die Abwesenheit jeglichen Humors.

Humorlosigkeit hat seine Bedeutung.

Lachmeditationen sind Ausdruck grotesken Humors, wenn der Mensch nicht wirklich etwas zum Lachen hat.

Maskenhaft und scheinheilig verzerrt sich das menschliche Gesicht, wenn der Mensch lacht, der keinen wahrhaftigen Spaß fühlt.

Wem intensiv zum Lachen zumute ist, der erfährt das Gefühl des Humors durch die Tränen der Freude.

Es gibt die Tränen der Freude. Sie erfahren sich auf der Gegenseite durch die Tränen der Traurigkeit.

Wer weder seine freudigen noch seine traurigen Tränen zeigen will, der schämt sich seiner gefühlten Wahrheit.

Gefühle, die der Mensch frei fließen lässt, erfahren sich durch die, die er schamhaft unterdrückt oder verbergen will. Sie sind trotzdem da, egal, wie sich der Mensch mit ihnen verhält.

Gegen die Erfahrung tiefer Traurigkeit kann der Mensch nichts tun, weil er gegen intensive Gefühle machtlos ist.

Unendliche Traurigkeit ist eine tief gehende Erfahrung. Da ist keine Freude mehr, da ist kein Lachen mehr, da ist nur reine Traurigkeit.

In der Tiefe der Traurigkeit wird jegliche Lebensfreude geboren, doch am Nullpunkt der Traurigkeit ist reine Traurigkeit.

Freude geschieht, so wie Traurigkeit geschieht.

Wem nichts mehr Freude macht, der kann die Freude dann genießen, wenn sie zurückkehrt.

Die Rückkehr der Freude steuert der Mensch nicht – so wenig, wie die reine Existenz ihrer Abwesenheit.

Wer sich bewusst in Traurigkeit erfährt, der kann sein Mitgefühl auch für die Menschen entwickeln, die in ihrer Traurigkeit hilflos und weinerlich sind.

Menschen lehnen oftmals Weinen, Jammern, Gezeter, Klagen, Gestöhn, Schmerzen und Wehgeschrei als Zeichen von Schwäche ab.

Sie lehnen leidende Menschen ab, weil sie Leid weder sehen noch fühlen wollen.

Menschen, die glauben, auf hohem Niveau zu jammern, die können sich das wahre Niveau ihrer Gefühle anschauen.

Niveau ist dann Intensität.

Leid erfährt sich durch leidvolle Gefühle, die bewusst durchlebt und eingelöst werden wollen.

Dann kann der Mensch auch andere in der Wahrheit ihrer Gefühle annehmen, die diese gerade jammern oder leiden lassen.

Wer mit seinem Leben nicht klarkommt, der kommt mit leidvollen Gefühlen nicht klar.

Die kann der Mensch nicht einfach abstellen oder so tun, als würde er nicht leiden.

Der Geist ist nicht stärker als das Gefühl.

Innerlich stark ist, wer der Macht leidvoller Gefühle ins Auge blicken kann.

Mit dem Herzen zu sehen, bedeutet, alles zu sehen – auch das Leid.

Eine Gesellschaft, die Gefühle als Schwäche ansieht, sieht die Wahrheit des Herzens als Schwäche an.

Wahrheit ist keine Schwäche, sondern innere Stärke der Wahrhaftigkeit.

Wer nicht auf seine innere Stimme hört, der hört nicht auf seine Wahrheit.

Wer auf seine Gefühle hört, dessen Stimme der Liebe ist vollständig.

Gefühle sind die Inspiration der Seele.

Die Inspiration der Seele ist nicht zufällig.

Inspiration ist die Kreativität des Herzens.

Die Kreativität im Herzen entspricht der Wahrheit des Gefühls.

Jedes Gefühl ist auf seine Art inspirierend – die Freude wie die Traurigkeit.

Auch Gefühle, die der Mensch nicht will, inspirieren ihn, besonders auch zum Denken.

Denken existiert, bevor sich der Mensch als Denker erfährt.

Der Weise hat die Weisheit nicht erfunden. Sie hat ihn gefunden.

Das ist die Demut der Weisheit.

Gefühle sind schneller als jeder Gedanke darüber.

Das ist die Demut des Herzens.

Gefühle finden den Menschen. Die Liebe findet den Menschen.

Gefühle, die kommen, erfahren sich durch die Gefühle, die gehen.

Kommen und Gehen kann der Mensch wahrnehmen. Dann kann er sich an seinen Gefühlen orientieren.

Verlorenheit ist die Erfahrung, ohne Gefühle verloren zu sein.

Es ist eine Erfahrung der Leere.

Ohne Sehnsucht ist der Mensch leer.

Die Abwesenheit seiner Sehnsucht kontrolliert der Mensch nicht. Die Erfahrung von Freudlosigkeit steuert er nicht.

Sehnsucht nach Freude erfährt sich immer wieder neu durch ihre Abwesenheit.

In der Sehnsucht nach Freude kann die Freude nicht anwesend sein, weil sich der Mensch niemals nach etwas sehnt, was er schon hat.

Freude kann der Mensch dann umso mehr genießen, wenn er sich in der Tiefe der Freudlosigkeit, im gänzlichen Entzug der Freude erfahren hat.

Wenn dem Menschen alles genommen wird, was ihm Freude bereitet, und er fürchtet, nie wieder Freude zu haben, dann erfährt er die Hölle der Freudlosigkeit.

Es ist das Gegenteil all dessen, wonach sich der Mensch sehnt.

Es ist das Gegenteil jeglicher Freude am Leben, in der die Erkenntnis der Lebensfreude gewonnen wird.

Es ist die Erfahrung der Leere statt Freude.

Wer keine Freude in sich hat, der kann sie sich nicht denken.

Die Erfahrung eines gebrochenen Herzens ist die Erfahrung zerbrochener Freude.

Innerliche Zerbrochenheit ist ein Gefühl.

Wenn Gefühle zusammenbrechen, dann kann der Mensch sie nicht mit der Kraft des Verstandes wieder aufbauen.

Es ist die Ohnmacht des Verstandes, der sich der Macht des Gefühls zu beugen hat.

Bei Aufgaben, in denen es um die Abwesenheit der Lebensfreude geht, da kann sie nicht anwesend sein.

Bei Aufgaben, in denen es um bewusste Erfahrungen mit Traurigkeit geht, da kann der Mensch nicht fröhlich sein.

Gefühle sind die Aufgaben des Menschen, um sich der Ganzheit der Liebe bewusst zu werden.

Die Ganzheit aller Gefühle ist der Weg bewusster Heilung.

Hierzu muss der Mensch die polare Wahrheit eines jeden Gefühls erkennen und in sich vereinen.

Deshalb muss auch das Gefühl des Zwangs als Gegenpol zur Freiwilligkeit existieren.

Totaler Zwang ist der Tod jeglicher Freiwilligkeit und zugleich auch ihr Beginn.

Wer Sehnsucht nach Freiwilligkeit hat, der sehnt sich nicht nach Zwang. Er lehnt ihn ab.

Je intensiver sich der Mensch nach Freiwilligkeit und Freiheit sehnt, desto mehr wird er Zwang und Unterdrückung in seinem Leben ablehnen.

Die Ablehnung kann sich durch Hass äußern. Im Hass auf den Zwang wird das Gefühl der Freiwilligkeit in der Tiefe erlöst.

Wer seine Gefühle achtet, der wird andere nicht zwingen wollen, sich aber auch nicht zwingen lassen.

Doch oftmals zwingen sich Menschen selbst zu Dingen, die sie nicht wollen oder mögen.

Mal wird der Mensch gezwungen, mal zwingt er sich selbst, mal befreit er sich aus seinen Zwängen.

Doch aus seinen Gefühlen kann er sich nicht befreien. Das ist die Freiheit der Liebe.

Der Extremist der Zwanglosigkeit ist ein extrem Gezwungener.

Der Extremist der Freiheit ist extrem unfrei.

Der Extremist der Unabhängigkeit ist extrem abhängig von ihr.

Wie könnte ein Extremist jemals frei von seinem Extrem sein? Aus der Sicht der Polarität ist er extrem einseitig, abhängig und unfrei.

Der Mensch kann seine Zwänge sehen oder seine Freiheiten.

Je freier sich ein Mensch erfahren möchte, desto mehr braucht er die Erkenntnis dessen, worin er unfrei ist.

Je unabhängiger ein Mensch sein möchte, desto mehr braucht er den Blick auf seine Abhängigkeiten.

Unabhängigkeit kann derjenige suchen, der sich in Abhängigkeit erfährt.

Der Mensch mag das Gefühl von Abhängigkeit nicht, wenn er sich nach Unabhängigkeit sehnt.

Die Freude an der Unabhängigkeit hat die Angst des Menschen vor Abhängigkeit als Schatten.

Das Maximum seiner Abhängigkeiten erfährt der Mensch durch die Gefühle, die ihn in seinem Leben am meisten quälen.

Seine tiefste und stärkste Sehnsucht zeigt ihm seine größte Unfreiheit in der Sucht selbst.

Aus der Sucht kann er sich nicht befreien, denn jedes Streben nach absoluter Freiheit führt ihn tiefer in den Schatten Unfreiheit, wo das Maximum seiner Freiheit im Abgrund verborgen liegt.

So frei die Seele sein mag: Der Mensch in seinen Aufgaben, Zwängen und Gefühlen ist es nicht.

Er hat auch nicht die Aufgabe, sich aus seinen Gefühlen zu befreien, wenn die bewusste Erfahrung von Liebe und Mitgefühl sein Weg ist.

Wer glaubt, alles in sich finden zu können und niemanden im Außen zu brauchen, der täuscht sich.

Das, was der Mensch in sich findet, erfährt sich durch das, was er nicht in sich findet.

Alles ist Polarität.

Der Weg durch die tiefste Bedürftigkeit ist der Weg zur Einheit und Ganzheit.

Bedürftigkeit ist die innere Wahrheit der Sehnsucht.

Die Sehnsucht nach sexueller Vereinigung mit dem anderen Geschlecht ist eine Sehnsucht, die sich exakt durch tiefe Abhängigkeit von dem anderen Geschlecht erfährt.

Wer sich nach der Vereinigung mit dem anderen Geschlecht sehnt, der findet die Erfüllung nicht in sich, aber die Fülle der Sehnsucht danach.

Das Gefühl körperlicher Vereinigung von Mann und Frau kann weder Mann noch Frau allein erfahren.

Der Pol der Heterosexualität erfährt sich hierbei durch den Gegenpol der Homosexualität.

Die Existenz der geschlechtlichen Abhängigkeit ist so wenig zufällig wie die Existenz der Unabhängigkeit.

Wer nach Unabhängigkeit strebt, der wird sich in der grausamen Tiefe seiner Abhängigkeiten erfahren.

Wer sich in der Tiefe seiner Sehnsucht nach Vereinigung erfahren hat, der hat sich vollkommen allein und total ohnmächtig erfahren.

Da war keine Vereinigung, aber unendlich quälende Sehnsucht danach.

Wenn Gefühle den Menschen quälen, dann demonstrieren sie ihre Macht.

Qual entsteht nicht im Geist, weil Gefühle nicht im Verstand, sondern im Herzen sind.

Qualvolle Gefühle will der Mensch am liebsten loswerden – manchmal durch Erbrechen.

Der Mensch erfährt sich gequält, bis er die Ursache seiner Qual sucht. Dann kann er Erlösung von der Qual finden.

Hierzu muss der Mensch qualvolle Polaritäten in sich erlösen oder eben vereinen.

Wer Negativität und Positives in sich vereint, der kann sich bewusst mit dem anderen Geschlecht vereinen.

Das ist die höchste Vereinigung, die im Bewusstsein gleichzeitiger Ganzheit und Unvollständigkeit erfolgt.

Die Frau ist bei der körperlichen Vereinigung von dem Mann und der Mann von der Frau abhängig. Der Mensch kann sich nicht allein körperlich vereinen.

In der Tiefe hasst er das Alleinsein, wenn er sich zutiefst nach Vereinigung sehnt.

Die Sehnsucht nach Vereinigung erfährt sich immer wieder neu durch Begehren.

Das Gefühl des Begehrens kann sich völlig verändern.

Lust ist die Freude des Begehrens.

Lust ist ein Gefühl, welches sich durch den Schatten Lustlosigkeit erfährt.

Wenn der Mensch zu etwas überhaupt keine Lust hat, dann erfährt er sich in absoluter Unlust.

In der Totalität der Lustlosigkeit ist so wenig Lust, wie in der Kraftlosigkeit Kraft ist.

Völlige Lustlosigkeit ist die Erfahrung kraftloser Lust. Dann kann der Mensch die Lust nicht mehr erzwingen.

Es ist die Abwesenheit jeglichen Begehrens. Da kann Lust nicht anwesend sein.

Sexualität erfährt sich – wie alles im Leben – durch die Fülle aller Polaritäten und Gefühle.

Der gute Sex wird sich immer wieder neu durch den schlechten erfahren.

Die Schönheit der körperlichen Vereinigung erfährt sich durch ihre Hässlichkeit.

Durch die Beschreibung von gutem Sex erfährt sich die Vorstellung des schlechten Sex.

Das, was dem Menschen gefällt, erfährt sich täglich neu durch das, was ihm nicht gefällt.

Was für den einen richtig ist, das kann für den anderen falsch sein.

Wer Angst hat, etwas falsch zu machen, der erfährt sich auch in der Sexualität mit seiner Angst.

Wer in der Liebe alles richtig machen will, der liebt zwanghaft, weil er bestrebt ist, alles perfekt zu machen.

Wer sich ständig zeigen, beweisen und behaupten muss, der schenkt seine Sucht nach Anerkennung.

Wer viele und hohe Erwartungen hat, der schenkt seinen Egoismus.

Wer sich hingegen der Wahrheit der Polarität bewusst ist, der schenkt sein Einssein mit allem, was ist.

Die Erfüllung von Erwartungen erfährt sich permanent durch ihren Schatten: Nichterfüllung.

Die Erwiderung von Gefühlen erfährt sich permanent durch ihre Nichterwiderung.

Weder Mann noch Frau entscheiden, wer die tieferen Gefühle für den jeweils anderen hat, wer sich gerade in mehr oder in weniger Abhängigkeit erfährt.

Mal sind ihre Gefühle gleich, mal ungleich, mal werden sie erwidert, mal nicht.

Mal fügt sich der Mann der Frau, mal fügt sich die Frau dem Mann.

Der Bestimmende braucht den, der sich bestimmen lässt. Der Führende braucht den, der sich führen lässt.

Es ist ein Spiel immer wiederkehrender Polarität von Macht und Ohnmacht, bis sich beide Seiten im Bewusstsein der Wahrheit ihres Seins vereinen.

Das ist Seelenvereinigung.

Bis dahin erfahren sich Mann und Frau immer wieder dem anderen gegenüber ausgeliefert.

Es ist das Gefühl des Ausgeliefertseins.

Sie erfahren sich so mächtig wie ohnmächtig, bis sie beides jeweils in sich selbst vereinen. Dann erfahren sie sich miteinander vereint.

Der in sich selbst Vereinte ängstigt sich nicht mehr vor der Macht des anderen, die ihm seine Abhängigkeit spiegelt, obwohl er sich doch nach Unabhängigkeit sehnt.

Wer durch den Schmerz der Gefühle von Ohnmacht, Ausgeliefertsein und Abhängigkeit gegangen ist, der hat diese Gefühle in sich erlöst.

Er kann bewusst die Freude der Vereinigung genießen, ohne unbewusst abhängig oder ängstlich zu sein.

Dann ist die tiefe Sehnsucht nach körperlicher Vereinigung durch Bewusstheit eingelöst.

Wenn sich der Mann in der Frau und die Frau in dem Mann erkennt, dann haben sie die wahre Liebe erkannt.

Mann und Frau sind Liebe.

Sie suchen nicht die Liebe, sondern sie sind es bereits. Dann schenken sie Erfülltheit statt Sucht.

Sucht ist in der Tiefe ihrer Unerfülltheit grausam und schmerzhaft.

Sucht kann immer nur vorübergehend befriedigt werden, aber keine abschließende Erfüllung finden.

Der Mensch, der süchtig nach Sexualität ist, der kann sich dem Gefühl totaler Abhängigkeit von der Vereinigung stellen.

Er kann sich seiner tiefen Sucht nach Befriedigung, Berührung und Zärtlichkeit stellen.

Er kann sich dem Entzug und damit seiner Sehnsucht stellen.

Wer unfreiwillig Enthaltsamkeit und Verzicht erfahren hat, der kennt den tiefen körperlichen Schmerz sexuellen Entzugs.

Wer mit einem Menschen körperlich zusammensein will, aber nicht zusammensein kann, der kennt eine Form dieses Schmerzes.

Wer sich unberührt erfahren hat, der sehnt sich nach der Freude der Berührung.

Wer sich in der tiefen Sehnsucht nach Berührung erfahren hat, der kennt den Schmerz der Unberührtheit.

In der Tiefe jeder Unberührbarkeit wird die Freude an der Berührbarkeit geboren.

Berührungen dienen der Heilung.

Dann ist es heilsames Erleben anstelle unbewusst süchtiger Befriedigung. Da kann der Mensch bewusst berühren und so auch berührt werden.

Er muss nicht mehr berühren. Er schenkt nicht seinen Zwang, sondern gibt seine Freude an der Berührung hin.

Es gibt Menschen, die sich für sensibel und feinfühlig halten, sich aber vor tiefen und schmerzhaften Gefühlen fürchten. Entsprechend ist die Tiefe flach, mit der sie andere berühren.

Wer sich selbst nicht in der Tiefe berührt hat, der kann andere nicht tief berühren.

Tiefe ist eine Erfahrung.

Wer negative Gefühle in ihrer Tiefe ablehnt, der ist voller Ablehnung, aber nicht voller Feingefühl.

Mitgefühl für alles, was ist, ist mehr als nur Feingefühl. Dann spürt der Mensch, ob und wie tief andere berührt werden können und wollen.

Es gibt angenehme wie unangenehme Berührungen.

Berührungen, die sich nicht gut anfühlen, werden niemals dadurch angenehm, dass der Mensch angenehm über sie denkt.

Es wird immer Menschen geben, von denen der eine gern, aber der andere ungern berührt wird.

Menschen, die andere ständig berühren und umarmen wollen, sind süchtig nach bestimmten Gefühlen.

Sie schenken ihre Sucht anstelle von bewusster Achtung der Gefühle des anderen.

Sie halten ihre Sucht nach zwanghafter Berührung und Umarmung für Liebe.

Der andere muss jedoch nicht berührt werden, schon gar nicht zwanghaft.

Doch nur auf erlöste Zwänge kann bewusste Freiwilligkeit folgen.

Berührung erfährt sich immer wieder neu – so wie Unberührbarkeit.

In Begegnungen, in denen mangelnde gegenseitige Anziehung bewusst erfahren wird, kann der Mensch seine Sehnsucht nach Anziehung und körperliche Berührung erkennen.

Wer seinen Körper nicht mehr spürt, ihn aber spüren will, der erfährt auch seine Sehnsucht nach Körperlichkeit.

In der Tiefe der körperlichen Gefühllosigkeit wird die Freude an der Erfahrung seines Körpers geboren.

Es ist das willentliche und bewusste Wollen seines Körpers, welches der Mensch auch fühlen kann.

Der Körper will bewusst erfahren werden. Dieser Sehnsucht liegt körperliche Gefühllosigkeit als Schatten zugrunde.

Der Körper ist mit jedem Gefühl verbunden – auch mit dem der Sinnlichkeit.

Die Sehnsucht nach Sinnlichkeit wird dadurch geweckt, dass Menschen die Erfahrung jeder Sinnlichkeit entzogen ist.

Sinnlichkeit zu erfahren, das steuert der Mensch nicht.

Er kann wahrnehmen, wann ihm die Körperlichkeit oder die Sinnlichkeit fehlt.

Dann begegnen ihm Partner als Spiegel, mit denen er sich in unsinnlichen und platonischen Beziehungen erfährt.

Der Spiegel des anderen ist immer so, wie der Mensch ihn braucht.

Sinnlich kann derjenige berührt werden, dessen Sinne im Entzug durch die Wahrheit der inneren Kraft gestärkt wurden.

Wo keine Sinnlichkeit war, da kann jede Sinnlichkeit entstehen.

Wo keine Leidenschaft war, da kann sich Leidenschaft bewusst entfalten.

Die Sehnsucht nach leidenschaftlichen Beziehungen erfährt sich durch deren Abwesenheit: den Schatten Leidenschaftslosigkeit.

Leidenschaft ist Ausdruck von Begeisterung.

Wer nur halbherzig hinter etwas steht, der erfährt die halbe Leidenschaft.

Wer mit ganzem Herzen dabei ist, der ist mit jedem Gefühl dabei. Dann ist seine Leidenschaft wahrhaftig.

Der Mensch kann sich weder zur Leidenschaft noch zur Begeisterung zwingen.

Gefühle lassen sich nicht erzwingen.

Wenn keine Leidenschaft mehr vorhanden ist, dann hat ihre Abwesenheit einen Sinn.

Wenn keine Freude mehr vorhanden ist, dann hat die Freudlosigkeit ihren Sinn.

Polarität hat ihren Sinn.

Auf Ekstase folgt der Fall. Auf Begeisterung folgt Langeweile. Auf Spannung folgt Entspannung.

Freude kann der Mensch nicht erzwingen, und so zwingt ihn die Wahrheit seiner Freude ständig zur Wahrheit.

In der Totalität der Abwesenheit kann keine Anwesenheit sein.

Der Mensch fürchtet die Tiefe einer jeden Abwesenheit, solange er sich nach Anwesenheit sehnt.

Er fürchtet die Abwesenheit der Freude, da Freudlosigkeit in ihrer Tiefe absolut grausam ist.

Er sehnt sich nach Gefühlen der körperlichen Vereinigung, nach Zweisamkeit, Berührung und Zärtlichkeit.

Diese Sehnsucht kann der Mensch nicht in seinem Innern stillen, wenn er sich im Außen darin erfahren soll.

Menschen, die ihre Sehnsüchte ignorieren, ignorieren die Wahrheit ihrer Gefühle.

Dann können sie herausfinden, wie sich ihre seelische Ignoranz auf ihren Körper und ihr Sein auswirkt.

Wer sich in seiner Wahrheit ignoriert, der wird auch andere ignorieren. So wird Ignoranz gesät, aber kein Mitgefühl.

Nicht wenige Verbote und Moralvorstellungen laufen den Sehnsüchten des Menschen völlig zuwider.

Verbote sind eine Folge von Angst, und so sät der Mensch Angst.

Viele Verbote dienen der zwangsweisen Durchsetzung dessen, was der Mensch für richtig erachtet. Und so sät der Mensch Zwang und Sturheit des Glaubens an seine Richtigkeit.

Wer anderen Freude, Berührung, Zärtlichkeit, Zweisamkeit, Gemeinschaft, Sexualität, Beziehungen, Kontakte oder auch die Ehe verbietet, der sät mit seinen Verboten grausame Gefühle, in denen er sich selbst noch auf seiner Seelenreise erfahren wird.

Wer anderen Beziehungen versagt, der wird sich in Entbehrung und Verzicht auf das Gefühl der Bezogenheit erfahren.

Das, was der Mensch anderen versagt, das kann er ihnen bewusst gönnen – und damit gönnt er es sich selbst.

Entbehrungen, die der Mensch anderen zwangsweise auferlegt, gehen mit Gefühlen einher, die der Mensch dann selbst entbehren wird.

Wer andere kasteit, der erlegt sich selbst Entbehrungen und Buße auf.

Was der Mensch von anderen verlangt, das wird von ihm selbst verlangt werden.

Was der Mensch anderen entzieht, das enthält er sich selbst vor, wenn er sich im Entzug erfährt.

Wer sich unfreiwillig in der Tiefe einer Sucht erfährt, der steuert die Sucht nicht willentlich.

Sucht bedeutet immer Abhängigkeit.

Entzug ist eine Erfahrung der Abhängigkeit.

Abhängigkeit bedeutet angewiesen zu sein auf Gefühle, ohne die der Mensch nicht sein kann.

Im Gefühl der Abhängigkeit ist kein Gefühl der Freiheit.

Entzug ist – im Gegensatz zur Askese – auch keine freiwillige Erfahrung.

Der freiwilligen Enthaltsamkeit durch Askese steht die Maßlosigkeit gegenüber.

Maßlosigkeit ist dann eine Erfahrung der Kontrolllosigkeit, wenn der Mensch das Ausmaß nicht mehr unter Kontrolle hat.

Mal erfährt sich der Mensch in gieriger Maßlosigkeit, mal in der Mäßigung, bis hin zur totalen Enthaltsamkeit.

Wer Maßlosigkeit ablehnt, der hat sich noch nicht in den bewussten Tiefen seiner Sehnsucht erfahren.

Gier ist die Wahrheit der Sehnsucht nach maßloser Freude.

Wer will schon bewusst auf Freude verzichten, wenn die Sehnsucht in Wahrheit nach Freude verlangt?

Wem die Askese Freude bereitet, der verzichtet nicht auf Freude.

Hat der Mensch Sehnsucht nach Verzicht oder nach Genuss?

Der höchste Genuss erfährt sich durch die Tiefe der Entsagung.

Wer allem freiwillig entsagen will, der erfährt sich durch den, der auf nichts verzichtet.

Wer auf vieles im Leben unfreiwillig verzichten musste, der kennt das große Opfer des Verzichtens.

Die Erfahrung der Unfreiwilligkeit ist keine freiwillige Erfahrung.

Auf die Erfahrung unfreiwilligen Verzichtens kann bewusstes Genießen folgen.

Das, was dem Menschen bewusst entzogen wird, das kann er dadurch bewusst bekommen.

Das Gefühl, welches er bewusst vermisst, das kann er bewusst bekommen.

Jedes entzogene Gefühl im Leben hat seinen Sinn. Jeder Entzug hat seinen Sinn.

Jede Sehnsucht hat ihren Sinn – auch die nach eigenen Kindern.

Es gibt eine tiefe Sehnsucht danach, sich als Eltern zu erfahren, wenn sich Menschen in dieser Sehnsucht erfahren sollen.

Jede Sehnsucht erfährt sich aber auch durch ihre Abwesenheit.

Mal besteht der sehnliche Kinderwunsch, mal nicht. Mal geht er in Erfüllung, mal nicht.

Viele Menschen verurteilen Kinder- und Ehelosigkeit, ohne zu erkennen, wie viele Menschen unter dieser Erfahrung leiden, wenn ihre Sehnsucht unerfüllt bleibt.

Viele Frauen werden aber auch schwanger, ohne es zu wollen. Dadurch erfährt sich jede gewollte Schwangerschaft.

Wenn jede Polarität in der Liebe gewollt ist, dann ist nichts ungewollt – nicht einmal das Ungewollte.

Nicht wenige Kinder kennen das Gefühl, in dieser Welt nicht willkommen zu sein und von ihren Eltern oder der Gesellschaft abgelehnt zu werden.

Es ist ein Gefühl, ungewollt zu sein. Dadurch erfährt sich all das, was gewollt ist.

Der Mensch kann gefühlsmäßig nicht so tun, als ob er etwas will, wenn er es in Wahrheit nicht will.

Wollen entspricht der Wahrheit der Sehnsucht und damit der Wahrheit des Gefühls, wenn der Mensch bewusst im Einklang mit seinem Gefühl lebt.

Wenn der Mensch sich nicht wahrhaftig nach etwas sehnt, dann kann er das Gefühl sehnsüchtigen Wollens nicht im Verstand herstellen.

Er kann so tun, als ob er etwas will, aber es entspricht nicht der Wahrheit seines Gefühls.

Nach der Erfahrung des Gefühls, ungewollt oder nicht willkommen zu sein, kann der Mensch fühlen, was er in seinem Leben selbst will und wonach er sich sehnt.

Alles, wonach er sich sehnt, dass muss ihm mal gefehlt haben, sonst könnte er die Sehnsucht danach nicht erfahren. Also muss es existieren.

Alles Negative muss existieren, damit sich das Positive erfahren kann.

Der Mensch kann das Negative niemals wahrhaftig mögen, solange er das Positive mag und sich danach sehnt.

Wenn Menschen sich zwingen, etwas zu mögen, was sie in Wahrheit nicht mögen, dann verkehrt sich durch ihr zwanghaftes Denken die Wahrheit des Gefühls.

Der Mensch kann es nicht mögen, ungewollt zu sein, wenn Freude damit einhergeht, gewollt und willkommen zu sein.

Das Willkommene erfährt sich immer wieder neu durch das Unwillkommene.

Nicht jeder Gast, nicht jeder Fremde ist willkommen. Dadurch erfährt sich derjenige, der gerne gesehen ist.

Wer alle willkommen heißen will, der ist süchtig nach dem Willkommensein. Dadurch erfährt sich der Schatten: Unwillkommensein und Unerbetensein.

Viele sind in ihrer eigenen Familie nicht willkommen, weil sie anders sind. Dabei ist es ihre Aufgabe, anders zu sein.

Welches Gefühl ist anders und somit ungewollt?

Menschen sind zumeist dann willkommen, wenn sie so sind und sich so verhalten, wie andere es verlangen.

Menschliche Beziehungen sind zumeist davon geprägt, dass der eine ein Ideal hat, welches der andere möglichst zu erfüllen hat.

Und so erfährt sich der Mensch in tiefer Abhängigkeit zu seinen Idealen.

Er ist süchtig nach einem positiven Ideal, und so verlangt er ständig nach dem Positiven – aber auch nach dem negativen Schatten des Ideals, ohne den sich das Ideal nicht erfahren kann.

Wo viel Licht ist, da ist auch viel Schatten.

Eine Lichtgestalt braucht den Schattenmann oder eine Schattenfrau.

Wer bewusst auch der Schatten ist, der ist lichtvoll im Herzen.

Wer anderen ständig sagt, was sie zu tun oder wie sie zu sein haben, der will das Ideale für sich selbst. Dann ist er extrem fordernd.

Jede Forderung ist Ausdruck von Egoismus.

Alles, was der Mensch willentlich verlangt, ist Ausdruck von Egoismus. Dadurch erfährt sich auch das, was er nicht will.

Das, was der Mensch von anderen erwartet, ist das, was er geben statt verlangen kann.

Wer erwartet, der wartet.

Was der Mensch an Gefühlen verlangt, das kann er bedingungslos geben. Dann wartet er nicht mehr.

Niemand muss geben, weil sich der Mensch sonst zwingt, geben zu müssen.

Das Verlangen des Menschen drückt seine Sehnsüchte aus.

In der Tiefe seiner Sehnsüchte erfährt der Mensch die Freude, verlangen und begehren zu können.

Die Qual unerfüllter Begierden ist der Beginn der Freude befriedigter Süchte.

Begierde ist die süchtige Gier des Begehrens.

Der Gierige ist der Unbefriedigte.

Der Unbefriedigte kann immer wieder neu Befriedigung suchen, der Unzufriedene immer wieder neu Zufriedenheit.

Ständiges Streben nach Befriedigung ist eine Sucht.

Auch hier erfährt sich die Entsagung auf der einen Seite durch zügellose Gier auf der anderen Seite.

Wer zügellos ist, der hat die Zügel nicht in der Hand.

Impulsivität ist die Zügellosigkeit des Gefühls.

Der wahrhaft Impulsive steuert seine Impulsivität niemals, bevor er sich unkontrolliert darin erfahren hat.

Der Süchtige hat die Zügel nicht in der Hand. Er hat die Sehnsucht nicht in der Hand.

Der Süchtige ist sich der seelischen Wahrheit seiner Gier oft nicht bewusst.

Sehnsucht ist der Hunger der Seele.

Viele wollen etwas mit Gewalt erzwingen. Sie wollen bestimmte Gefühle erzwingen.

Dann drängt die Sehnsucht gewaltsam nach außen.

Im Mitgefühl zu sein, bedeutet, die Wahrheit sehnsüchtigen Begehrens in sich selbst zu achten, aber auch das Verlangen der anderen.

Es bedeutet nicht, das Begehren anderer ständig erfüllen oder es ihnen ständig recht machen zu müssen. Es wäre zwanghaft und das Gegenteil bewusster Freiwilligkeit.

Die Erfüllung eines Begehrens erfährt sich immer wieder neu durch Nichterfüllung.

Das Ja erfährt sich durch das Nein.

Wer unbewusst Sehnsucht nach dem Ja hat, der fürchtet das Nein.

Wer Sehnsucht nach der Erfüllung seines Verlangens hat, der will die Nichterfüllung nicht.

Die Nichterfüllung des Begehrens ist enttäuschend, solange die Erfüllung Freude bereitet.

Die Freude der Erfüllung ist gleichzeitig die Angst vor der Enttäuschung.

Aus Angst vor Enttäuschung oder Ablehnung schrauben Menschen ihre Ansprüche und Erwartungen herunter.

Doch der Mensch kann sich mit »weniger« nicht trösten, wenn seine Sehnsucht in Wahrheit auf »mehr« ausgerichtet ist.

Die Sehnsucht ist auf das Höchste aus, nicht auf das Geringste.

Das Höchste ist die Liebe selbst.

Wer ohne Sehnsucht sein will, der ist es nicht.

Wer ohne Begehren und Erwartungen sein will, der ist es nicht. Jeder hat Erwartungen.

Auch der Anspruch, erwartungs- oder bedingungslos sein zu wollen, ist eine Bedingung.

Egoismus ist die Summe aller Erwartungen, die der Mensch an andere hat.

Alles, was der Mensch von anderen verlangt, ist der Inhalt seines selbstsüchtigen Begehrens.

Erwartungen sind das Gegenteil von Selbstlosigkeit.

Wer Selbstlosigkeit von sich verlangt, der erwartet viel von sich.

Hat der Mensch Sehnsucht nach Selbstlosigkeit oder Sehnsucht nach Freude?

Wer Freude an der Selbstlosigkeit hat, der ist nicht selbstlos.

Wer selbstlos sein will, der haftet süchtig an der Selbstlosigkeit an.

Dann braucht er den Egoisten als Spiegel, um sich in Selbstlosigkeit erfahren zu können.

Je egoistischer sich ein Mensch erfahren hat, desto selbstloser kann er werden – aber er muss es nicht, sonst erfährt er sich zwanghaft selbstlos.

Wahre Selbstlosigkeit entsteht nicht im Verstand. Sie ist.

Wer Erwartungen an sich oder andere hat, der kann sich aus seinen Erwartungen befreien.

Doch aus der Dualität kann sich der Mensch nicht befreien, weil jedes Streben nach Erwartungslosigkeit und Selbstlosigkeit eine Erfahrung des Erwartens, des Streben und des Egoismus ist.

Menschen denken oftmals, dass sie mit weniger Erwartungen auch weniger Enttäuschungen erfahren.

Der Mensch kann seine Erwartungen willentlich im Verstand reduzieren, doch die Sehnsucht nach Freude bleibt die Wahrheit seiner Gefühle.

Wer Sehnsucht nach Freude hat, der ist unglaubwürdig, wenn er so tut, als ob er keine Erwartungen oder Sehnsüchte hätte.

Die Summe aller Sehnsüchte sind die Erwartungen des Herzens.

Wer Egoismus ablehnt, der sät Ablehnung und will sich über den Egoisten erheben.

Wer sich erheben will, der erniedrigt den anderen – und damit sich selbst.

Das ist keine Selbstlosigkeit.

Wenn sich eigenwillige oder selbstsüchtige Gedanken einschleichen, dann erfährt sich der Mensch in Eigenwilligkeit und Selbstsucht.

Wer Selbstsucht ablehnt, der ist eigenwillig in seiner Ablehnung.

Ist die Sehnsucht des Menschen auf Selbstverwirklichung oder auf Selbstlosigkeit ausgerichtet?

Wer völlig selbstlos sein will, der ist ein Extremist der Selbstlosigkeit.

Wer selbstlos sein will, der erfährt sich in dem, was er sein will. Es ist kein selbstloser Wille.

Alles, was der Mensch willentlich begehrt, das erfährt sich durch die Wahrheit des Gefühls.

Welches Gefühl begehrt der Mensch mit Selbstlosigkeit?

Welchem Gefühl folgt er, wenn er nach Selbstlosigkeit strebt?

Gefühle sind nicht selbstlos, sondern wahr.

Selbstlosigkeit ist in ihrer Tiefe äußerst schmerzhaft, solange die Sehnsucht auf die Erfüllung des Selbst ausgerichtet ist und nicht auf Verzicht.

Seine Sehnsucht nach Erfüllung kann der Mensch so wenig loslassen wie die Wahrheit seiner Gefühle.

Menschen glauben daran, Gefühle oder Erwartungen loslassen zu können oder sogar loslassen zu müssen.

Welche Absicht verfolgt der Mensch, wenn er etwas loslassen will?

Welches Gefühl will er loslassen und welches im Gegenzug dafür bekommen?

Seine Absicht kann der Mensch in Wahrheit gar nicht loslassen, da dem Loslassen immer ein willentlicher Gedanke zugrunde liegt. Warum würde der Mensch sonst loslassen wollen?

Loslassen ist ein gedankliches Muster, welches wiederholt durch Anhaften erfahren wird.

Der Mensch muss nichts loslassen, sonst sät er den Zwang des Loslassens und erfährt sich im gezwungenen Anhaften.

Die Wahrheit des Gefühls entlarvt die Wahrheit einer jeden Absicht.

Seine Absicht kann der Mensch nicht loslassen, nicht einmal die Absicht der Absichtslosigkeit.

Wenn der Mensch etwas will, dann kann er nicht so tun, als ob er es nicht will, nur weil er meint, er würde es dann bekommen.

So betrügt er sich und andere.

Gefühle betrügen nicht, wenn sie im Moment der Gegenwart wahr sind.

Was der Mensch aufgrund seiner Gefühle begehrt, das soll er begehren.

Der Mensch begehrt immer das, was seiner Sehnsucht entspricht.

Er begehrt ein Gefühl, welches ihm gerade fehlt.

Wer den Schmerz unerfüllten Begehrens nicht fühlen will, der kann die Freude an der Erfüllung nicht fühlen.

Begehren löst Ängste aus.

Wer Verlust fürchtet, der fürchtet das »wegnehmende« Begehren des anderen.

Wer die Frau seines Nächsten begehrt, der ist wahr in seinem Gefühl – unabhängig davon, was er mit seinem Gefühl macht.

Aber er kann so tun, als ob er sie nicht begehrt. Dann ist er scheinheilig, aber nicht wahr.

Was dem Menschen gefällt, das gefällt ihm.

Er kann das leugnen, was er begehrt, doch die Wahrheit des Gefühls bleibt.

Wenn mehrere Menschen das Gleiche begehren, dann erfahren sie sich in der Gleichheit ihres Begehrens, welches sich immer auch durch Ungleichheit erfährt.

Mal haben Menschen den gleichen, mal einen ungleichen Geschmack.

Kein Geschmack ist zufällig. Das Begehren ist nicht zufällig.

Wer bewusst mit seinem Begehren umgeht, der leugnet es nicht – wohlwissend, dass er auch die Leugnung ist.

Wer nur aufrichtig sein will, der braucht die Unaufrichtigkeit.

Je unaufrichtiger sich ein Mensch erfahren hat, desto aufrichtiger kann er werden, aber er muss es nicht sein.

Unaufrichtigkeit ist eine Folge von Angst.

Die Angst ist oftmals stärker als der Wille zur Aufrichtigkeit.

Angst und Unaufrichtigkeit brauchen Mitgefühl, aber keine Ablehnung.

Wahre Aufrichtigkeit entspricht der Wahrheit des Gefühls. Das ist Wahrhaftigkeit.

Sehnsucht ist die ständige Wahrheit innerer Bedürftigkeit.

Wer sich bedürftig erfahren hat, der kennt die Wahrheit seelischen Mangels.

Leere ist die Fülle des Mangels.

Mangel existiert – so, wie die Fülle existiert.

Auf Mangelbewusstsein kann die Fülle des Seins folgen.

Seinen inneren Mangel und seine süchtige Bedürftigkeit kann der Mensch solange leugnen, bis er wahrhaftig wird.

Menschen sehnen sich nach Wahrhaftigkeit, es sei denn, sie fürchten die Wahrheit.

Viele reden über Authentizität statt über die Wahrheit des Gefühls.

Sie mögen authentische Menschen, bis diese ihnen etwas spiegeln, was sie nicht mögen.

Der Mensch ist authentisch, der im Einklang mit seinem Gefühl lebt.

Wer im Einklang lebt, der lebt bewusst auch in seinem Missklang.

Wer alles lebt, der ist allumfassend.

Den Menschen ganzheitlich zu betrachten, bedeutet allumfassend zu sein.

Ganzheitlichkeit schließt nichts aus und alles ein: jede Polarität und jedes Gefühl.

Wer allumfassend ist, der ist so vollständig wie unvollständig, so wahr wie unwahr.

Gefühle sind wahr, nicht authentisch.

Der Mensch ist immer wahr, weil die Wahrheit immer ist, auch in der Unwahrheit.

Wer denkt, dass andere nicht authentisch sind, der erfährt sich in seiner eigenen Unglaubwürdigkeit gespiegelt.

Wer sich nach Glaubwürdigkeit sehnt, der kann es selbst sein.

Wenn ein Mensch nicht unglaubwürdig sein will, dann muss es ein anderer sein.

Solange Menschen die Unglaubwürdigkeit stört, solange haben sie keinen inneren Frieden mit der Unglaubwürdigkeit, die immer dem eigenen Geist entspringt.

Andere werden einen immer wieder für unglaubwürdig halten. Da spielt es oftmals keine Rolle, ob man tatsächlich glaubwürdige Erklärungen hat oder nicht.

Mal glauben einem die Menschen, mal nicht. Mal verstehen sie einen, mal nicht.

Alles hat eine Polarität.

Was für einen selbst absolut glaubwürdig ist, das kann für andere völlig unglaubwürdig sein.

Jeder hat seine Sicht, seinen Spiegel, sein Gefühl.

Menschen sehnen sich nach Glaubwürdigkeit als Teil der Wahrheit.

Die Glaubwürdigkeit des Herzens ist die Wahrheit des Gefühls.

Gefühle sind nicht glaubwürdig. Sie sind wahr – egal, was der Mensch mit ihnen macht.

Wer glaubt, er kann sich in seinen Gefühlen täuschen, der wird sich dadurch täuschen.

Wer sich nicht täuschen will, der kann sich nur dadurch erfahren, dass er sich täuscht.

Dann hat er auch die Liebe für die Täuschung erfahren.

Alles muss existieren – auch der Widerspruch.

Die Widersprüchlichkeit ist die Existenz der Gegensätzlichkeit in allem, was ist.

Durch das Unlogische erfährt sich alles, was auch logisch ist.

Viele haben Angst vor der eigenen Widersprüchlichkeit, weil sie glaubwürdig sein und ständig Recht haben wollen.

Wer sich nach Gefühlen der Zustimmung und Anerkennung sehnt, der fürchtet den Widerspruch.

Wer anderen widerspricht, der ist selbst der ständige Widerspruch, durch den sich jede Zustimmung erfährt.

Wer seinen Gefühlen nicht folgt, der widerspricht dem eigenen Gefühl.

Wer seinem Gefühl folgt, der ist wahr – so, wie derjenige, der ihm nicht folgt, weil sich Folgen nur durch Nichtfolgen erfahren kann.

Mal folgt der Mensch bewusst seinem Gefühl, mal folgt er ihm nicht.

Nichts ist richtig oder falsch.

Der Mensch kann der Stimme seines Herzens folgen.

Die Stimme kann er hören, wenn er die Lautlosigkeit seines Herzens vernommen hat.

Je intensiver und lauter das Gefühl ist, desto leichter fällt die Wahrnehmung.

Die Intensität des Gefühls hat ihre machtvolle Bedeutung. Die Seele hat Macht – und damit die Liebe.

In der Wahrheit der Freudlosigkeit ist keine Freude, in der Tiefe der Lustlosigkeit keine Lust, in der Hoffnungslosigkeit keine Hoffnung, in der Trostlosigkeit kein Trost, in der Kraftlosigkeit keine Kraft und in der Kontrolllosigkeit keine Kontrolle.

Könnte der Mensch die Freude steuern, dann wäre er ständig reine Freude – und die Angst wäre längst ausgestorben.

Der Mensch kann sich nicht anders fühlen als er sich gerade fühlt.

Irgendwann schafft es der Mensch nicht mehr, positiv im Verstand zu bleiben, wenn Gefühle ihn in die Tiefe der Negativität leiten.

Wer glaubt, immer optimistisch und positiv sein zu müssen, der erfährt zwanghaftes Sein.

Pessimismus ist ein Gefühl, welches in seiner Tiefe keinen Optimismus mehr zulässt.

Wer sich lebensverneinend erfährt, der kann nicht gleichzeitig lebensbejahend sein.

Wer schwermütig ist, der kann weder »leichten Herzens« noch »frohen Mutes« sein.

Wer die Untergangsstimmung erfährt, der kann nicht »in Aufbruchsstimmung« sein.

Wer bekümmert ist, der kann nicht sorglos sein.

Der Weg durch jedes noch so kummerhafte Gefühl ist der Weg ins Sein.

Wer so sein darf, wie er sich fühlt, der erlaubt sich zu sein, wer er ist.

Durch die Wahrheit des Gefühls erfährt sich die Wahrheit des Seins.

Mit seinem Gefühl ist der Mensch auch automatisch in der Gegenwart, ohne hierfür etwas tun oder verändern zu müssen.

Die Gegenwart erfährt sich durch den Morgen und das Gestern.

Der Moment existiert durch den Vergleich.

Wer meint, er müsse immer gegenwärtig sein, der will etwas sein, was er gerade nicht ist.

Er erfährt sich im Zwang seiner Absicht, anders sein zu wollen.

Die Kraft der Gegenwart ist immer. Sie ist die Wahrheit des Seins.

Irgendwann ist der Mensch frei, er selbst zu sein. Das ist wahre Freiheit.

Die wahre Freiheit des Willens ist die innere Kraft des Herzens, die in der tiefsten Unfreiheit des Willens geboren wird.

Die innere Kraft des Herzens ergibt sich aus der Wahrheit jedes Gefühls.

Die Liebe ist jedes Gefühl, sonst würde es an Liebe für ein Gefühl mangeln.

Wer seine Gefühle im Geist beherrschen will, der will kontrollieren.

Wer seine Gefühle bezwingen will, der will sein Mitgefühl kontrollieren.

Die Liebe lässt sich weder kontrollieren noch bezwingen.

Liebe ist der wahre Herrscher.

Der Liebe zu dienen, das bedeutet, der Wahrheit zu dienen.

Dann ist der Diener der Herrscher und der Herrscher der Diener, der die Herrschaft der Liebe nicht ablehnt.

Wer Liebe sein will, der ist es nicht. Er ist es dennoch, weil die Liebe immer ist. Sie ist.

Die Liebe umfasst alles, weil die Liebe alles ist.

Wenn die Liebe etwas nicht umfassen würde, dann wäre sie nicht allumfassend.

»All-eins« zu sein, das bedeutet, Liebe für alles zu sein.

Das ist die Universalität der Liebe.

Wenn der Morgen erwacht, verabschiedet sich die Nacht, um dem Licht großzügig Raum zu schenken. Und wenn der Tag in den Abend hinabsinkt, beginnt das Licht die Dunkelheit als ihr eigenes Kind zu wiegen. Die Buchstaben verschwinden in der großen Umarmung allens.

Über den Autor

Klaus Eibach war zunächst Polizeibeamter und dann Volljurist. Viele Jahre war er u.a. im Bundeskanzleramt und im Bundesinnenministerium tätig. Doch schicksalhaft vorherbestimmte Erfahrungen und Krankheiten haben ihn irgendwann an den Ursprung der Suche nach dem Sinn seines Lebens zurückgeworfen. Geleitet von der Ahnung, dass Heilung an die innere Wahrheit des Menschen gebunden sein muss, hat er sich auf den mühsamen Weg der Erforschung seines Bewusstseins begeben. Er zog sich viele Jahre lang zurück und ging durch die Hölle von Angst- und Panikattacken, Schmerzen, Wahnvorstellungen und Depressionen. Er durchquerte die Abgründe und Tiefen seiner inneren Welt, bis er schließlich allein über seine Gefühle den Zugang zu seiner Seele fand.

Den Sinn seiner Erfahrungen hat er in Form einer Philosophie aufgeschrieben, die anderen Menschen beim Verstehen ihres Lebens und ihrer Gefühle helfen kann. Sie ist weder an eine Tradition noch an eine religiöse Grundlage gebunden. Jedoch erweist sie sich als hochgradig kompatibel mit allem, was je über den Lebenssinn gesagt worden ist. Die Essenz ist einfach: Der Weg zum Einklang mit der eigenen Seele über das Verstehen der Liebe ist der Sinn – und somit auch die Intention seines Buches.